U0826398

lonely planet

IN

冲绳

本书作者
盛洋、刘子瑄

冲绳海滩上身穿浴衣的女性的背影。

©视觉中国

中国地图出版社

目 录

宫古岛砂山海滩，见169页。

©视觉中国

冲绳传统民居赤瓦屋顶上的狮爷，见14页。

©视觉中国

首里城，见60页。

生存指南

特别策划

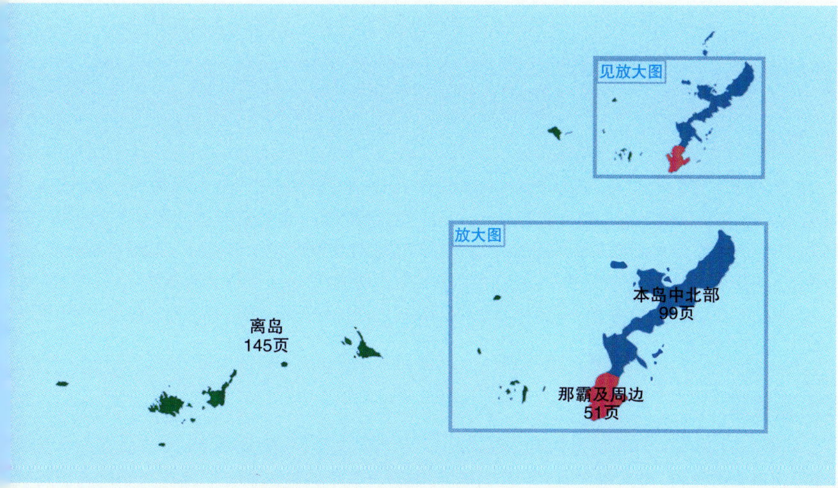

你好，冲绳

终年无冬的温暖，一望无际的蔚蓝，让这片孤悬海中的岛群宛如世外桃源般令人心生向往。你可以漫步海岸线，感受吹拂了数百年的琉球之风，也不妨来一场跳岛游戏，在探寻远海和雨林的秘境中乐此不疲。生来复杂的文化基因还孕育了它别样的异域风情，慢慢品，方能体会冲绳真正的魅力。

慢，再慢一点

忘掉都市的节奏吧，“慢”才是享受冲绳的关键。这片太平洋西部的岛屿群有着不计其数的迷人海滨，值得你花上大把时间来感受它们各自的美。有的安静隐秘，适合漫步寻找潮汐送来的海洋宝藏；有的视野绝佳，让你饱览海上壮丽的日出日落；有的化身露天游乐场，不仅水上项目丰富多彩，还能举办沙滩烧烤派对，让你狂欢整夜。你还可以前往更远的海域，来一场海钓或赏鲸之旅，或潜入令人叹为观止的海底世界，与鱼群一同徜徉在古老而绚丽的珊瑚礁花园。最好再在离岛住上一晚，望满天繁星，听海浪呢喃。

舌尖新发现

冲绳可不仅仅是吃鱼虾贝类等海鲜的好地方——当然这些食物绝不逊色——在这里你的舌头会有更多新奇的体验。咬起来哔啵作响的海葡萄、状如发菜口感黏滑的水云，都是冲绳特有的海产

冲绳太鼓舞表演者。

品。八重山列岛的石垣牛入口即化，丝毫不输日本本土的三大和牛；本岛北部的阿古猪拥有细嫩清甜的肉质，涮起火锅堪为极品。比起日本料理，冲绳的琉球料理更像是中国福建菜式和东南亚菜系的创意混搭；而在美式餐饮的影响下，甚至还诞生了“苦瓜汉堡”和“塔可饭”之类的奇妙风味。

琉球风情

450年的琉球王国史，给冲绳留下了许多独具特色的文化元素。无论是融合了中日两地建筑样式的首里城，还是聚集着赤瓦古民家的琉球村、竹富岛，都能让人感受到琉球昔日的风貌。爬上山坡，你可以在一座座历经沧桑的城迹上，回溯这个海上贸易中转国的繁荣与衰落；而在山脚的村落之中，琉球玻璃、陶器、芭蕉布等古老的手艺正等待着你的探寻。除此之外，还有五花八门的传统庆典贯穿全年：从近千人身着琉球服装游行街头的首里城祭，到鼓声震天号子不绝的太鼓舞节，无一不在为你展现冲绳独一无二的民俗风情。

当三线弹起，太鼓敲响，喊一声‘咿呀萨萨’，
举起双臂在空中舞动，此刻，你就是地道的冲绳人。

12顶级旅行体验

1. 跳游琉球岛群
2. 银河下听流淌的岛歌
3. 世界遗产之旅
4. “咿呀萨萨”，享受庆典
5. 探索原始丛林
6. 踏遍绝美海滩
7. 到古民家喝琉球茶
8. 国际风情杂烩
9. 潜入海底世界
10. 樱花开在1月
11. 手作天堂
12. 搜寻海鲜名产

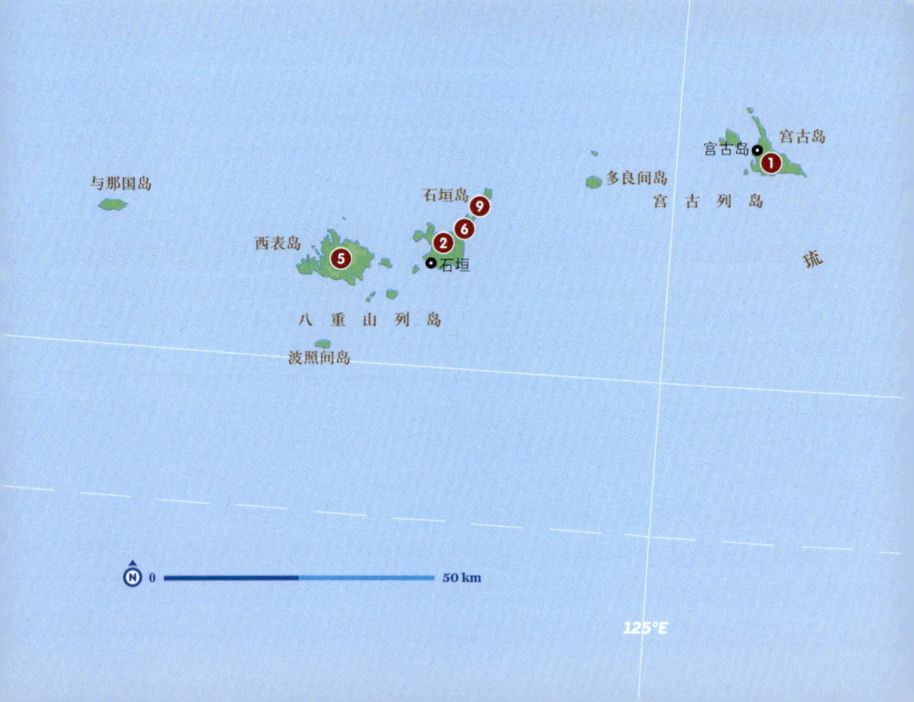

硫磺鸟岛
冲永良部岛
与论岛
伊平屋岛
EAST CHINA
SEA
东 海
粟国岛
10
名护
冲绳岛
久米岛
渡名喜岛
11
8
冲绳
3
那霸
4
12
7
庆良间列岛
琉球群岛
冲绳诸岛
26°N
PACIFIC
OCEAN
太平洋
24°N
北回归线

计划你的行程

12顶级旅行体验

©视觉中国

跳游琉球岛群

太平洋的艳阳下，近百座离岛熠熠生辉，这些海岛远观相似，近览却各自蕴含独特魅力。纯粹原始的自然美景中，弥漫着琉球民族的气息，除了祭典与方言不同，连海的颜色都蓝得各有千秋。拥有神秘海中沙洲的久米岛、保存着赤瓦古村落的竹富岛、流传人鱼传说的下地岛、有着奇幻岩石海滨的伊良部岛，或是被亚热带丛林覆盖的西表岛，每一次跳岛，皆是新冒险的开始。左图：宫古岛砂山海滩；右图：西表岛，徒步者。

SAM SPICER/SHUTTERSTOCK©

1

©视觉中国

银河下听流淌的岛歌

来到八重山列岛，可别忘了头顶那片璀璨夜空！西表石垣国立公园在2018年被国际暗夜星空协会（IDA）选定为星空保护区候补，在这里能观赏到88个星座中的84个，北回归线以南才能观测到的南十字星亦于观星范围内。你可以到波照间岛星空塔透过天文望远镜观星，或是用更贴近当地文化的方法，跟随岛上居民至广阔的原野上，架起躺椅，一边欣赏三线演奏的岛歌民谣，一边将星空尽收眼底。石垣岛的夜空。

2

世界遗产之旅

3

以为冲绳只有阳光海滩？实则不然。身为早在500多年前就自立门户、与周围各国贸易往来的“万国津梁”，冲绳的“内涵”远比你想象的要丰富。昔日的琉球王国城迹和相关遗址遗物，如今甚至已被列入世界遗产名录。无论是浴火重生的“琉球故宫”首里城，或同样糅合了中、日、琉球三地元素的皇家别苑识名园，还是散落在各处山巅之上的石造堡垒，模仿民居形式的巨型王室陵墓，抑或本土信仰中的至圣之地，都在向你展示着冲绳古老的文化魅力。首里城祭，身着冲绳传统服饰的表演者。

IAMINUT/SHUTTERSTOCK ©

©视觉中国

“咿呀萨萨”，享受庆典

4

冲绳人对于过节的热情，比起日本本土可谓有过之而无不及。放眼全岛，几乎每个周末都有活动，不论规模大小，总能给你办得热热闹闹。最不容错过的是夏季，不仅4月就开起了花火大会，还有众多盛大的庆典在各地不间断上演。尤其是盂兰盆节前后，欢快的鼓点伴随着“咿呀萨萨”的号子，此起彼伏。另外还有一些冲击眼球的存在：10月那霸的万人拔河赛会刷新你对这项运动的认知；而在远离本岛的宫古岛，还保留着一个不可思议的泥巴节。上图：那霸街头庆典；下图：那霸夜空中的烟花。

探索原始丛林

5

八重山列岛中占地最广的西表岛，九成以上的地表都被植被覆盖，碧波蜿蜒流过红树林沼泽，南北两大河川——浦内川与仲间川上的游船将旅行者送入岛屿的心脏地带，探索水势奔腾的山中瀑布，或是一览杯萼海桑与百年银叶树。山谷健行、雨林寻踪、洞窟探险，还有星空独木舟，都能满足户外运动爱好者的挑战欲。要是夜间过境，记得睁大双眼，搜寻传说中的濒危动物——西表山猫的踪影。西表岛上的瀑布。

6

踏遍绝美海滩

明艳日光下是一望无际的蓝绿珊瑚海，细砂糖似的雪白沙滩滚嵌在侧。冲绳的海岸旁不乏明信片般的美景，以及那些被“名词化”的美丽海蓝色：宫古蓝、庆良间蓝，还有波照间蓝。喜欢大海的你，可以到庆良间列岛，看看古座间味和阿波连海滩的澄澈蓝海；或是航向八重山列岛，征服细沙如粉的川平湾、北滨海滩与竹富岛Kondoi海滩。若行程精简，美景亦不必舍近求远，与本岛相连的古宇利岛的海滩亦值得一访再访。石垣岛上的沙滩。

©视觉中国

©视觉中国

7

到古民家喝琉球茶

冲绳的大街小巷中，赤瓦屋、石狮子、石敢当和珊瑚围篱都是古琉球王国的历史残影。首里城旁约500年历史的金城町石板路，沿途景象古韵犹存；本部町的备濑村落，有着250多年树龄的防风福木林，古时居民的宅邸于林中若隐若现；八重山列岛的竹富岛赤瓦村落，满地白沙铺出的街道两旁是赭红色的低矮瓦片房，庭院绿丛里还簇拥着艳红的朱槿花。来古街漫步之余，找一间琉球茶房，喝喝茶放松吧。

冲绳传统民居赤瓦屋顶上的狮爷。

©视觉中国

国际风情杂烩

8

且不提来自世界各地的度假人士，这片岛屿本身就极具日本之外的国际色彩。其中既有令许多华人旅行者倍感亲切的中华元素，也有跟随美军基地一同扎根冲绳的北美文化，后者还逐渐演变成了冲绳旅行的一大亮点。你可以去紧邻嘉手纳基地的美国村，与复古建筑、巨幅涂鸦拍些无厘头的照片，也可以到不远处的冲绳市，走一走挂着英文店招的街道，尝尝快餐店里本土化的墨西哥“塔可饭”——定会让你产生一种难以言喻的奇妙感觉。美国村。

潜入海底世界

准备好近距离观赏近百种热带鱼悠游的天然水族馆了吗？戴上你的潜水面罩，冲绳可是潜水爱好者的天堂，海水透明度高，还有品种丰富的珊瑚礁群。若想要来点特别的体验，就要在夏季拜访石垣岛的石崎海岸，一处名为“Manta Scramble”的海域常年能观赏到鬼蝠鲼鱼群。别忘了宫古列岛还有被称为幻想大陆的“八重干濑”，这片由多达八大座珊瑚礁群组成的将近20公里的海洋宝库，只有在退潮时才会浮现。

9

石垣岛海域中的蝠鲼。

©视觉中国

樱花开在1月

这大概就是南国的优势：当日本本土还在忍受凛冽寒风的时候，冲绳的人们已然可以穿上轻便的春装出门赏樱了！每年1月下旬，在本岛北部的高海拔地区，冲绳的寒绯樱迎来花期，明艳的桃红色遍染山岳，美轮美奂。若是正逢此时来到冲绳，记得爬上本部町的八重岳，7000多株樱花一同绽放，随手一拍都能让你在社交平台获赞无数。

今归仁城迹绽放的樱花。

10

手作天堂

手工爱好者没有理由不爱上冲绳——无论在岛上哪个角落，总有机会动手做点儿什么。从当地特色的陶艺、红型染、琉球玻璃，到需要发挥创意的贝壳相框、果冻蜡烛，从现做现吃的红薯挞、冰激凌，到体验部分制作过程的黑糖、泡盛酒、海盐，几乎你能想到的冲绳风物，都能找到专门的手作工坊。不用担心笨手笨脚，难度有分级，即使是小朋友，也可以轻松完成染色、拼贴之类简单的工序噢！制作陶器的当地人。

11

搜寻海鲜名产

来到南国岛屿，不享用海鲜及名产怎么对得起你的美食家之魂？久米岛的海葡萄、赤鸡（赤鶏/Akadori）和车虾（車海老/Kuruma-ebi）格外鲜美，让来自世界各地的饕客流连忘返。本岛的丝满是冲绳南部著名的渔人之城，海产尤其新鲜；宇流麻一带则以口感弹牙的水云料理而闻名，海滨旁隐藏着众多海景宜人的雅致咖啡店或海鲜食堂。现在就跟着我们的美食章节，画下你的餐饮攻略地图吧。冲绳特产海葡萄。

12

计划你的行程
行前参考

何时去

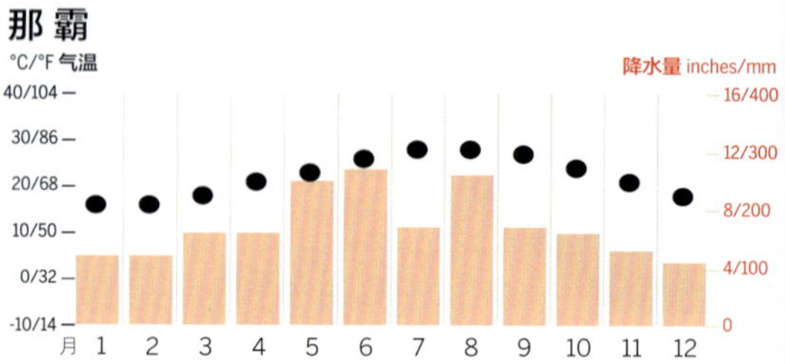

自3月海域开放游泳起，游客便开始陆续涌入。5月的黄金周会有一波旅游小高峰，直至7月和8月暑假旺季达到巅峰。旺季前往，除最好提前至少2个月预订住宿和机票之外，还要做好心理准备，面临比平时昂贵的价格（旺季时住宿可能涨价50%~100%，或者更多）与海浪般的人潮。

旺季（6月末至8月末）

➡ 海域开放游泳的期间（3月末至10月末）为冲绳最热门的旅游时段，特别是7月至8月暑假期间，为家庭旅行高峰期。除此之外，盂兰盆节（8月中旬）和新年前后，日本游客纷至沓来，提早预订机票和住宿能省去你临时找房的烦恼。

平季（4月至5月，9月至10月）

➡ 初春时期气温回暖，5月中旬开始会有一个月的梅雨季节。除了日本的黄金周（4月末至5月初）时会带来短暂的旅游潮外，春季相比夏季其实清闲不少。9月至10月气温较暑期下降，但仍是高温不断，这段时间为台风来访的高峰期，在离岛特别要注意海上警报。

淡季（11月至次年3月）

➡ 11月起气温下降，海域纷纷关闭。虽然少了玩水的乐趣，但民宿与酒店开始推出淡季优惠，性价比更高。12月圣诞节至元旦前后，各大度假酒店、主要景点还会有点灯活动。

语言

日语。冲绳本岛由于受美军基地的历史影响，那霸周边英语水平相对离岛地区高，不过也与日本本州岛相去不远。

手机

开通国际漫游的手机均可以在日本使用。

货币

日元（円，Yen，¥），1元人民币≈16.32日元。

签证

持中国大陆护照的旅行者，必须办理旅游签证（详见207页）。

现金和信用卡

冲绳本岛、离岛大城市（如石垣市区）的百货商场、药妆店，以及大部分酒店能接受信用卡，部分还能用支付宝或微信支付。但是岛上的传统食堂、餐馆与离岛民宿大多只能使用现金。去离岛（特别是小岛）游玩时，建议还是备足现金。

网络

住宿地常有Wi-Fi。若想随时上网，可租用便携式Wi-Fi或购买当地SIM卡（见207页出行指南）。

时间

日本位于东九区，比北京时间早1小时。日本不实行夏时制。

每日预算

经济 ¥10,000以下

➡ 入住青年旅舍或家庭旅馆的宿舍（¥3200/人），到食堂吃午间套餐（¥900），晚上吃冲绳面（¥850），购买轻轨一日券（¥800/天），挑一个博物馆或是古迹参观（¥500），多逛逛免费海滩或美丽的街道。

中档 ¥10,000~20,000

➡ 入住国际通的商务或经济型酒店（¥9000起），午餐可选择乡土料理套餐（¥1300起），晚上去岛歌（民谣）居酒屋吃烤串喝啤酒（¥3000起），去陶瓷街购物或逛逛首里城（¥820）。

高档 ¥20,000以上

➡ 入住高档酒店或者度假村（¥20,000起），尝试当地高档烧烤餐厅或是受美国影响的西式牛排馆（¥3500起）。除了公共交通之外，累了就打个车吧（5KM约¥1500起），最后去当地设计师的小店带件手工艺品回家（¥3000起）。

带什么

➡ **护照** 记得提前申请签证，详见207页出行指南。

➡ **电源** 日本电压为100伏，双孔扁平型电源插座，与中国一致，但并无三脚插座。

➡ **4G无线热点** 在路上可以安心找资讯或是看地图，还能拍下美丽的海岸风光发朋友圈。

➡ **防晒用品** 冲绳的艳阳十分热情，不要忘记擦防晒霜，带好防晒外套、墨镜或遮阳帽（尤其是暑假出游）。

➡ **泳衣** 泳衣与换洗衣物、浴巾，都是你到海边游玩的必备品。

➡ **潜水面罩** 虽然许多店家出租潜水用品，若是打算在冲绳潜遍知名潜点，有一套自己的还是更方便，特别是需要“近距离接触”的面罩。

➡ **公共意识** 在日本人看来，凡是给他人带来麻烦或不便的事情都有失礼节。

到达冲绳

➡ **那霸机场**（见214页）

轻轨（单轨）电车 至县厅前站（¥260，12分钟）

公交23、25、26、120路 至国际通附近（¥230，15分钟）

出租车 至国际通附近（¥1500，约12分钟）

➡ **新石垣机场**（见214页）

カリー観光バス的直达巴士 至离岛码头站（成人/儿童¥500/250，约30分钟）

東バス的4号与10号线公交车 至离岛码头站（成人/儿童¥540/270，约40~50分钟）

网络资源

日本国家旅游局（www.welcome2japan.cn）日本官方旅行网站。

日本漫游（www.e-japannavi.com）提供全日本的旅游信息，酒店预订（虽然可选不多）和优惠信息。

冲绳官方旅游网站（www.visitokinawa.jp/?lang=zh-hans）提供中文的冲绳相关旅游信息。

旅来网（tc.tabirai.net）有丰富的日本旅游、餐饮与租车信息。

Tabelog（食べログ；tabelog.com）日本使用人数最多的美食点评网站，有相对靠谱的评分。相似的还有**Gurunavi**（侧重餐厅信息分类）和**Hot Pepper**（优惠券居多）。三者皆有App可以下载。

更多信息请参见第214页“交通指南”。

最佳行程

7天

全家人的冲绳

拥有岛屿风情又不乏人文特色的冲绳足以照顾到"大朋友"们各不相同的旅行偏好，连片的海滩则是小朋友们天然的乐园，一把沙铲、一个小桶就能自娱自乐小半天。这是一条以本岛为主、适合全家同游的路线，大致覆盖冲绳的精华景点，日程安排比较轻松，可以在此基础上灵活调整。注意，除非想考验家人的耐心，不然自驾、包车或打车始终是出行时的首选。

❶ 美国村

第一天，飞机落地后乘坐利木津巴士直接前往**美国村**(见114页)，以此为据点，便于之后游览本岛北部。美国村基本都是酒店和商铺，但色彩斑斓的建筑和涂鸦会激起你们拍照的欲望。迫不及待看海的话，**日落海滩**就是最近的选择，只是游人不少。时间充裕的话打个车去2公里外的**安良波海滩**，在那儿可以玩得更畅快。

➡ 实用信息

美国村不大，步行即可，许多酒店和北谷町观光信息中心都提供自行车租赁服务，如果孩子比较大，也可以一起在海边骑行。

❷ 名护

第二天把行李留在美国村，轻身上阵去北部玩上一圈，最好包车(记得预约)。**海洋博公园**是北部的重头戏，美丽海水族馆和翡翠海滩都值得一游，有时间还可以去**海洋文化馆**看一场关于星空的球幕电影。

之后前往**古宇利岛**(见135页)，海面上近2公里的古宇利大桥绝对会让所有人大呼过瘾。岛上有一座**古宇利海洋塔**，视野极佳。留点儿时间给**名护菠萝园**，没有哪个孩子不会爱上里面萌趣的小菠萝车，车内还有中文语音导览一路科普菠萝冷知识。

沿着国道58号经恩纳村返回美国村，部

刘子瑄摄

濑名海中公园、万座毛等景点都在附近，可根据实际情况决定是否游览。

➡ 吃喝落脚点

北部旅行线路很成熟，在景点附近就餐都很方便，价格也比较合理。美丽海水族馆内巨大水槽“黑潮之海”旁边的咖啡厅尤其热门且无法预约，最好避开中午时段，早些过去。

❸ 读谷村

第三天去美国村以北10公里的**读谷村**（见120页），在**Gala青海**动动手，尝试蒸煮海盐、给素陶风狮爷上色等活动。下午在**琉球村**感受琉球古民家的风情之后，傍晚赶到**残波岬**，欣赏日落下的断崖绝壁。如果恰逢周末，晚上在**残波琉球剧场**还有一场酷炫十足的忍者秀，即使不会日语也能乐在其中。当天返回美国村过夜。

➡ 实用信息

读谷村内公交班次很少，直接打车也比较困难，最好拜托游览点的工作人员帮你电话叫车。

❹ 那霸

第四天前往**那霸**（见62页）。首里一带有不少环境雅致的冲绳料理店，中午就到那儿用餐，方便下午接着游览**首里城公园**。不用担心孩子对古迹兴致寥寥，这里特别准备了集章游戏，可以按图索骥，一边集章一边游览完整个公园。附近有一间**首里琉染**，可以尝试传统的琉球红型染。

❺ 久米岛

第五天一早前往**久米岛**（见163页），35分钟就能到达。久米岛不大，全程包车游览主要景点仅需3小时。不过在环岛之前，定要先坐船去**终端之滨**，饱览如梦似幻的“海中沙”，再乘坐玻璃底船欣赏珊瑚礁群。

第六天去**久米岛海龟馆**和海龟近距离互动，也借此提醒孩子保护海洋生态的重要性。之后到附近的**迭石海滩**，看看奇特的龟背岩。午后时间留给**久米岛水疗馆**，一边泡汤洗去旅途疲惫，一边望着奥武海岸的迷人风光，简直心旷神怡。久米岛回那霸的航班最晚至19:00，若实在留恋，再住一晚也无妨。

➡ 吃喝落脚点

久米岛餐饮主要聚集在港口附近的仲泊地区及白沙海滩附近的县道89号的路边。

❻ 那霸

第七天回到那霸，是时候去**国际通**和**第一牧志公设市场**采购伴手礼了。假如游兴未尽，那霸周边还有神奇的钟乳石洞**玉泉洞**、手工自制冰激凌的**Blue Seal Ice Park**，以及游乐设施丰富的**奥武山公园**，在这些地方都能愉快地消磨小半天时光。

上图：宫古岛，カママ嶺公園。

最佳行程

8天

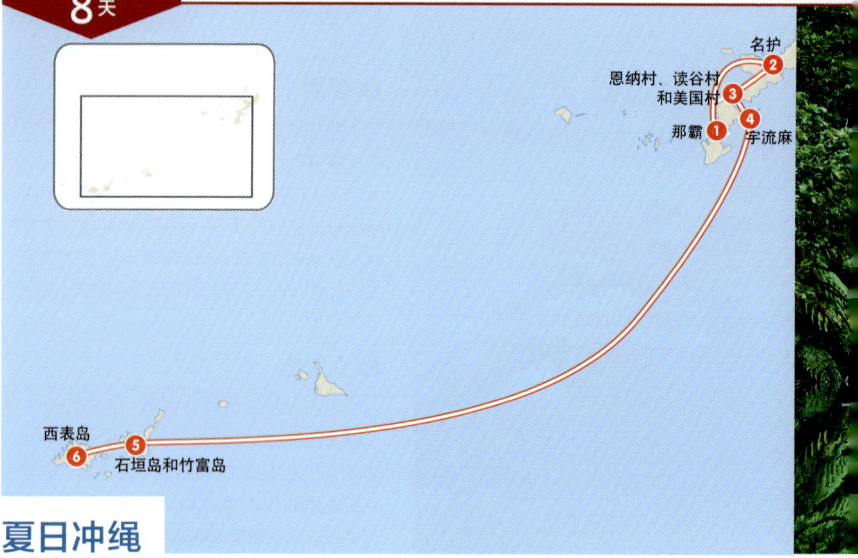

夏日冲绳

由于大部分海滩在11月至次年3月禁止游泳，如果想深入探索冲绳的海，夏季才更加合适。而和日本其他地方一样，冲绳人也爱极了五花八门的夏日祭，此时前来旅行的你有很大概率遇上激动人心的庆典。这条8天的路线兼顾了本岛和离岛，以亲海观光和活动为主，相信能让大多数游人不虚此行。

❶ 那霸

第一天先去**冲绳县立博物馆**了解冲绳的历史背景、传统工艺等，再到地标景点**首里城公园**参观琉球王国的遗迹，走一走古老的金城町石板路。夏天首里城公园的开放时间较长，傍晚登上**西之展望台**，能望见落日余晖下的那霸市区和波光粼粼的海面。晚上在国际通周边或荣町市场找一间民谣居酒屋，感受三线和冲绳料理中浓郁的岛风。

➡ 实用信息

那霸市区有轻轨，可轻松前往各热门地区。如果24小时内要乘坐3次以上，建议购买通票，还能在参观博物馆、首里城等景点时享受门票优惠。

❷ 名护

第二天起个大早，从那霸赶往北部的**名护**（见130页）。安顿好住处之后，到**Orion乐园**（最好预约）参观啤酒的制作过程，再用两大杯免费生啤解暑。这里附餐厅，可在此用餐。下午前往**海洋博公园**，虽说旅游旺季游人如织，午后也相对没那么拥挤。公园往北1公里是三面环海的**备濑村**，成片的防风林形成一条条林荫道，清凉又宜人，这里的日落也值得一看。

➡ 吃喝落脚点

名护十字路口附近餐馆很多，名护渔港也有加工处理新鲜鱼类的小食堂。

备濑村内不少古民家都提供餐饮，

CHAHAYA BULAN尤其适合看日落。

❸ 恩纳村、读谷村和美国村

第三天沿着西海岸包车南下，一路游览部濑名海中公园、万座毛、残波岬等海边景点。这条海岸线上有一些小而静的海滩，是避开人潮的好去处。下午到达热闹的美国村，夏日周末的夜晚日落海滩上还时常有现场演出。

❹ 宇流麻

第四天去东海岸的**宇流麻**（见118页）——旺季西海岸人满为患的时候，这儿或许能让你喘口气。最亮眼的景观是全长近5公里的海中道路，它连接起四座离岛，让人无须坐船就能轻松游览。宫城岛上的**命御庭制盐工厂**开放参观，在那里能看到海水制盐的过程，后方还有**果报崖**的无限美景。冲绳世界遗产之一的**胜连城迹**也在附近，可一并游览。之后前往那霸，当天傍晚即可搭乘飞机前往石垣岛。

➡ 实用信息

前往离岛的公交非常少，最好自驾或包车。

离岛上不少海滩是收费的（¥400左右），但物有所值。

❺ 石垣岛和竹富岛

第五天清晨到**石垣岛**（见181页）的玉取崎展望台一览岛屿的全景，随后回到市区，在**石垣市立八重山博物馆**了解八重山地区的历史文化和出土文物。吃过一碗八重山面线后，前往翡翠般的**川平湾**，在玻璃底船上观赏缤纷热带鱼。

第六天上午前往**竹富岛**（见188页）。先去**Kondoi海滩**，趁游人到来前享受它安静迷人的美，随后深入存着昔日琉球样貌的古老村庄。一般来说游览只需半天时间，当然你也可以待到傍晚，在**西栈桥**看完日落再回去。八重山地区很适合观星，可以报名参加各种观星活动。

➡ 吃喝落脚点

石垣岛的港口一带餐饮最是集中，从码头步行7分钟就能到达一条热闹的商店街。

❻ 西表岛

第七天前往**西表岛**（见185页）来一场和大自然的亲密接触。岛上适合进行潜水、探洞、徒步等许多户外活动，其中单程30分钟的**浦内川丛林游船**值得一试，靠岸后还可以徒步2公里探访密林中的两座瀑布。不过大部分活动最好跟随当地旅行团，或请个向导。度过静谧的一晚之后，返回石垣岛。

如果你的假期充裕，也可以继续从石垣岛坐渡轮分别前往黑岛、小滨岛和波照间岛。直到心满意足再回到那霸，结束你的冲绳之行。

➡ 实用信息

如果打算跳岛游遍八重山地区，建议购买一张适用于所有航线的渡轮三日券，能为你省下不少船费。

上图：西表岛，乘独木舟游览。

最佳行程

8天

探索冲绳离岛

冲绳离岛如繁星密布，细细玩上一个月也未必能全数征服。但仅需8天左右的假期，你便能到最主要的两大离岛群——宫古列岛和八重山列岛，来场包罗万象的跳岛游，除了潜水与海滩悠游，还能参与野外健行和独木舟之旅。如果想深入解琉球文化，冲绳保存最完整的古村庄竹富岛亦能在这趟旅行中探访。不妨轻装简行，带回满满回忆。

❶ 宫古列岛

第一天从那霸转机到宫古岛机场，先去酒店放好行李，下午直接到被公认为宫古岛第一美的**与那霸前滨海滩**（见169页）体验各式水上活动，欣赏来间大桥与夕阳西下的美景，开启你的跳岛之旅序章。

❷ 下地岛和伊良部岛

第二天包车出行，穿越日本最长（全长3.5公里）的免费大桥，抵达**下地岛**（见173页）与**伊良部岛**（见173页）。第一站到**牧山展望台**将伊良部岛桥与“宫古蓝”尽收眼底，接着去**佐和田之滨**观赏海水浅滩里的奇幻岩石群。午餐就在海滨旁的**Botta**找个靠窗的座位，享用薄皮香脆的窑烤比萨。用完餐后，前往被选为国定自然景观的**通池**，寻找人鱼传说的痕迹。最后驾车约3分钟，抵达**中之岛海滩**散散步，或是参加水肺潜水。

❸ 宫古岛和来间岛

在**宫古岛**（见168页）迎接第三天，你可以选择去最北端的**雪盐制盐所**参观工厂，然后至**宫古岛市体验工艺村**体验陶艺制作、染布与拖鞋绘制课程。或是直奔宫古岛最东端的**东平安名岬**游览360度的断崖大道，再去**新城海岸**进行日光浴。下午到来间岛的**龙宫城展望台**眺

©视觉中国

望广阔海景，最后去岛上的观光乐园——**乐园果实**（楽園の果実）品尝当季水果，消消暑。

❹ 八重山列岛

第四天换乘国内线飞机到八重山列岛新石垣机场，先去酒店寄存行李，然后依预算选择包车或是搭乘東バス的川平リゾート線（Kabira Resort line）前往**川平湾**，乘坐玻璃船环游琉璃色海湾。晚餐不妨奢侈一下，回市区里挑一间石垣牛烧烤大快朵颐。

➡ 实用信息

购买東バス的一日乘车券（成人/儿童¥1,000/500）能当日无限搭乘所有巴士路线。

❺ 小滨岛和竹富岛

第五天起，以石垣岛离岛码头为基地搭船游列岛。早上准备好过夜行囊（你可以将大件行李寄存在离岛码头），之后前往码头购买三日周游券，乘坐八重山观光渡轮或安荣观光的船班前往**小滨岛**（见191页），于港口租电动自行车，去**Surgar Road**（シュガーロード）看小滨岛最经典的明信片风景，或是**大岳**的360度全景观景台。下午搭乘13:50的船，直接前往**竹富岛**，在宁静悠闲的赤瓦村落中过一晚。

➡ 实用信息

持Kariyushi周游券（かりゆし周游券/Kariyushi shuuyuuken；三日券 成人/儿童¥5800/2900，四日券 成人/儿童 ¥6800/3400）能在连续天数内无限次搭乘八重山观光渡轮及安荣观光的主要航线的船只。

❻ 西表岛

第六天早点起，回石垣岛取行李，然后换乘船班去**西表岛**（见185页）待一晚。这天你可以报名登山之旅、洞窟探险之旅，或是搭乘**仲间川红树林游船**或**浦内川丛林游船**前往岛中核心地带。不论何者，记得穿上你最好走的鞋。

第七天，体力充沛的话不妨报名独木舟日出之旅的行程，迎接八重山列岛的晨光。回酒店用完早餐后，搭乘路线巴士至“野生生物保護センター站”，在**西表野生动物保护中心**弥补没有见到西表岛山猫本尊的小小遗憾，然后准备搭船返回石垣岛。

❼ 石垣岛

在八重山列岛的最后一天，搭飞机前24小时不能进行水肺潜水，不如就到白保村看看**白保珊瑚村中心**，如果是周日还能逛逛**白保日曜市**。下午至八重山博物馆了解岛群历史。最后去市中心的**ユーグレナモール**（Euglena Mall）商店街以及**石垣市公设市場**，买些纪念品回家。

至此，你已经大致横跨两大离岛群；如果还没过足看海的瘾，你还能延长行程搭船至波照间岛观赏南十字星，或是转机回那霸机场后，再加两天**久米岛**（见163页），或至泊港搭船去**庆良间列岛**（见156页），继续征服离岛。

上图：伊良部大桥。

最佳行程

5~6天

冬季的冲绳

冲绳没有严格意义上的冬天，即使是最冷的11月至次年3月，平均气温也有18摄氏度，做好防风准备，依然可以愉快出行。尽管下海游泳颇受限制，但海边漫步、潜水等项目还能进行，本岛的众多人文景观也不会受到温度的影响。此时，你还有机会享受到更低的房价和更宽松的游览环境，以及观鲸之类的"冬季特供"项目，何乐而不为？

❶ 那霸

旅程第一站依然是**那霸**（见62页）。不过，除了首里城等常规景点，在短暂的冬季里你还有可能在那霸偶遇各种活动，例如11月的壶屋陶器节、12月的那霸马拉松、1月波上宫的初拜、2月与仪公园的那霸樱花节等，看点丝毫不少于夏季。

❷ 名护

第二天北上前往**名护**（见130页）。海洋博公园——尤其是**美丽海水族馆**，不会有夏日的拥挤，游览起来更加舒适。随后可以去看看建于13世纪的**今归仁城迹**，它也是琉球王国相关遗迹之一，若恰逢樱花季，墨色沧桑的古城墙与绯红的樱花相互映衬，更具韵味。

❸ 恩纳村和读谷村

第三天沿海岸线南下。此时西海岸的度假酒店会稍稍降价，预订也更加容易，不妨就在**恩纳村**（见125页）或**读谷村**（见120页）找家舒适的酒店住下，然后联系一间潜水俱乐部（最好预约），去探探真荣田岬的梦幻**蓝洞**。只要天气和海况允许，冬季依然可以潜水，而且进洞通常无须排队，水的透明度更高。或者去民俗主题的**琉球村**，看几场具有琉球风情的表演。读谷村阿利比拉日航度假酒店的**Nirai**

©视觉中国

海滩是少数几个冬季依然开放游泳且有看护员的海滩，一定别错过。

➡ 吃喝落脚点

恩纳村的前兼久地区、读谷村中心的县道6号周边都有比较多的居酒屋、面馆等。

❹ 那霸周边

第四天返回那霸的酒店存放行李，然后前往那霸以南的**丝满**(见83页)。这里的**玉泉洞**有着壮观的钟乳石，而且洞内比室外还要暖和。出洞后可以在**冲绳世界文化王国**内多待一阵，从五花八门的手作工坊里挑些感兴趣的活动尝试一番，或者到那霸机场南端的**濑长岛**，泡泡冲绳难得的天然温泉**龙神之汤**，然后在岛上颇有希腊格调的白色商铺群里吃些美食、淘点儿特产。

➡ 实用信息

那霸市的轻轨赤岭站外有开往濑长岛的免费接驳车，就停在龙神之汤所在的酒店正门前。

❺ 座间味岛

第五天一早坐船前往**座间味岛**(见156页)。一下船可以先去港口的**座间味村观鲸协会**了解当日的出海赏鲸船班次并报名，毕竟大型座头鲸成群出现在庆良间海域的场景只有冬季才能看到。距离港口不远的**古座间味海滩**有着典型的“庆良间蓝”，绝对值得一访。你还可以爬上**高月山展望台**，一览庆良间内海的群岛。通常一日足够往返，恋恋不舍的话，也可以在岛上住一晚，次日去邻近的**阿嘉岛**漫步，下午再坐渡轮回到那霸。

➡ 吃喝落脚点

座间味岛的餐厅主要集中在港口附近，不过餐馆常不定期休息，营业时间也多是常规的午餐和晚餐时段。游览时要留意用餐时间，或带些便当以防万一。

上图：冲绳观鲸。

每月热门

PIXHOUND/SHUTTERSTOCK ©

1月至2月

1月中下旬北部迎来樱花季，2月中旬轮到本岛南部樱花绽放。注意新年出行略有不便，想参加马拉松的话，记得提早预订住宿。

新年

新年（12月31日至次年1月3日）很多商店歇业，不少名胜景点也不开放，住宿需要比平日提前更多时日预订。

1月1日到3日，首里城会举行新春之宴，庆祝新年新气象。

那霸樱花节

每年2月，那霸与仪公园400多棵寒绯樱盛放时，举办一年一度的那霸樱花节。届时公园里会搭起舞台进行民谣大会、太鼓舞表演等活动。（见70页）

冲绳马拉松

2月在冲绳市、宇流麻市、北谷町、嘉手纳町、北中城村等中部地区举行。赛道会经过胜连城迹和美军嘉手纳基地——这也是为数不多的公众能进入美军基地的机会之一。（见110页）

3月至4月

此时气候逐渐回暖，游人还未大批涌入。3月中旬起，冲绳各地陆续开放海域游泳，适合来一场清静又不失玩海乐趣的旅行。

冲绳国际电影节

4月下旬为期4天的电影节，在那霸的国际通、樱坂剧场以及冲绳其他地区会举办各种活动，例如小型演唱会、电影发布会等。

铁人三项大会

宫古岛每年4月举办铁人三项运动会，吸引国内外的运动爱好者与专业选手，挑战项目包括游泳、自行车、竞跑。（见172页）

5月至6月

5月初的日本黄金周有一波出行高峰，传统龙舟祭和拔河赛值得一看。5月中旬进入为期约一个月的梅雨季节。6月中下旬是最适合旅游的时期，夏日祭和花火大会纷纷上演。

黄金周

连续数日的国家法定假日组成了日本的“黄金周”，几个节日依次是昭和之日（4月29日）、宪法纪念日（5月3日）、绿化节（5月4日）和儿童节（5月5日）。

最佳节会

- 冲绳国际电影节 4月
- 宫古岛铁人三项大会 4月
- 本岛夏日祭典与花火大会 6月底至8月底
- 万人太鼓舞 8月
- 那霸大拔河 10月
- 首里城祭 10月

左图：冲绳太鼓节；
右图：那霸龙舟祭。

那霸龙舟祭

5月3日至5日举行，祈愿渔业丰收、航海安全。冲绳的龙舟赛源于中国，并加入本地文化色彩，海陆两侧的演出活动精彩纷呈。（见67页）

7月至8月

各海滩的游泳高峰期，炎炎夏日特别适合进行水上活动。7月和8月的夏日祭和亲子活动尤其热闹。然而8月起始有台风，注意天气变化。

万人太鼓舞

每到旧历盂兰盆节（农历七月十五）前后，冲绳各地的太鼓声便开始此起彼伏。8月第一个周日在国际通大街上，将有数十支专门的青年队、儿童队上演或帅气或可爱的太鼓舞。（见68页）

冲绳全岛太鼓舞节

盂兰盆节之后的第一个周末连续举办三天。全岛多地的太鼓舞青年队伍都会集中到胡差运动公园进行表演，还有街头游行，热闹非凡。（见109页）

Orion啤酒节

7月中旬到8月中旬，在冲绳本岛、石垣岛与宫古岛轮番举行。能欣赏Live音乐表演、焰火活动，还有啤酒试饮摊位与可以免费参观的市集。（见172页）

南岛之星祭典

在石垣岛地区，每年8月会展开为期一周的南岛之星祭典，开展接连不断的星星主题免费活动，像是夜空下岛歌Live音乐会、星空讲座、星座投影，还有歌唱大赛与星空摄影选拔赛等。（见155页）

左下图：首里城新春之宴；右下图：那霸马拉松的跑者。右图：那霸大拔河。

CHIHARU/SHUTTERSTOCK ©

©视觉中国

9月至10月

徐徐入秋，但仍是高温不断。夏秋为台风季节，尤其宫古岛与八重山列岛风袭频繁。10月初本岛有日本体育节会、10月下旬至11月上旬的首里城祭游行不容错过。

那霸大拔河

10月第二个周一及前两天，连续3日举办的“那覇大綱挽”（Naha-otsunahiki）。在市区主干道上，上万人共同奋力拉扯一根长约200米、直径1.5米、总重达40吨的巨绳，年年吸引约30万人前来观战。（见67页）

首里城祭

10月下旬至11月上旬，连续三天的活动包括了古装游行、琉舞表演、首里城点灯等。华美的琉球服饰和多达700人的阵仗让人目不暇接。首里城内还会再现古时琉球国王的册封仪式。（见68页）

11月至12月

进入冬季，海域纷纷关闭，但食宿的性价比更高。12月下旬鲸鱼在冲绳周边海域觅食生产，是出海观鲸的好时节。12月圣诞节至元旦前后，度假酒店和主要景点会有梦幻的点灯活动。

壶屋陶器节

11月上旬连续2天，各间陶器店铺提供购物折扣，街头还有不间断的表演，壶屋烧物博物馆、部分手工体验项目（例如在陶轮上拉胚）也会免费向游客开放。（见68页）

那霸马拉松

12月第一个周日，冲绳本岛南部举办最具影响力的马拉松赛事，参赛者从那霸市的明治桥出发，最后回到奥武山公园，全程42.195公里。沿途有太鼓舞等应援表演，参赛不限国籍，报名要趁早。（见70页）

EIJA/SHUTTERSTOCK ©

新线报

©视觉中国

单轨电车更便利了

那霸市内观光最主要的交通工具轻轨（モノレール/Monoreru），于本书调研时正持续建设延长段，2019年夏天开始增设4个新站点，最远还能通到浦添市。

下地岛机场重启计划

位于宫古列岛的下地岛机场，原本是训练日本机师的飞行场，冲绳县政府于2017年开始重整计划，2019年3月底开放国际线与国内线航班使用，同时加设租车、旅游柜台，未来要前往宫古岛游玩的旅行者会有更多元的交通选择。

坐船游本岛

2019年4月开始，连接本岛南北的高速船投入运营。从那霸港出发，途经北谷（美国村）、恩纳，最终抵达本部半岛，全程约2.5小时。不仅能避开道路拥堵，还能顺便欣赏海上风光。但注意，仅在4月至11月运行。（见133页）

那霸流行新据点

那霸的百货商场是否让你眼花缭乱？现在又有一间购物商场加入战局，那霸OPA百货于2018年10月在单轨电车旭桥站盛大开幕，集结日本各地首次进军冲绳的品牌和当地自有设计品牌，店铺有近50家。

读谷博物馆翻新重开

座喜味城迹下的读谷博物馆于2018年翻新开幕，全馆有三层，除了展示了座喜味城迹的模型、陶艺家金城次郎的作品、古时读谷村民的生活用品，还特别复原了冲绳战时的相关纪录，历史迷们不要错过。（见121页）

日本第一个星空保护区

2018年4月，八重山列岛的石垣岛北部与竹富町全区，被国际暗夜星空协会（IDA）选定为星空保护区候补，石垣岛市政府也将持续改善道路光污染问题，未来旅行者们有望见到更闪耀清晰的广袤星空。（见154页）

两种房型一次满足，国际通新旅宿

2018年新开业的Y's CABIN & HOTEL位于国际通北侧，距离轻轨站只有3分钟的步行距离；为Y's集团旗下首间结合胶囊床位"CABIN"与酒店房型"HOTEL"的旅馆，馆内还设有免费大浴场。（见70页）

日本新增出境税

从2019年1月起，举凡自日本出境的旅客，不分国籍都必须付 ¥1000的出国税，税额将包含在船票或机票价格内。转机旅客及未满2岁的幼儿可以免税。

消费税确定要涨了

日本消费税预计在2019年10月1日调至10%，消费税的上涨意味着所有的商品、景点门票的价格都可能调涨。不过对国外旅客的退税政策没有影响。

那霸人气市场临时搬迁

作为"那霸厨房"的第一牧志公设市场，由于设施老化，已决定进行建筑解体重建。原店铺将暂时迁至100米外的Nigiwai广场，不过仍然保持一层市场、二层餐厅兼加工的格局。工程预计在2022年竣工，届时店铺也会搬回原址上的全新市场内。

左图：那霸单轨电车；
右图：座喜味城迹。

获得灵感

VASSAMON ANANSUKKASEM/SHUTTERSTOCK ©

书籍

《孤岛诊疗所》漫画家山田贵敏的作品，描述一位东京医生远赴缺乏医疗资源的志木那岛行医的故事。2003年被改编为同名日剧，在八重山列岛的与那国岛进行拍摄。

《冲绳现代史》史学家新崎盛辉的作品，撰述了"二战"后冲绳复杂的发展和现况。

《全日本最小书店URARA》作者宇田智子原为淳久堂员工，在因缘际会下来到那霸市成为URARA（风和日丽之意）二手书店的店主。这间小书店就位于牧志公设市场旁，出售许多当地出版的书籍杂志。

Okinawan Portraits 2012-2016 冲绳摄影师石川竜一以当地人的角度拍摄的人物、风景与建筑群像。

电影

《冲绳豆腐之恋》（2017年）由新加坡与日本合拍。在男主角抵达冲绳学习传统料理的片段中，你将看到小岛优美的景致与地道美食的烹饪。

《山羊的冒险》（2010年）为一位中学学生初试啼声担任导演的作品。讲述一位冲绳那霸市出身的少年，为了保护他饲养的白色山羊而展开的冒险旅程。

《来自天国的喝彩》（2011年）阿部宽饰演冲绳音乐村的创办人仲宗根阳。全片除了感人和热血元素，还展现了冲绳本岛的海岸风情。

日剧

《暴风雨》NHK时代剧，改编自作家池上永一的小说，故事以19世纪的琉球王朝为背景，诉说女主角真鹤（仲间由纪惠饰）女扮男装入宫拯救国家的故事。

《鹤龟助产院》改编自小川糸的同名小说，讲述女主角玛丽亚远赴八重山列岛寻找失踪丈夫的下落时结识了助产士龟子，并在岛上人民的帮助下，诞下新生命的故事。对竹富岛的传统村落与蔚蓝海滩感兴趣的话不能错过。

《琉璃之岛》一位逃离东京

TSUNEO YAMASHITA/GETTYIMAGES©

孤儿院的少女被收养后，漂泊到仅50人居住的南国海岛，并在岛民关爱下渐渐打开心扉。剧中一望无际的蓝天碧海，拍摄地点正是八重山列岛的鸠间岛。

《水姑娘》NHK晨间剧40周年纪念作，以小滨岛为背景，描述国仲凉子演绎的女主角的成长故事。绿意盎然的蔗田、白山羊与辽阔的Sugar Road，皆为剧中看点。

音乐

《岛呗》由The Boom乐团的宫泽和史作词作曲，悠扬的琉球旋律传递着反战思想。在2003年曾被夏川里美翻唱过，后期还被梁静茹翻唱为华语歌《不想睡》。

《時をこえ》同样有着祈求和平的出发点，为冲绳乐团HY的女主唱仲宗根泉以上一代的长辈“战时艰辛的恋情”为灵感创作而成，歌曲讲述了当年冲绳的美丽，三线弹奏出哀愁之感。

《童神》由Nenes（ネーネーズ）组合的古谢美佐子演唱，堪称典型的当代冲绳摇篮曲。Nenes组合一向以重新演绎经典冲绳民谣而闻名，还翻唱过《安里屋小调》等八重山民歌。

《Bye-bye冲绳》（バイバイ冲縄）是Nenes组合的制作人知名定男在1978年用英语和八重山方言混合演唱的歌曲，被日本音乐界视为开创民谣新形态的里程碑。

没时间？

冲绳是民谣之乡，如果只能选一张专辑来听，The Boom的**《世界でいちばん美しい島》**可算最佳选择，当中收录了新作与多首经典民谣翻唱：如《芭蕉布》《Bye-bye冲绳》等。要是你更爱女子重唱，冲绳出身的KIRORO双人组的《归处》很值得一听，像是描写海洋的《珊瑚歌》、把名产写进歌词的《红芋娘》等，每首歌皆如温暖的海风，徐徐吹进游人心中。

左图：那霸店铺中售卖的三线；右图：鸠间岛。

省钱妙计

TUNGCHEUNG/SHUTTERSTOCK ©

来到充满南国风情的冲绳，如何玩得更“精明”？就看你有没有事前做足功课了，掌握好订房优惠、早鸟机票区间与各式交通景点套票，把旅费节省下来留给购物，败家之余也不要忘记询问退税信息，开心搜刮战利品回家。

住宿

➡ 提早在Agoda、Booking等预订网站订房，有机会获最低的折扣。日本当地的预订网站如乐天(travel.rakuten.co.jp)、Jalan(www.jalan.net)或Yadoplaza(www.yadoplaza.com)房型选择通常更多，如果是离岛地区的住宿，有时还会有“国内段飞机+住房”的组合优惠，懂日文的旅行者不妨多方参考。

➡ 日本连锁商务酒店，例如东横Inn(www.toyoko-inn.com)和Super Hotel(www.superhotel.co.jp)价格实惠、地点适中，暑期旺季最少提前一个月预订。此外，若是不介意挤一点睡，小型双人房(セミダブル/semi double)虽然空间拥挤，但价格也相对低廉实惠。

➡ 大型酒店网站会列出各种优惠方案，通常素泊方案（不含餐，纯住宿）价格最低，另外还有早鸟优惠（通常需要提前15天甚至3个月预订）、连泊优惠（连住2日及以上）、当日预订的限定优惠等。如果飞机班次较晚，部分酒店晚于23:00入住还会有额外的住房优惠，可以事先查询。

➡ 在离岛地区，部分潜水公司同时经营民宿与餐厅，入住者可以用优惠价格报名海上活动行程。

餐饮娱乐

➡ 在机场、车站的旅游信息中心，摆放免费旅游手册和地图的架子上，陈列着不少餐饮优惠券、景点折扣券，仔细看看会有小惊喜。

➡ 许多餐厅会推出优惠的午餐定食，比晚间时段便宜不少，若有让你跃跃欲试的“高消费”餐馆，不妨提前用餐时间。

到冲绳旅游信息网站（如www.okinawatraveler.net/coupon）寻找餐厅折扣券。

景点与交通

利用各式交通通票串联你的行程，节省大量交通开支。例如：冲绳本岛的“节假日限定公交一日券”、离岛的“西表岛巴士一日券”与“石垣島東バス一日乘车券”，以及能在数日内连续搭乘船班的八重山列岛“Kariyushi周游券”等。（详见各章节交通信息）

不少青旅提供自行车免费出借或优惠出租，在道路状况合适的情况下，骑车不失为一种经济的代步方式。

如有前往离岛的打算，至少提前一个月预订那霸至离岛的国内班机，能享有早鸟优惠。

善加利用各大景点的实惠套票。比如：适用于本岛包括美丽海水族馆在内的12个景点的“冲绳Enjoy Pass”等。部分大型景点的官网还能下载到“割引券”（折扣券），享受门票优惠。

购物

日本的打折季为7月和元旦前后，百货商场的打折信息可见www.departinfo.com。

百货公司基本都可以刷卡，如果支持银联，记得让店员走银联通道刷卡，可省去手续费。注意有时候信用卡（维萨卡或万事达卡）、微信支付或支付宝会有单独的折扣活动，不妨在银联信用卡之外多带一张别的信用卡（当然还有你的手机）。

一般而言，只要消费超过一定额度（同商场内消费满5000日元等），大型百货公司、电器卖场、Outlet都能退税。多数连锁土产店也提供退税服务，购物之前事先向店员提问退税门槛是不二法门。

左图：那霸，国际通的特产店；
右图：座间味岛上骑自行车的当地人。

丝满，晾晒的鱿鱼。

©视觉中国

和当地人吃喝

冲绳仿佛一个美食大熔炉，由于历史渊源和地缘关系，前后融入了中国（特别是福建沿海一带）、东南亚，以及日本料理元素。在此不仅能到渔港大啖海味、在离岛享用山猪料理，想奢侈一下也有入口即化的两大和牛——只怕还没大快朵颐，就先犯了选择困难症。至于传统食堂、宫廷料理或是美式餐厅，谁才是最具代表性的当代冲绳味，就交由你的味蕾来定夺了。

美食体验

海鲜魅力

被大海包围的冲绳，最不缺的就是海鲜水产，只要走访各大渔港市场与附设的食堂，就能享用新鲜捕捞的近海鱼，在冲绳南部渔人之城丝满，海产尤其出名。不论是冲绳青武鲷、红条石斑鱼还是车虾，都可以请市场的师傅现场帮你制成炸天妇罗、生鱼片或是盐煮鱼，简简单单便是鲜美的一餐。由于冲绳海水透明度高，气候温暖，特别适合养殖海菜与海藻，比如久米岛的绿藻“海葡萄”就十分出名，它又被称为“绿色鱼子酱”；而本岛的水云（もずく/Mozuku，别名为长寿藻）产量更为日本第一。

四季美食

春天（3月至5月）

春天的水云正当季，加醋凉拌或是放入蒸锅炊饭各具好味。春夏也是盛产苦瓜的时期，不要错过食堂阿姨做的什锦炒苦瓜。

夏天（6月至8月）

海葡萄四季皆有，但在盛夏最弹牙美味。夏天一到，先去居酒屋点一份蓬松美味的海葡萄煎蛋，再到海岸旁的咖啡馆，点一杯用时令水果——杧果和火龙果打成的冰沙，消消暑意。

秋天（9月至11月）

仲夏至秋季是红条石斑鱼最鲜美的季节，当地人特别爱用它做生鱼片或鲜鱼汤。冲绳特产的酸柑也正当季。

冬天（12月至次年2月）

饭桌上出现刚采摘好的冲绳萝卜与田芋，还有肉质饱满的新鲜车虾，夜凉了还能喝口泡盛暖暖胃。

琉球宫廷料理

15世纪，琉球王朝招待册封使或举行国宴时，王宫御厨们便会端上前菜、主菜、汤品、小菜，并用朱红色的漆器精致摆盘。因外交与贸易之故，宫廷料理受到中国的“医食同根”概念影响，特别注重养生调和。其中一种最经典的宫廷料理形式，是用分为七格的朱红色漆盒“东道盆”摆盘，厨师会分别放上炸鱼板、昆布卷、牛蒡卷、黑芝麻猪、墨鱼雕花与芥菜鱼板等小菜，再搭配一碗猪杂汤与猪碎肉饭。现在那霸仍有一些古老的餐馆提供这种精致的宫廷料理。

冲绳家常料理

常见的家常菜（うちなー料理）中，最具代表性的当属“炒菜”料理。炒菜底料不出三种：蔬菜、岛豆腐和猪肉，就外地人（哪怕是从日本本岛来的人）而言，单从菜名来看往往不知其中名堂。具有代表性的菜品有冲绳炒什锦チャンプル（Chanpuru）、以萝卜拌炒青木瓜丝的イリチー（Irichi），或是以红萝卜、鸡蛋与金枪鱼罐头快炒的シリシリ（Shiri shiri）等。此外，炸蔬菜、味噌煮、炖猪脚、盐煮鱼、墨鱼汁汤与猪肉料理（见42页），也全算是冲绳常见的家常料理，族繁不及备载——每一样都奉行着一个基本原则：用简单平淡的做法，烹调出朴实好味道。

各地面条大不同

在冲绳，面虽然也叫そば（Soba，原指荞麦面），但不用荞麦，而是改用小麦制作，有些店家还会遵循古法，利用木灰滤过的碱水作为揉面的基底，被称为**木灰そば**（Kibai Soba）。**冲绳面**（沖縄そば/ Okinawa Soba）在明治时代开始盛行，内容不外乎为清汤、鱼板、葱花，再配上一块红烧肉片。若是到离岛地区，还有所谓的**八重山面**（八重山そば/ Yaeyama Soba）与**宫古面**（宮古そば/ Miyako Soba）。前者面条更细，改用肉丝做料；后者多为扁平状面条，从前宫古岛人吃面时习惯将食材置于面之下，有点“好物沉归底”的意思。除此之外，冲绳还有排骨面、猪杂面，甚至是一片绿油油的海藻面，选择丰富。

美式vs冲绳风

冲绳饮食于“二战”后深受美国文化影响，牛排、汉堡、热狗摊纷纷出现在城镇大街上，午餐肉、金枪鱼罐头也成为当地人的热门早餐食材，甚至饭团中也能见到“午餐肉夹蛋”这种组合。这也衍生出许多冲绳混搭美式风格的特色菜，譬如当地的Jef汉堡就贩卖像是苦瓜汉堡和类似洋葱圈的苦瓜圈。另一项化异国文化为当地特产的例子是平价美食**塔可饭**（タコライス/ Tako-raisu），做法是在米饭上铺满西红柿、生菜、芝士和肉酱，最早于20世纪80年代出现在金武町美军基地附近的饮食店，逐渐流行之后，现在连学校食堂都烹饪塔可饭。

猪肉料理

冲绳的猪肉食用量为全日本第二名，早年猪肉被视为重要的蛋白质来源，冲绳人通常会在过年时杀一头猪，以盐渍调理，然后慢慢食用。在冲绳有一句老话："猪除了叫声以外都能下肚。"这说的是一头猪从耳朵到猪蹄都能做成菜吃：内脏煮汤、耳朵凉拌、猪肝做汤、猪脚清炖、五花肉能用泡盛加黑糖红烧，这种"一点都不浪费"的吃法与中式料理颇为相近。冲绳还培育出一种最高等级的**阿古猪**（アグー豚/Agu buta），它的胆固醇较一般猪肉少，脂肪的溶解温度更低，肉质入口即化，也是烧烤店及火锅店的"桌上嘉宾"。

冲绳和牛

石垣牛（Ishigaki-gyu）源自八重山列岛的石垣岛一带，这里早年作为松阪牛与神户牛的仔牛培育地而闻名，现在也是冲绳县内和牛生产数量最多的地方。和牛肉一般指脂肪极其丰富且呈大理石纹的牛肉品种。石垣牛为肥育饲养超过20个月的纯黑毛和牛，肉质分等级，等级越高（A4~A5）价位越高。离岛地区还有一种宫古牛（Miyako-Gyu），是肥育饲养超过15个月的黑毛和牛，虽然知名度不及石垣牛高，但肉质也十分柔嫩细致。

泡盛

以冲绳黑麹菌加水蒸馏的米酒，最早从14世纪的暹罗国（现今的泰国）传入。在琉球王朝时期，酿酒师聚集在首里城周边，由王府进行管理，明治时代后民间酿酒厂增加，泡盛也更广为人知。泡盛大多由在来米（籼稻）制作，酒精浓度多是25度、30度或43度，只要密封存放三年以上的就称为"古酒"，熟成后更具香醇风味。许多酿酒公司会有自己的仓库帮客人储放酒罐，像是宫古岛的多良川酒造（见170页）便开放位于地下的藏酒洞窟，旅行者可免费参观。

琉球泡盛。

TONG PATONG/SHUTTERSTOCK ©

当地特色

冲绳本岛

冲绳炒什锦 在大众食堂里能吃到最地道的家常菜，价格公道又管饱。

海产 找一个港口里尝尝最新鲜的渔产，像红条石斑鱼，肉鲜甜细腻且富有胶质，常做成生鱼片、鱼汤，或是清蒸鱼。

宫廷料理 古时只有首里的贵族与王室能享用的宫廷料理，值得你到冲绳奢华一次。

阿古猪 热爱猪肉料理的冲绳人口中“最高等级”的品种，适合锅物（涮、炖）也适合火烤。

凉拌海草 本岛盛产水云，加入醋凉拌后食用，特别适合用来补充膳食纤维。

岛豆腐 岛豆腐口感扎实，营养价值高。还有一种花生豆腐（ジーマミー豆腐/Jimami tōfu）味似豆花，口感像杏仁豆腐。

岛蔬菜 传闻冲绳人长寿的秘诀之一，就是他们爱吃当地蔬菜。各大餐馆菜单中也常见到岛蔬菜的影子，比如岛萝卜、岛薤菜、红凤菜、红薯和日本前胡。

羊肉刺身 冲绳人逢年过节，除了爱喝养生羊肉汤，还有奇葩一点的吃法——切薄片生吃。

水果 亚热带水果五花八门，到各大观光果园点一杯杧果冰或冲绳酸柑果汁吧。

冲绳离岛

八重山面与宫古面 本岛有冲绳面，离岛也有自己的特色面。口味相近、口感各异，等你去

冲绳面。

JUNICHI MIYAZAKI/LONELY PLANET ©

宫古岛饮酒文化

传说宫古岛民生性好饮，酒量是冲绳本岛的四倍之多。在宫古岛更有一个独特的泡盛饮酒文化，被称为“御通り（Otōri）”，饮酒顺序是这样的：

- 在宴席、庆功宴或是亲友聚会上，需要先选定一个“親”（Oya）坐主席，这个人可能是大家想祝贺的对象或是长辈。由“親”带头讲一段喜气的开场白，并于玻璃杯中倒满泡盛一饮而尽，然后再用同一个空杯倒满酒，递给下一个人。
- 接酒者将酒喝完，再把杯子还回去。紧接着“親”便会再度将酒斟满，交给下一位，以此类推直到绕完一圈为止。
- 最后一位喝酒的人必须将空杯倒满酒，还递予“親”，他在干杯后会发表一段感言或结语，如此便算一回合结束了。
- 一轮之后，还能继续指定下一位“親”开始新的回合，直到宴席结束为止。

此外，递酒顺序也有讲究，若是顺时针转一圈称为“豊年まわり”（Toyotoshi-Mawari），农家工作者聚会时多采用这种方式，逆时针则为“大漁まわり”（Tairyo-Mawari），顾名思义在渔业从业者的聚会上较为常见。这种豪饮文化是宫古岛民众心日中最经典的庆贺方式之 。

左上图：炸鱼料理；右上图：冲绳特产水云。
右图：那霸的牛肉料理店。

比较试吃。

石垣牛与宫古牛 两大黑毛和牛，分别在八重山列岛与宫古列岛肥育饲养，肉质肥嫩，油脂香甜。

山猪料理 西表岛与石垣岛盛行狩猎山猪，然后将其做成刺身或炒猪肉、炒内脏。

车虾 久米岛的车虾名闻遐迩，不论是炸虾天妇罗，或是车虾面线，都能叫人吃得满口海味。

海葡萄 海葡萄为冲绳特产，口感弹牙，适合用来凉拌、煎蛋。在久米岛还可以体验海葡萄采摘。（见164页）

泡盛 大名鼎鼎的冲绳泡盛酒，于离岛地区有几项“当地限定”，例如波照间岛的泡波、与那国岛一种酒精浓度高达60度的花酒等。

海盐 冲绳产海盐，离岛更有宫古岛的雪盐和石垣岛的海盐，来这里还能参观制盐过程。（见170页）

如何吃喝

何时吃

早餐 来一份传统家庭料理做早餐，或以夹着午餐肉煎蛋的饭团简单解决一餐。冲绳各大市区也有些不错的咖啡店，能享用到岛蔬菜拼盘或美式早餐。

午餐 海港里的盐煮鱼套餐、地道的冲绳面或是异国风情的塔可饭，都是旅行者最实惠的选择。若有想尝试的高级料理店，在午餐时间到店性价比更高，省下预算，饭后还能喝一杯用当季水果打成的冰沙。

晚餐 找一间营业到晚上的食堂大快朵颐，或是花钱体验宫廷料理、石垣牛烧烤，点杯泡盛，像国王一样享受一切。

哪里吃

不论在本岛或离岛地区，想要吃一餐经济实惠的饭，找间“食堂”就对了，冲绳家庭料理

PIERRE ADEN/SHUTTERSTOCK ©

和冠上地名的面（冲绳面、久米面、八重山面、宫古面）都藏在一间间小餐馆里头。离岛的食堂常常仅午餐时间营业；若是在本岛，则有少部分会开到半夜，温暖夜归人的胃。

在冲绳人的认知里，“今晚吃烧烤”通常等于“今夜要好好犒赏自己”的意思，特别是市区烧烤店，大多能享用高级的石垣牛（部分有宫古牛）及阿古猪，只要你准备好人均约3000日元的预算；用相似的价位，你也可以选择去居酒屋或美式牛排馆获得另一种味觉盛宴。

来到长年温暖的冲绳，冰品是少不了的饭后甜点，红豆冰和水果冰均常见于观光农场、海景咖啡馆与市区甜品店之中。

学几句

欢迎光临（冲绳方言）：めんそーれ/Mensore

食堂：食堂/Shokudō

餐厅：レストラン/Resutoran

套餐：セット/Setto

定食：定食/Teishoku

自助餐：バイキング/Baikingu

无限畅饮：飲み放題/Nomi Hodai

无限畅吃：食べ放題/Tabe Hodai

海鲜：海鮮，シーフード/Kaisen，Shifudo

牛肉：牛肉/Gyuniku

猪肉：豚肉/Butaniku

鸡肉：鶏肉/Toriniku

蔬菜：野菜/Yasai

有什么推荐菜？おすすめは？/Osusume wa?

浦添大公园的滑梯。

©视觉中国

带孩子旅行

冲绳的度假产业已发展经年，如今在食、宿、娱等方面都可算水准之上。冲绳大致延续了日本本土的文化习惯，除了冲绳人时间观念不强，这里的社会安全和卫生状况都不用太担心。你需要应对的，只有变幻莫测的天气、受到影响的行程以及可能为此焦躁的孩子。好在丰富的游玩项目总能让孩子们热情不减。

当地设施

住宿

冲绳的度假型酒店绝对是亲子游家庭的首选。为了吸引带孩子旅行的父母，各大酒店都在硬件和软件方面不断提升。充满童趣的家庭房、带水上滑梯的儿童泳池、内部自设的小型动物园、专门的儿童游戏室，诸如此类的设计照顾到了孩子们的需求。一般来说，随行的学龄前儿童（不满6岁）都能在不加床的情况下免费入住。与此同时，酒店还会准备常见的婴幼儿用品（有些需在预订时说明），大到手推车、儿童椅、婴儿床，小至尿布、马桶坐垫、儿童拖鞋等，堪称无微不至。除了常规的水上活动，一些酒店还特别推出亲子体验类项目，例如手作贝壳饰品、三线乐器体验。当然，以上各项设施和服务并非集中在某一间度假酒店，预订时不妨比较各家特色，多看看酒店的官网图片，根据实际需求决定入住。

比起度假酒店，大量散落在住宅区或海

烧制玻璃。

边村落里的民宿看上去要朴实得多。但它们的软硬件配置并不逊色，事实上很多爸爸妈妈更倾向这种家居式的环境。通常民宿内设有洗衣机、厨房，有的还自带宽敞院落或屋顶天台，完全可以办一场欢乐的夜间烧烤（主人会提供烧烤用具）。推荐预订传统的榻榻米房型，四五块布团铺在一起、全家其乐融融的场面，会让很多孩子兴奋得打起滚来。需要提醒，有些民宿主人只会日语，但懂简单的英文读写，必要时不妨利用纸笔交流，汉字也可以帮助理解。

冲绳的青年旅舍数量不算多，多集中在那霸市区，美国村、名护市和离岛也有一些。如无专门的家庭房，一家人也可以入住四人间。旅舍的自助设施比较齐全，有开阔的公共空间，只是相对人员嘈杂。另外，有些青年旅舍限制幼儿入住，预订前最好先向旅舍了解规定。

特别值得一提的还有农场型住宿。在冲绳本岛北部的今归仁村，有一间由当地小学改造而来的AiAi农场酒店。房间是原来的校舍，操场提供了开阔的活动场所。农场种有蔬菜，可以直接购买自行在厨房烹煮，圈养的小羊则是孩子天然的玩伴，十分贴近自然。

就餐

由于地缘亲近的关系，冲绳的食物会让很多中国旅行者倍感亲切，不仅有米饭、面食等主食，还能见到中式的热锅快炒，饮食障碍几乎为零。哪怕喜欢汉堡、薯条等西式快餐的孩子，也能在这儿找到属于他们的冲绳风味：A&W的芝士汉堡和Jef的苦瓜汉堡都独具特色。有些主打日本料理、琉球料理等套餐的餐厅，还会准备分量较小、较清淡的儿童套餐，价格更加合理。总之，比起餐饮类型，作为家长需要多加注意的其实是用餐前的准备工作。

带婴儿旅行

➡ 冲绳的游客服务中心、酒店等场所一般都提供婴儿车租借服务（可连续租借数日），但数量有限，不妨在到达之前通过邮件等方式预约。

➡ 通常不会有人在公众场合哺乳。不过在公园比较安静的角落或户外活动场地，用围巾稍加遮盖，也没什么问题。游客服务中心、大型商场和主要景点会设有专门的哺乳间。

➡ 虽然尿片、辅食等婴儿用品都不难买到，但已经用惯的品牌不一定有，以防万一，带足最符合自家宝宝口味的口粮和所需物品（包括多套餐具）。

像在日本任何地方一样，始终记得预约的重要性，这能帮你免去在热门餐厅门口排队的麻烦（毕竟孩子的耐心相当有限）。预约时告知有孩子同行，好让有些餐厅为你们准备较大的用餐空间和儿童椅。不过不是每家餐厅都有儿童椅（尤其是榻榻米席位的古民家餐馆），介意的话务必提前了解。同样地，儿童餐具也不是餐厅必备品，最好随身带上自家常用的餐具。如果你的孩子有过敏食物或某些饮食限制，请在点餐前或预约时告知餐厅服务员。旅馆的工作人员通常可以帮你预约餐厅，也不妨让他们用日语写点常用语、想吃的菜名、孩子的忌口等信息，便于用餐时直接沟通。

当然，餐厅不是就餐场所的唯一选择，尤其是在海滩遍布的冲绳。许多海滩附近设有露天用餐区，堤岸旁也常有大片的草坪，你可以到超市采购食材自制便当，一边欣赏海景一边愉快地野餐。在提供烧烤用具的海滩，你还能和家人孩子享受一场海边烧烤派对。

出行

不可否认，交通在冲绳是件令人头疼的事情。对于无法在日本开车的旅行者来说，想要自由轻松地玩转冲绳，包车就是不二之选。在联系包车司机时，可以要求增加儿童座椅，通常都会提供。但短程打车的话，一般出租车很难配备儿童座椅。

前往离岛几乎都需要坐船，如果孩子晕船，尽量选择航程较短的岛屿。在这一点上，虽然庆良间列岛距离那霸比较近，但航程都不会少于一个小时；而八重山列岛的石垣岛虽远，却有飞机可坐，且石垣岛到周边各岛的船程都不超过40分钟。还有个与一般人认知相反的事实是，其实高速船比慢船更容易晕船，真是“欲速则不达”。此外，在本岛周边（例如古宇利岛和宇流麻）、宫古列岛等地，已经架有跨海大桥，很适合开（乘）车游览。

不过家长也不用过于担心晕船，因为只要风浪稍大，渡轮就会停航。从安全上来说，这是件好事，但你可能需要处理由此带来的行程变更等麻烦。如果已经身处离岛，将面对被困岛上的窘境，即便只是一时被困（冲绳天气变化得很快），如何让孩子不产生焦躁情绪，也是个挑战。如果随身携带有能吸引孩子注意力的童书或电子设备，这时就是掏出它们的时候了。

冲绳的无障碍设施比较完善，建筑和景区基本都有坡道或电梯，除了城迹、山岳等自然环境中的景点，婴儿车可以进入大部分参观区域。如果带着大一些的孩子，打算骑自行车游览，建议租电动自行车，这样不至于让大量爬坡消耗太多体力，但同时也要注意骑行安全，虽然租赁店一般不提供头盔，我们还是强烈建议你佩戴头盔骑行。

夜间出行，需要格外注意路况。冲绳离岛和本岛大部分地区——严格来说就是那霸国际通、美国村和各主干道以外的地方——夜间照明都很有限，白天不觉得偏僻的街区到了夜里也会很暗，一定要留意脚下。

属于孩子们的冲绳亮点

海滩

海滩几乎是对付孩子“一招制胜”的法宝。只要一把沙铲，一个小桶，孩子就能愉快地享受这片沙和海的世界——建造沙堆，滩涂寻宝，乐此不疲。大一些的孩子还可以尝试各种有趣刺激的水上活动。

美丽SUN海滩 距离那霸机场非常近，设施完备，是迫不及待亲近大海的首选。

安良波海滩 靠近美国村，比日落海滩开阔，有艘与实物等大的英式帆船可供游乐。（见115页）

Nirai海滩 藏在日航度假酒店里的海滩，隐秘而优质，重要的是冬季也可游泳！（见121页）

万座海滩 紧邻万座毛，水清沙白，还有一座漂浮在海上的游乐园（万座海洋公园/万座オーシャンパーク）。

动物

亲近动物大概是孩子们的天性，而在冲绳，除了常见的小动物，还有不少海洋生物可以近距离观察或接触。

久米岛海龟馆 可喂海龟、触摸久米的海洋贝类，在净滩垃圾展区了解海洋生态的恶化。（见164页）

部濑名海中公园 走进向海平面下方延伸的海中展望塔，能透过玻璃窗观察海中自由游动的热带鱼，仿佛身处"野生"水族馆。（见127页）

海洋博公园 冲绳最大的海洋文化展示园区，在水族馆和周边会看到鲸鲨、海牛、海龟等海洋动物。（见133页）

名护动植物园 平时游人不多，可以乘坐复古小火车逛动物园，零距离喂食动物。

手作体验

来冲绳带孩子体验五花八门的"手工课"吧！大部分难度不大，耗时不长，但做完之后会有满满的成就感，且每一件手工都是孩子独一无二的旅行纪念品。

首里琉染 利用传统的红型染或当地特色的珊瑚染，在T恤或帆布袋上进行印染。（见67页）

育陶园壶屋烧体验工坊 在古朴建筑里，体验素陶风狮爷的制作、陶土拉胚、瓷盘上釉等。（见67页）

琉球玻璃村 在冲绳最大的玻璃工坊做玻璃杯（吹玻璃），或做个创意玻璃饰品。（见85页）

Gala青海 通过蒸煮浓缩海水，亲手制成一罐海盐，包装也很漂亮。（见123页）

集章寻宝逛古迹

➡ 对于大人来说，首里城是个不可不去的冲绳地标景点，但小孩子恐怕不这么认为。为了增加孩子们的游览乐趣，首里城公园推出了"纪念章收集活动"。参观前在首里杜馆的游客中心领取免费的集章地图，按照地图的指引到首里城各个景点盖章，包括园比屋武御岳石门、欢会门、正殿等。一边游览一边集齐所有印章，最后还能在首里杜馆换取小小的纪念品。

➡ 类似的做法在名护的冲绳水果乐园也能见到。通过回答关于水果的一系列问题（例如荔枝和哪位历史人物有关，有中英文）来获得印章，集齐印章就能救出乐园设定的故事中的热带王国国王，并在出口兑换奖励，堪称真正意义上的寓教于乐。

游乐场

冲绳基本上只要是个公园，就会有一片或大或小的游乐区，各式各样的滑梯、蹦床、滑索、攀爬网等设施吸引着一家大小前来游玩，很难想象它们竟然都是免费的。尤其是利用丘陵地形建造的长滑梯，连大人都忍不住玩上一把。不过各项设施会不定期进行维护，去之前最好先做下功课。

中城公园 公园的规模非常大，游乐设施也格外丰富，巨大的蹦床会让孩子们停不下来。

海军壕公园 位于旧海军司令部壕附近，有两座超大型滚轮式回旋滑梯，落差很大，滑下来相当过瘾。

奥武山公园 从那霸市区乘轻轨能到达的公园，山坡上有龙形长滑梯，园内吃喝也很便利。

浦添大公园 因超长滑梯而闻名的公园，人气连年增长，那霸市区开车过来仅需15分钟。

在路上

本书作者 盛洋

在飞抵那霸的深夜去荣町市场（见72页）觅食，一间间狭小到不得不在市场通道搭台的饮食店朴素又温馨。落座不久，只听得邻店喝高了的欧吉桑们唱起《泪光闪闪》，瞬间觉得“果然是冲绳啊”。

进一步了解我们的作者，见223页。

那霸单轨电车。

RICHIE CHAN/SHUTTERSTOCK ©

那霸及周边

那霸及周边

从琉球王国王室的居所，到“二战”时冲绳岛战役期间日美双方的激战区，再到今天日本冲绳县的政治经济文化中心，那霸及其所在的本岛南部始终是冲绳的焦点所在。因此，相比以海岸、山林等自然风光为主的冲绳其他地区，这里的历史印记更为明显。无论是在遗址上重生的首里城、保留着古窑的制陶中心壶屋，还是明代移民琉球的中国人聚居地久米村、冲绳战时海军司令部的地下战壕和防空洞里的野战医院，都在讲述着冲绳昔日的辉煌与哀伤。

撇开历史，你仍能在南部收获一场轻松愉悦的海岸之旅。东南角的知念岬透露出不同于北部崎岖海角的柔和美，与那霸机场咫尺之遥的濑长岛散发着浓郁的度假气息；迫不及待下海的人们可以去波之上海滩、新原海滩等地尽享水上乐趣，那霸泊港和“渔民之城”丝满还有新鲜的海产等待你品尝。那些全岛罕见的风光同样不容错过：识名园有着融合中式园林和冲绳本土建筑风格的宜人庭院；而在大型溶洞玉泉洞里，你还会见到近百万根钟乳石密集生长的壮观景象。“逛吃客”也可以哪儿都不去，冲绳最繁华的商业街国际通就足以让人流连一整天。

☑ 精彩呈现

何时去

➡ **2月中旬至4月中旬** 本岛南部的短暂春天，2月中旬通常就有樱花绽放。

➡ **4月下旬至10月** 海滩的泳期，适合进行水上活动。7月、8月有很多夏日祭和亲子活动。5月初的黄金周和10月初的体育节会有小高峰，但传统龙舟祭和拔河赛也值得一看。7月至9月多台风，注意天气。

➡ **11月至次年2月中旬** 11月的首里城祭游行不容错过；12月下旬鲸鱼在附近海域觅食生产，是出海观鲸的好时节。

★那霸及周边亮点（见56页）

① 在“冲绳的新宿”逛吃 ② 首里世界遗产巡礼 ③ “淘宝”老市场
④ 玉泉洞探秘 ⑤ 漫步知念岬，远眺神之岛 ⑥ 拔河，要玩就玩大的

交通

➡ 那霸市区有冲绳唯一的一条轻轨，从那霸机场开到首里，加上短距离步行，大致可以覆盖国际通、首里城、冲绳县立博物馆等主要观光点。

➡ 出了那霸市区，出行就需要依靠公交和出租车。和平纪念公园、玉泉洞、斋场御岳等热门景点都有公交直达，但通常需要换乘，且班次不多也不够准时。包车或打车始终是最快捷的交通方式。

购物贴士

➡ 国际通和牧志公设市场周边适合集中采购伴手礼，这里商品类型丰富，能满足大部分人的购物需求。

➡ 调料、日用品之类首选大型连锁超市（如サンエー/SanA、かねひで/Kanehide、リウボウ/Riubo），大部分都开到深夜11点，Union甚至24小时营业。

➡ 连锁便利店就可以买到不少“冲绳限定”产品，例如香片茶（さんぴん茶/Sanpin-cha）、Orion啤酒、Blue Seal冰激凌等。

壶屋陶器街。

刘子瑄摄

当地人推荐

冲绳印象

萧羽玲 毕业于琉球大学观光产业学系，现于“Tabirai Japan”任职。

冲绳有什么地方你愿意一去再去?

冲绳的海的确很美丽，但我并不是那么热爱大海的人，所以更喜欢探访一些手工、文艺相关景点。像是那霸的壶屋通有许多陶器店家，不仅自己去过几次，也常推荐给造访冲绳的朋友。还有“冲绳世界文化王国·玉泉洞”景区，那里除了著名的钟乳洞，还集中了各式各样的体验工坊，可以接触到冲绳的传统手工文化，例如红型染、琉球玻璃制作等。

有无特别值得推荐的冲绳体验?

每年在日本国定假日体育节前后举办的“那霸大拔河”等一连串活动都很有看头，从在国际通的列队游行，到大拔河当天的赛事，旅行者都能实实在在体会到热闹的祭典气氛。活动结束后还可以把一小段拔河绳带回家当作纪念。另外，“首里城祭”展现了首里城相关的各种文化，包括重现琉球王朝荣景的仪式、在国际通和首里城周边举办游行等，都很值得观看。

如果外地朋友来那霸/冲绳，你会带对方吃些什么地道美食?

我推荐冲绳的本地拉面“通堂拉面”，学生时期就偶尔会去品尝，除了面好吃之外，小菜也是魅力之一，餐桌上摆的腌渍豆芽菜罐，一口接一口真的很开胃。如果说到冲绳当地才

有的美食，推荐冲绳面和塔可饭。冲绳面是绝佳的平民美食，常见的配料有猪肋排、五花肉等；塔可饭是“二战”结束后才诞生的料理，运用墨西哥塔可饼的概念，主食却换成了米饭，很有意思。

给初访冲绳的旅行者一些贴士吧。

冲绳的夏天很漫长，6月至9月都很炎热，7月、8月尤其容易晒伤。因为冲绳没有什么高楼遮蔽物，在外活动时需要更加小心别中暑。这段时间来冲绳最好戴帽子、擦防晒霜，以及随时补充水分。12月至次年2月算是冲绳的冬天，虽然不会下雪，但因为有海风，体感温度会比较低，这段时间最好选择防风外套，必要时戴围巾。另外，冲绳的私家车很多，通勤高峰（7:00~9:00，17:00~19:00）会很堵，不管包车还是搭公交，都最好避开这个时段。

☑ 不要错过

最佳博物馆

➡ **冲绳县立博物馆·美术馆** 建筑独特，保存有旧首里城的龙柱和万国津梁之钟。（见64页）

➡ **冲绳县和平纪念资料馆** 用场景还原了冲绳战末期和美军占领期间人们所遭受的苦难。（见84页）

➡ **冲绳空手道会馆** 介绍了空手道的渊源、发展和派系，还能亲自体验空手道。（见82页）

最佳散步街区

➡ **金城町石板路** 首里城附近有约500年历史的古道，沿途有石墙、茶屋、神树等。（见66页）

➡ **壶屋陶器街** 琉球王国时代因制陶业兴起的街区，现在有不少陶器店铺和工坊，还能见到古窑。（见64页）

➡ **港川外人住宅街** 由美军宿舍改造而来的个性店铺聚落，美式复古和日式清新的有趣融合。（见87页）

➡ **濑长岛** 充满度假气息的小岛，面朝大海的白色建筑层叠错落，有40多家小店入驻其中。（见82页）

最佳节日

➡ **那霸大拔河** 全民上阵，共同拉扯长约200米、直径1.5米、总重达40吨的巨绳。（见67页）

➡ **首里城祭** 连续3天进行琉舞表演、首里城点灯等活动，还有700多人身着琉球服饰在街头游行。（见68页）

➡ **那霸龙舟祭** 海上赛龙舟的同时，陆上也有精彩纷呈的表演和花样繁多的体验项目。（见67页）

❶

那霸及周边亮点

❶在“冲绳的新宿”逛吃

战后重建的国际通是那霸乃至冲绳最繁华的一条街，深夜11点仍灯火通明，热闹程度堪称“冲绳的新宿”。这里最不缺的就是冲绳料理铺和特产礼品店：老牌的冲绳面馆和牛排馆、有民谣和琉舞表演的居酒屋、出售离岛黑糖和雪盐的专卖店、汇集冲绳手艺人作品的工艺品商店……虽然只有短短1.6公里，却几乎浓缩了冲绳全县的特色。可以说，逛完国际通，你就是半个“冲绳通”了。

❷首里世界遗产巡礼

2000年，冲绳9处与琉球王国相关的遗址被列入世界遗产名录，其中4处就集中在那霸的首里，包括现已成为地标景点的首里城城迹、被视为宗教圣地的园比屋武御岳的石门、埋葬了琉球王国第二尚氏王朝历代国王的玉陵，以及曾用于接待中国册封使的识名园。最远的两处景点间，也仅相隔2公里。只需花上大半天，你就可以徒步巡礼这些历经数百年的古迹，感受琉球王国独具特色的建筑风貌和宗教信仰。

❸“淘宝”老市场

市场始终是体会当地烟火气和人情味的好地方。在那霸市中心号称“那霸厨房”的第一牧志公设市场里，鱼肉蔬菜、干货特产应有尽有；与之相距1公里的荣町市场保留着昭和时代的古早味，是本地人最爱的居酒屋一条街，偶尔还有打扮酷炫的市场大妈组合表演说唱。海鲜爱好者记得去那霸泊港和丝满的鱼市场，大批渔港直送的新鲜海产绝对能让你满载而归。

©视觉中国

1

©视觉中国

左图：那霸，国际通。
上图：国际通的狮爷雕像。

4 玉泉洞探秘

除了绝美的海景，冲绳本岛上最值得一看的自然景观，恐怕就要数这长达5公里、历经30万年的天然溶洞了。洞内空间很大，几乎每一寸洞壁上都长着钟乳石，以至于不得不割断部分“挡道”的钟乳石才可通行。在常规游览之外还有不定期的探险行程，你可以穿上矿工服、戴着矿工帽，跟着领队一同探索未开放的洞窟。

5 漫步知念岬，远眺神之岛

在冲绳众多海角中，知念岬算得上是最有清新气质的。这里很少惊涛拍岸，只要天气不太恶劣，随手一拍就会是一张赏心悦目的壁纸：岸边坡地绿草青青，眼前的海面碧蓝平静，微风拂来，波光粼粼。向远处眺望，还能看到传说中创造了琉球国土的众神居住的久高岛。因为地处本岛的东南角，清晨的海上日出也格外绚丽，很多人会在此迎接新年第一天的到来。

6 拔河，要玩就玩大的

自琉球王朝时代开始，冲绳就有拔河祈求五谷丰收的传统。南部地区尤其隆重，“冲绳三大拔河”（沖縄三大大綱引き）指的就是那霸、丝满和与那原町的拔河活动。每年10月初的那霸大拔河规模最大，无论市民还是游客都可以参与。只不过光是挤进去就不太容易——毕竟看客有将近30万，能碰到绳子的只有1.5万。但就算出不了力，也可以在结束后凑个热闹：从大粗绳上抽一根小细绳带走，据说能带来好运。

2

©视觉中国

识名园。

第一牧志公设市场的鱼市。

3

©视觉中国

玉泉洞。

知念岬。

©视觉中国

那霸大拔河。

©视觉中国

★ 重要景点

首里城

作为琉球王国的都城，首里城的地位可算是“冲绳的故宫”，即使曾于战火中化作灰烬，当地人仍竭力复原它应有的样貌，为后人展现琉球王国曾经的辉煌。而由于琉球与中国、日本之间有着悠久的交流史，首里城在建造上也颇受两地文化影响，是中日合璧的建筑典范。

但首里城也绝非气氛严肃的历史古迹：凭借身处丘陵的地理优势，重新开放的首里城被规划为一座适合瞭望的大公园。除了以正殿为主的核心建筑群，大部分皆为免费区域。你大可在绿地、水边和城郭之中悠闲漫步，或登上展望台欣赏落日余晖下的那霸市景。

首里城/Shuri-jo；见97页地图；首里金城町1-2；oki-park.jp/shurijo；公园免费，奉神门内收费 成人/中小学生 ¥820/310；8:00~19:30，7月至9月 至20:30，12月至次年3月 至18:30；首里城西侧的**首里杜馆**相当于游客服务中心，餐厅、商店、存包柜等设施十分齐全。

重生的世界遗产

首里城的历史可以追溯到古琉球三山时代（南山、中山、北山），到了1429年琉球王朝建立，首里城才从中山国的都城跃升为整个琉球的政治、外交和文化中枢，并延续了450年。

然而随着日本吞并琉球、在此设立冲绳县，首里城就失去了昔日的荣光，先后被用作日本陆军军营、学校等场所。尽管有过一定程度的修缮，但终究未能熬过1945年激烈的冲绳战，在美军的炮火中彻底灰飞烟灭。战后城迹上又建起了琉球大学，直到1979年大学迁址，首里城的重建才被提上日程。1992年，首里城以国营公园的形式重新对外开放。

毫无疑问，今天的首里城是年轻的（复原

首里城的屋檐。

工程仍在继续），但这无妨它在冲绳人心中的地位。2000年，首里城迹还作为“琉球王国城迹及相关遗产群”之一被列为世界遗产，成了那霸市首屈一指的观光胜地，传统的服饰、组舞、祭祀仪式也在这里得到了传承和展示。

琉球城堡里的中式元素

从牌楼造型的守礼门，到朱红色的正殿，再到频繁出现的象征皇权的龙柱，你都可以毫不费力地找出首里城的“中国元素”。

事实上，古琉球一向与中国有着密切的贸易往来，中山国一统琉球王国之后，也保持着与明政府的藩属关系，依照明朝的典章制度进贡，一直延续到清朝。守礼门上的“守礼之邦”四个字便是由明万历帝所赐；正殿二楼御座上方悬挂的三块匾额（“中山世土”“辑瑞球阳”“永祚瀛壖”）也皆为清朝皇帝的御书（经摹写带回）。留意正殿的方位，你会发现它是坐东朝西，而原因就在于中国位于琉球的西方，如此布局有忠顺之意。按照惯例，新任琉

©视觉中国

球国王即位之时，中国政府还会派出册封使为其册封，城门中的欢会门（歓会門）就是取意欢迎册封使；现在首里城一年一度盛大的**首里城祭**（见68页）还会再现这一册封大典。

周边亦有风景

参观首里城的同时，也不要错过周边的文物古迹。守礼门附近的**园比屋武御岳石门**（園比屋武御嶽石門/Sonohyan Utaki Ishimon）和公园西端的**玉陵**（Tamaudun；见97页地图；金城町1-3；成人/中小学生 ¥300/150；⏲9:00~18:00）同样属于世界遗产，前者是琉球王国的宗教圣地，石门后方的林地相传是神明的居所；后者是琉球王国第二尚氏王朝历代国王的陵墓，修建于1501年，巨大的破风墓令人印象深刻，虽不能进入墓室，但有资料室可供深入了解。

首里城北侧则是人工湖**龙潭**（龍潭/Ryutan），据说曾在此举办龙舟宴以款待中国册封使；如今这里也是人气的取景点，可以拍到红色首里城与湖水、绿荫、蓝天相映成趣的景象。从木曳门（木曳門/Kobiki-mon）离开首里城，向南直走下坡200米就能进入古韵犹存、适合漫步的**金城町石板路**（见66页）。

亮点速览

➡ **西之展望台**（西のアザナ/Nishi-no-azana）免费园区内最不容错过的地方，在这里可以俯瞰那霸市，天晴时能望见庆良间列岛和读谷村的残波岬。

➡ **守礼门**（守礼門/Shurei-mon）别具一格的牌楼式大门，被印在2000日元纸币正面。

➡ **开门式和琉舞** 8:30之前到达奉神门，就有机会见到身着琉装的工作人员敲起铜锣开门迎宾。每逢周三、五、六、日的11:00、14:00、16:00，奉神门前的下御之庭还有传统舞蹈表演（30分钟）。

那霸市(那霸市/Naha-shi)

作为冲绳的玄关，那霸迎来送往着一群群乘坐飞机或轮船抵离冲绳的旅行者。你不会错过它，却也很可能因为它不够壮美的海岸风光而匆匆赶往离岛。但不可否认，即使经过了“二战”时的狂轰滥炸，这里也已恢复成了冲绳最繁华的那座城，有拔地而起的摩天大楼，有在空中穿行的高架轻轨，就连早晚高峰期的路面拥堵也是大都市级别的。那霸拥有便利的交通和丰富的食宿娱乐购物选择，让许多人把这里作为他们游览离岛和本岛其他地区的大本营。夜幕落下之后，“归巢”的游人就会纷纷涌入国际通周边的旅馆、酒吧、居酒屋和让人眼花缭乱的纪念品商店。

历史

那霸市可以分成两个相对独立的区域，西边临海的那霸和东边高地上的首里。中山王在统一琉球王国之前，就以首里为居所；而在长期的王权氛围影响下，如今首里的居民也依旧乐于自称“首里人”而非“那霸人”。

那霸则是从那霸港发展而来，到“二战”之前，集镇中心都在沿海一带，以流经市中心的久茂地川（即现在轻轨下方的河道）为界，与东面的乡村郊野彼此分隔。但这样的格局随着“二战”也发生了变化，尤其是在1944年10月10日导致全城几乎被夷为平地的“那霸空袭”事件之后。战后那霸港被美军占用，迫使本地人只能选择东移以重建新城。在这个过程中，作为昔日连接那霸与首里的“县道”，国际通逐渐转变成一条生机勃勃的商店街，很大程度上带动了经济的恢复。而这条“奇迹的一英里”，直到今天依然是引人注目的存在，与“おもろまち/Omoromachi”轻轨站附近的那霸新都心共同组成了走向潮流都市的新那霸。

景点

那霸市区的观光属性不强，逛街购物的

首里城中秋之宴。

刘子瑶 摄

商圈却不少。最具代表性的景点是市中心以东3公里的首里城（见60页），此外北部港口附近的波上宫神社和波之上海滩尚可一游，中华文化圈的旅行者或许还能在久茂地十字路口以北的久米找到一些亲切感。

★ 国际通商店街　街道

（国際通り商店街/Kokusai-dori Shotengai；见94页地图；naha-kokusaidori.okinawa；Ⓜ县庁前/Kenchomae，美栄橋/Miebashi，牧志/Makishi）国际通是那霸最为标志性的街道，也是旅行者的首到、必到之处，沿街五花八门的特产店和料理店大多经营到夜里11点甚至更晚。周日12:00~18:00，国际通还会改为临时步行街。每年也有不少大型节日活动会在国际通举办，例如8月的万人太鼓舞（见68页）、11月首里城祭（见68页）的“琉球王朝绘卷游行”等。

除了主干道国际通，周边还有几条带顶棚的商店街通往第一牧志公设市场。如果喜欢在开放的街头漫步，又想避开人潮，**浮岛通**（浮島通り/Ukishima-dori）是个不错的选择，那里聚集了多家杂货、手工艺店铺，也有较隐秘的小餐厅和咖啡馆。

第一牧志公设市场　市场

（第一牧志公設市場/Daichi Makishi Kosetsu Ichiba；见96页地图；http://kosetsu-ichiba.com/zh/；松尾/Matsuo 2-10-1；⏲基本上8:00~21:00，各店铺不同；Ⓜ牧志/Makishi）这座那霸最具人气的市场就在国际通以南约200米的地方。一楼以贩卖鱼、肉、蔬菜、干货等食材为主，二楼汇聚了多家有着大众食堂氛围的小餐馆，可以尝到冲绳面、海鲜和炒苦瓜之类的冲绳料理，大部分都提供食材加工服务（加工费为三道菜 ¥500起），只是环境有些嘈杂，观光客的涌入也稍稍抬高了物价。

与国际通相连的**市场本通**（市場本通り/Ichiba hondōri）、**睦桥通**（むつみ橋通り/Mutsumi bashidōri）、**和平通**（平和通り/Heiwadōri）三条商店街都通往市场周边，使得这一带形成了一个大商业区，店铺密密麻麻，窄巷交错其间。随性而逛可能是最好的游览方法。

当你拿到本书时，由于市场重建，原市场店铺应已经搬至邻近的**Nigiwai广场**（にぎわい広場/Nigiwai-hiroba）。等到2022年3月工程结束，原址的市场会重开。周边商店街不受影响。

冲绳的纳骨壶

在参观冲绳陶器或各地的历史文物陈列馆（包括首里城附近的玉陵）时，你总能见到一样体积颇大的容器，冲绳人称之为“厨子甕”（zushigame）。可不要望文生义，以为是什么厨房用具——事实上这是冲绳当地特有的纳骨壶。由于琉球群岛文化与东南亚、中国南方类似，自古有风葬的习俗（也称拾骨葬），即将尸体置于洞窟或崖顶任其风化，数年之后捡回尸骨洗净，收入厨子瓮中再进行埋葬，因此需要容积较大的纳骨壶，有些夫妻合葬的厨子瓮还会更大。

现在冲绳已经基本普及火葬，只有八重山列岛、宫古列岛不受限制，仍可进行风葬。壶屋陶器街上还罕见地有一家**骨壶专卖店**（骨壺の店 たかえす/Takaesu；⏲9:30~18:00）。ⓛⓟ

Tenbusu那霸·那霸市文化中心　文化建筑

（てんぶす那覇/Tenbusu Naha；见96页地图；www.tenbusu.jp；牧志/Makishi 3-2-10；⏲9:00~22:00，周一至18:00，每月第二、四个周一闭馆；Ⓜ牧志/Makishi）“Tenbusu”在冲绳方言中是“腹部、中心”的意思，而这座国际通上的文化设施正处于那霸的中心位置，战后命名了“国际通”的“国际剧场”就曾建在这里。现在一楼是**那霸市观光问讯处**（见78页）和纪念品商店；二楼的**那霸市传统工艺馆**（kogeikan.jp；成人/高中生/中小学生 ¥310/200/100；⏲9:00~18:00）

冲绳曾经的"唐人街"

中国旅行者到冲绳常常倍感亲切：首里城宫殿的赤瓦屋顶，寓意守护的风狮爷与龙柱，类似中国三弦的乐器"三线"，还有如出一辙的热锅快炒。事实上早在14~16世纪，琉球王国与古代中国就有着非常密切的贸易往来，明洪武帝还向琉球派遣了福建舟工。这些移民被称为"闽人三十六姓"，他们抵达那霸后定居在了久米村（くにんだ/Kuninda；今天那霸市的久米一带），形成了冲绳最早的"唐人街"。

这些移民及后裔不仅带来了航海技术，还传播了中国的儒学、医学等文化，其中最著名的两位当属儒学家程顺则和政治家蔡温。程顺则引入了中国的《六谕衍义》，摹写了康熙皇帝的御书"中山世土"并悬于首里城正殿，还在当时的久米至圣庙（孔子庙）内创办了琉球第一座公立学校明伦堂。蔡温曾官高至琉球王国的三司官（类似握有实权、仅次于帝王的丞相、三公），对于琉球的政治改革颇有贡献，那霸的"蔡温桥"（蔡温橋/Saion-bashi）、"蔡温广场"（Saion Square）便是因其得名。

今天在久米仍有许多中华文化的痕迹，包括1992年为纪念那霸与福州结为姊妹市十周年而建造的中式园林**福州园**（福州園/Fukushu-en；见94页地图；成人/中小学生 ¥200/100；⏲9:00~18:00，周三休息）。福州园北侧的小型文化设施**Kuninda Terrace**（クニンダテラス）内有一间展示久米村历史的展厅（免费；开放时间同福州园），有中文介绍和场景模型，小而不失趣味。穿过旁边的广场，还能找到一座2013年迁址重建的久米**至圣庙**（至聖廟/Shiseibio；见94页地图；免费；⏲9:00~17:00）。出了"県庁前"轻轨站，过河直走约600米，即可到福州园。

展示有"人间国宝"金城次郎的壶屋烧、宫平初子的首里织、玉那霸有公的琉球红型作品，以及琉球漆器、玻璃的精品，并提供以上五种传统工艺的体验课程（各项费用和耗时不等，通常在¥1500~3300，60~90分钟），但必须提前一天预约（可通过网络）。

馆后方的希望之丘公园（希望ヶ丘公園）里有一座相貌平平的凉亭，里面却摆放着粗得惊人的长绳。这是按照每年10月**那霸大拔河**（见67页）使用的实物等比例制作的展示品，虽然只是绳子的"头部"（两条绳子交叉处），但也有10米长、7吨重。

★壶屋陶器街　街区

（壺屋やちむん通り/Tsuboya-yachimun-dori；见94页地图；www.tsuboya-yachimundori.com）从国际通沿着和平通商店街一路向南，就可以来到这条相对清净、古朴的街道。1682年，琉球王国为了振兴陶器产业，将各地窑场集中至壶屋，形成了冲绳最大的制陶中心。尽管20世纪70年代之后由于烧窑带来的环境公害问题，不少陶艺匠人将工坊搬去了读谷村（见122页"陶器里"），但这里仍然保留着古窑和几处传统冲绳住宅（不过只可欣赏外观）。主街两侧的店铺出售各种陶器，包括风狮爷（シーサー/Shi-sa-；狮子状的镇宅物）、抱瓶（Dachi-bin；盛装冲绳酒"泡盛"的容器），甚至骨壶[骨壺/kotsu-tsubo，厨子甕/zushigame（冲绳方言中的骨壶）；装骸骨的容器]。

如果想较系统地了解冲绳陶器、壶屋烧技法，可以去壶屋街北口的**壶屋烧物博物馆**（Tsuboya Yakimono Hakubutsukan；见96页地图；壺屋/Tsuboya 1-9-32；¥350，大学生及以下免费；⏲10:00~18:00，17:30停止入馆，周一闭馆；免费提供中文讲解器）。博物馆外停车场上方有一座登窑"南窑"，可一窥其特殊的构造。

冲绳县立博物馆·美术馆　博物馆

（沖縄県立博物館·美術館/Okinawa

波上宫。

kenritsu Hakubutsukan, Bijutsukan；见94页地图；おもろまち/Omoromachi 3-1-1；okimu.jp/sc/；博物馆常设展 成人/中小学生 ¥410/150，美术馆常设展 成人/中小学生 ¥310/100；⏲9:00~18:00，周五和周六至20:00，周一闭馆；免费提供中文讲解器；Ⓜおもろまち/Omoromachi）这座如同冲绳古堡垒般的灰色建筑坐落在那霸新都心公园一侧，新颖且切合当地气候的设计本身就值得建筑爱好者一探究竟。作为展馆，它也毫不逊色，丰富的陈列内容融合了冲绳的历史、文化、自然、美术，还保存有战前旧首里城的龙柱和曾悬在正殿的万国津梁之钟（每隔半小时会响起录音的钟鸣）。馆内设有特别适合小朋友的免费体验室，可以试着弹三线、戴斗笠或穿上芭蕉布和服，与传统文化亲密接触。博物馆和美术馆是分开购票的，若时间有限，建议以博物馆为主。在"おもろまち"轻轨站下车朝着DFS方向步行约10分钟。

波上宫 神社

（波上宮/Naminouegu；见94页地图；naminouegu.jp；若狭/Wakasa 1-25-11；免费；全天开放；Ⓜ県庁前/Kenchomae）波上宫神社坐落于海边的高崖之上，是名副其实的"波之上"。据说过去出入那霸港的船只，都会在海上朝拜波上宫以祈求航行安全。虽然今天的波上宫是战后重建而成，但丝毫不影响信众的热情，每年1月前来初拜（初詣/hatsumoude；新年第一次参拜）的人们络绎不绝。5月17日的波上祭（なんみん祭/Nanmin-sai）还会举办相扑大会、琉球舞蹈、沙滩拔河等各种活动，十分热闹。

神社附近是那霸市区内唯一的海滩**波之上海滩**（波の上ビーチ/Naminoue Beach；见94页地图；免费，淋浴 ¥100/3分钟；⏲游泳时间 4月至10月 9:00~18:00，7月和8月 至19:00），只是跨海高架桥横贯在眼前的大海与天空之间，人造沙滩的面积也相当有限。顺路还可参观**对马丸纪念馆**（対馬丸記念館/

Tsushimamaru Kinenkan; 见94页地图; 若狭/Wakasa 1-25-37; 成人/小学生 ¥500/100; ⏲9:00~17:00, 周四闭馆), 这里保存着1944年"对马丸事件"(避难疏散船"对马丸"号被美军鱼雷击中, 遇难的1400多人中有近800人是学童)的相关资料。从"县庁前"轻轨站向北步行约15分钟可到神社。

金城町石板路 历史遗迹

(金城町石畳道/Kinjocho Ishidatami-michi; 见97页地图; Ⓜ首里/Shuri)这条位于首里城南侧的坡道始建于约500年前, 曾是从首里城通往南部地区的官道的一部分。虽在冲绳战中遭到不少破坏, 但自20世纪80年代修复整理以来, 已然重现了昔日的风貌, 与路旁的花草、石墙、古民家一同营造出了古色古香的韵味, 还入选了"日本道路100选"(日本の道100選), 非常适合漫步拍照。

石板路不长, 仅约300米, 从首里城木曳门外的道路向南, 穿过岛添坂(島添坂/Shimashi-bira)就到了入口, 之后便可一路下坡。中途不妨绕进侧巷, 去找找那棵逃过了战火的高龄神树(大アカギ/Oakagi)。走到古民家式的金城村屋时刚好歇歇脚, 考虑下是打道回府还是继续步行20分钟前往识名园。

识名园 庭园

(識名園/Shikina-en; 见92页地图; 真地/Maaji 421-7; 成人/中小学生 ¥400/200; ⏲9:00~17:30, 4月至9月 至18:00, 周三闭园; Ⓢ識名園前/Shikina-en-mae)尽管现在的识名园是战后重建而成的, 但它的历史可以追溯到18世纪末。当时这里是琉球王室的郊外别邸, 也用于接待外国使臣(主要是新国王即位时由中国皇帝派来的册封使)。识名园是典型的"回游式庭园", 以开阔的池水为中心, 绕上一圈便可遍赏园中美景。池塘中有石桥和一座中式六角亭, 一旁的御殿是冲绳独特的赤瓦木造建筑。在制高点劝

金城町石板路。

© 视觉中国

耕台还可远眺那霸东南的城镇风貌，但绝对见不到海——据说这是故意营造出一望无际的陆地景象，让使臣觉得琉球幅员辽阔。公交2、3、4、5、14路到“識名園前”站下车即到。

活动

琉装Studio Chura美人 服饰体验

（琉装スタジオ ちゅら美人；见96页地图；churabijin.ti-da.net；牧志/Makishi 3-2-47；琉装体验 ¥2000起；10:00~19:00）本店藏在牧志公设市场周边的和平通商店街内，紧挨着人气餐馆花笠食堂。简单琉装体验仅需¥2000，可在30分钟内自由拍照；相对正式的着装体验收费 ¥2700；可出街3小时的租借费用为 ¥4300。值得一提的是，这里还有适合孩子（包括婴儿）的琉装（¥1500起）。

Marine House Seasir 潜水

（シーサー/Shisa；www.seasir.com/cn）这家和风狮爷Shisa谐音的潜水服务商创办于1983年，在冲绳本岛和庆良间列岛已有多家分店，正规且有中文教练。提供浮潜、潜水、水上娱乐、冬季观鲸等多种海洋休闲项目，也可进行PADI潜水员课程培训。**那霸分店**（港町/Minatocho 2-3-13）位于那霸港新港附近，这里组织的庆良间列岛一日浮潜/潜水之旅（¥9000起）尤其热门，建议预约，店家可免费酒店接送。

育陶园壶屋烧体验工坊 陶艺

（育陶園壺屋焼やちむん道場/Ikutouen Tsuboyayaki Yachimun-dojo；见96页地图；www.ikutouen.com/school/；壶屋/Tsuboya 1-22-33；098 866 1635；10:00~17:00）育陶园是壶屋陶器街一带知名的老铺，如今已是第六代陶主掌店。这间体验工坊位于主街北侧的小巷内，是一座古朴的赤瓦屋顶建筑，环境宁静惬意。可以体验的项目包括制作陶土风狮爷（¥3000，60~90分钟）、拉胚（¥4000，30分钟）、瓷盘上釉（¥3000，30~60分钟）。由于成品需要风干和烧制，基本都要一两个月才能取（海外可以寄送，邮费另计）。最好预约（通过网络或电话）。

首里琉染 印染

（Shuri Ryusen；见97页地图；www.shuri-ryusen.com；首里山川町/Shuriyamagawa-cho 1-54；098 886 1131；9:00~18:00）首里琉染是一间致力于传承发展冲绳染色文化的研习所，创设于1973年。一层为商品陈列区，二层是手工体验教室（9:30~17:30）；三层可以观摩工坊匠人的印染过程，但注意轻声细语，不要打扰他们的工作。除了常见的红型染体验，这里还有一种“珊瑚染”（サンゴ染め/Sango-some，¥3240），即以平面切开的珊瑚化石为纹样，刷上染料，在T恤或帆布手袋上进行印染。完成品当天就可以带回家，但注意还要自行熨烫以定色（红型则需先水洗再熨烫）。从首里城的守礼门向西步行500米即到。

节日和活动

那霸大拔河 节日

（那覇大綱挽/Naha-otsunahiki；10月第二个周一及前两天，连续3日）这项规模浩大的拔河活动会刷新你的认知，是那霸市内最具特色也最值得期待的盛事，近年甚至能吸引30万人前来观战。在市区主干道上，上万人共同奋力拉扯由两根巨绳交叉相连的长绳，总长约200米、直径1.5米、总重达40吨，堪称壮景。拔河的中心点位于国道58号线的久茂地十字路口，你会发现平时这段路面中央的水泥隔离砖是可搬动的，这就是为了便于到时挪开放置巨绳。在**Tenbusu那霸**（见63页）后方的公园和恩纳的**琉球村**（见126页）都可以见到粗绳实物。

那霸龙舟祭 节日

（那覇ハーリー/Naha-hari；5月3日至5日）冲绳的龙舟赛源于中国，又非常本地化地多了层祈愿渔业丰收、航海安全的寓意。与中国的端午习俗类似，冲绳各地的龙舟赛大多在农历五月初五进行；那霸考虑到观光需求，改到了5月初的日本法定假期期间。届时不仅海上赛龙舟，陆上的演出、活动也精彩纷呈。参加比赛的三支队伍分别是代表琉球的“泊”（黑船）、代表大和民族的“那霸”（绿船）和代表中国的“久米”（黄船），你可以在那霸港新港附近的**那霸龙舟会馆**（那覇ハーリー会館/Naha-hari Kaikan；泊3-1-8；免费；⏲10:00~17:00，仅在5月黄金周和夏季开放）见到龙舟本尊。

首里城祭 节日

（Shurijo-matsuri；⏲10月下旬至11月上旬）首里城祭与那霸大拔河、龙舟祭并称为“那霸三大祭”，连续3天的日程包括了古装游行、琉舞表演、首里城点灯等多种活动。其中两场游行最引人注目：国际通上的“琉球王朝绘卷游行”（琉球王朝繪卷行列），以及首里城的“古式游行”（古式行列），华美的琉球服饰和多达700人的阵仗定会让你目不暇接。在首里城还会再现500多年前琉球国王即位时以中国皇帝名义进行的册封仪式。

万人太鼓舞 游行

（一万人のエイサー踊り隊/Ichimannin no Eisa-odoritai；⏲8月第一个周日）太鼓舞（エイサー/EISA）是冲绳的一项传统艺术，每到旧历盂兰盆节（农历七月十五）前后，冲绳各地的太鼓声便开始此起彼伏。那霸从1995年开始每年举办万人太鼓舞活动，届时在国际通上，除了有数十支专门的青年队参加，还有儿童队上演可爱的太鼓舞，就连毫无经验的旅行者都可以临时报名，在演舞指导的帮助下组成一支特别的队伍（参加费约¥1000）。

壶屋陶器节 节日

（壺屋やちむん通り祭り/Tsuboya-yachimun-dori-matsuri；⏲11月上旬，连续2天）可以简单理解为壶屋陶器街一年一度的展销会，不过形式上要丰富得多。不仅各个陶器店铺有购物折扣，街头还有不间断的表

“琉球”的今昔

“冲绳”二字首次进入大众的视野，源于1879年日本通过“废藩置县”设立冲绳县。而在那之前的几百年里，“琉球”才是这片版图更为人熟知的名字。直到今天，包括冲绳县全境在内的一系列岛屿仍被称为“琉球群岛”。

事实上，“琉球”是个地地道道的汉名。中国早在《隋书》中就有关于“流求国”的记载，此后的史书中也出现过“瑠求”，虽无定指，但从描述可以推断大约是今天的台湾岛、琉球群岛一带。到了14世纪明王朝建立，“琉球”逐渐被固定指代冲绳本岛上的三个国家——中山国、南山国和北山国。也是从那时起，这三国陆续开始朝贡明朝；每逢王位发生更替，明朝也会派遣册封使前去授予“国王”的爵位。1429年中山王（尚）巴志一统三国之后，明朝赐国号“琉球”，赐王族姓氏“尚”，琉球国的历史由此正式拉开序幕。

首里城，尚真王王座的龙头扶手。

作为一个海中小岛，琉球国的资源无疑非常有限。但巧合的是，这一时期的明朝正实行严苛的“海禁”政策，民间海上贸易皆被禁止，只有朝贡是唯一合法的贸易通道。所谓朝贡，并非是进贡国向明朝无尝进贡，朝廷通常是以赏赐的名义再进行回赠，且必须“薄来厚往”。于是乎，占得地理优势的琉球国靠着这样的转口贸易逐渐富裕。1458年，琉球国王铸造了一口铜钟并挂在首里城正殿（现藏于冲绳县立博物馆），钟面刻有长文，以“万国之津梁”展现出了琉球海上贸易之繁荣。

然而，此时各方豪强势力仍在，王位争斗不可避免。1469年，一位重臣通过政变成功即位，以尚圆王之名开启了第二尚氏王朝（之前的称为“第一尚氏王朝”）。尚真王是这一时期的第三代国王，功绩显赫，不仅通过确立中央集权制稳固了王朝的权力根基，还征服了南面的宫古、八重山列岛和北面的奄美诸岛，将琉球王国的版图扩张到了峰值。他还在首里城外为自己的父亲尚圆王建造了一座陵墓——玉陵，后来也成为第二尚氏王朝历代国王的陵寝。

可惜好景不长，1609年萨摩藩（今鹿儿岛县，在冲绳县北）入侵，迫使琉球国不得已同时附属萨摩，并割让了奄美诸岛（至今尚属鹿儿岛县），与中、日两国颇为暧昧的“两属”关系也由此产生。不过有趣的是，在那之后，琉球国的“中国化”反而更加深入：传统的祭天仪式改为朝向北方——那是中国皇帝所在的位置；举国上下举办原本仅在久米村（见64页方框“冲绳曾经的‘唐人街’”）延续的儒家祭孔仪式，基于中国风水思想的风狮爷、石敢当、龟甲墓，也在民间得到了普及。诸如此类，究其原因，一方面与为了重振王国而进行变革的主导者——久米村“闽人三十六姓”的后人蔡温有关，另一方面源于中国减少了琉球朝贡贸易，示好换回信任堪为头等大事。

琉球国这种两头摇摆的状况从明朝一直维持到了清末。19世纪70年代，日本开始了对 ➡

琉球的侵吞行动，即“琉球处分”。1872年，日本明治政府强行在琉球设藩；几年之后，又迅速“废藩置县”，将冲绳县完全纳入日本领土之中。尽管清政府为此多次进行交涉，但在1895年中日甲午战争大败之后，失去了台湾、辽东半岛等多地的清政府也再无对话琉球一案的资本，存在了450年的琉球国彻底画上句点。

换上新身份的冲绳，经过日本本土商人的涌入、“二战”的摧残、美军的统治以及快速现代化进程，如今已是另一番景象。然而，无论是首里城的建筑风格、更加“重口味”的冲绳料理，还是无异于中国三弦的乐器三线，以及家家户户门口千姿百态的石狮，都仍能让你时刻感受到它身上的“琉球”烙印。

演，壶屋烧物博物馆、部分手工体验项目（例如在陶轮上拉胚）也会免费向来客开放。

那霸樱花节 节日

（なはさくらまつり/Naha Sakura Matsuri；2月）每年2月，那霸**与仪公园**（与儀公園/Yogi-koen；见94页地图；寄宫1-1；与儀十字路/Yogi-jujiro）400多棵寒绯樱盛放的时候，就会举办一年一度的那霸樱花节。到时候公园里会搭起舞台进行民谣大会、太鼓舞表演等活动，十分热闹。

冲绳国际电影节 节日

（島ぜんぶでおーきな祭/Shimazenbu-deokinasai；4月下旬）以“笑容与和平”（Laugh & Peace）为主题的电影节，自2009年起每年在4月下旬举办，为期4天。其间在那霸的国际通、樱坂剧场以及冲绳其他地区会有各种活动，例如小型演唱会、电影发布会等。老实讲，这是冲绳为数不多的星光熠熠的时刻了。

那霸马拉松 马拉松

（NAHAマラソン/Naha Marason；12月第一个周日；www.naha-marathon.jp）冲绳本岛南部最具影响力的马拉松赛事，参赛者从那霸市的明治桥出发，绕经南风原町、八重濑町、丝满市、丰见城市，最后回到奥武山公园，全程42.195公里。沿途有各种冲绳特色的应援物或应援表演，例如冲绳黑糖、太鼓舞等。参赛不限国籍，16岁以上皆可。不过由于报名人数众多，尽管提供了3万个名额，依然免不了抽选的环节。

住宿

不同于度假酒店林立的北部海岸，那霸的住宿大部分属于中档、商务型，以及数量逐渐增加的青年旅舍、民宿客栈。这些住宿在旭桥至国际通一带密集分布，出行、就餐或购物都很方便。

Y's CABIN & HOTEL 胶囊酒店 ¥

（见96页地图；098 869 5137；ys-cabin.com/naha-kokusaidori/index.html；久茂地/Kumoji 3-9-18；胶囊铺位 ¥3800起；M 県庁前/Kenchomae）如果想用有限的预算找到设施完备、地段便利、服务专业的住处，这里应该是最好的选择。酒店位于国际通北侧一条相对清净的小路上，距离轻轨站只有3分钟的步行距离。虽说是胶囊床位，但睡衣、洗漱用品、个人电视、小衣橱等一应俱全。女性胶囊房和卫浴都有专门楼层，酒店还设有免费的大浴场。前台有会说中文的工作人员。

LANAI Hostel 青年旅舍 ¥

（见94页地图；098 894 8960；www.lanai-hostel.jp；安里/Asato 1-2-6；铺 ¥3240起；M 牧志/Makishi）位于国际通东端的巷子里，虽不起眼，但内部非常温馨整洁。提供洗漱用品，有专设的女生化妆间，可以自由使用厨房。附近有多个公交站，距离轻轨站仅3分钟步程。唯一不便的是需要爬一层楼。

ALMONT HOTEL 商务酒店 ¥¥

（见94页地图；098 866 3811；

www.almont.jp/naha；久茂地/Kumoji 1-3-5；标单/双 ¥9300/16,000起；Ⓜ県庁前/Kenchomae）这家酒店位于那霸市政府的斜对面，黑色的外观颇为低调，显得坐镇大门的一对红色石狮格外亮眼。规模不大，但处处透着精致感。服务也很贴心，除了免费提供洁面护肤备品和茶饮之外，更有棒冰任由住客取食。大堂柜台旁有一整面冲绳观光资讯宣传单页，很适合旅行者。房间小而温馨，楼顶设有大浴场。

冲绳那霸凯悦酒店 高档酒店 ¥¥¥

（Hyatt Regency Naha Okinawa；见96页地图；☎098 866 8888；牧志/Makishi 3-6-20；标单/双 ¥18,000/24,000起；Ⓜ牧志/Makishi）如果和中国或东京的凯悦对比，冲绳这家分店绝对到不了那样的水平（价格也露出了端倪），但放眼那霸市中心，你的确很难找出更有品质的高档住宿选择。位置便利而不喧闹，普通标间以日本标准来看算是宽敞。考虑到冲绳晴雨不定的天气，直接在每间客房准备了雨伞，还设有健身中心和顶楼室外泳池。有会讲中文的工作人员。

Hotel Yuquesta 商务酒店 ¥¥

（见94页地图；☎098 866 0600；yuquesta.jp；東町/Azumamachi 5-19；标单/双 ¥9400/15,000起；Ⓜ旭橋/Asahibashi）典型的商务酒店，出旭桥站后步行100米即到，走到国际通约10分钟。入住时会贴心提供女性洁面套装，床品整洁舒适。酒店早餐（¥1000）采用套餐（定食），虽没有自助的可选性高，但十分精致可口，值得一试。

Daiwa Roynet Hotel（那霸国际通店） 连锁酒店 ¥¥

（见94页地图；☎098 868 9055；www.daiwaroynet.jp/naha-kokusaidori；安里/Asato 2-1-1；标单/双 ¥12,600/14,400起；Ⓜ牧志/Makishi）Daiwa Roynet是一个分店遍布日本的连锁酒店品牌，经济又不失格调。这一间紧邻轻轨"牧志"站，从站台连廊就可以一直走到酒店大堂，不用担心下雨。房间是一贯的"麻雀虽小五脏俱全"，另有免费的婴儿床出借。自助式早餐（¥1600）菜品丰富，还有冲绳面、金枪鱼生等特色可选。

用景点联票玩转冲绳本岛

如果打算在冲绳本岛多地游览，可以根据自己的行程提前购买景点联票，这会为你省下不少门票开支。

冲绳Enjoy Pass（沖縄エンジョイ・パス/Okinawa Enjoi-pasu；rts21.co.jp/enjoypass-01）适用于本岛12个景点，包括美丽海水族馆、冲绳世界文化王国·玉泉洞、琉球村、古宇利岛瞭望塔、名护菠萝园等人气景点，大部分位于中北部，尤其适合计划在读谷村、恩纳村、名护及周边好好玩几天的旅行者。具体分为三种：美丽海乐游联票（美ら海エンジョイパス；成人/高中生/初中生以下¥4700/3900/2100），一票通包12个景点；迷你美丽海乐游联票（ぷち美ら海エンジョイパス；成人/高中生/初中生以下¥3300/2700/1500），可任选5个景点免费入场；迷你乐游联票（ぷちエンジョイパス；成人/11岁及以下儿童¥1900/1400），除美丽海水族馆之外，任选5个景点。

直接到RYUBO百货（见77页）7层的**RYUBO旅行沙龙**（リウボウ旅行サロン/Ryubou Ryokou-saron；⏲10:00～20:30）购买所需联票的兑换券，在第一次使用时兑换，兑换后的连续5天内有效。只接受现金。

就餐

国际通和第一牧志公设市场周边聚集了包括冲绳面馆、牛排店、大众食堂、民谣居酒屋在内的各色餐馆，首里城附近多的是传统氛围浓郁的茶屋。RYUBO百货的地下一层也有物美价廉的好选择。

荣町市场

相比起人头攒动的第一牧志公设市场，它东面1公里的**荣町市场**(栄町市場/Sakaemachi Ichiba; 见94页地图; 安里/Asato 381; ⏲多数商店9:00~18:00，多数饮食店16:00至深夜，周日普遍休息; Ⓜ安里/Asato)显得颇为低调。这里没有花花绿绿的纪念品商店，多的是小户经营的蔬果肉食铺、平价服饰鞋包店、亲切小巧的花店和物美价廉的大众食堂。在以国际通为中心的商业街兴起之后，荣町市场一度萧条了不少，却也因此难得地保留着昭和时代的气息。

市场东南西北皆有出入口，内部小巷四通八达。白天可以顺手买些芝麻豆腐(ジーマーミとうふ/jimami toufu)、炸鱼之类的当作零食，傍晚之后居酒屋开始营业，你不妨就在此简单喝上一杯。市场里有多家名店，包括专注冲绳本土料理的**Urizun**，以及煎饺特别可口的**便利屋玉玲珑**(べんり屋 玉玲瓏/Benriya lurinron; 煎饺/焼餃子/yaki-gyoza ¥600/10个; ⏲18:00~24:00，周日休息)。

6月至10月的每月最后一个周六(17:00~21:00)举办"荣町市场屋台祭"(栄町市場屋台祭り/Sakaemachi-ichiba yataimatsuri)，届时有各色小吃和歌舞表演，市场居酒屋"土生土长"的大妈说唱组合(おばぁラッパーズ/Oba Rappazu)有时也会登台献唱。

Urizun　冲绳料理 ¥¥

(うりずん; 见94页地图; ☎098 885 2178; 安里/Asato 388-5; 菜肴 ¥540~1296; ⏲17:30~24:00; Ⓜ安里/Asato) Urizun创店于冲绳回归的1972年，专注冲绳本土风味。从炒苦瓜、红烧肉等传统家庭料理，到黑芝麻猪肉(ミヌダル/minudaru; 裹上黑芝麻蒸熟的猪肉; ¥756)这样的琉球宫廷料理，再到自制的创意料理(例如备受好评的芋泥饼/ドゥル天/Douru-ten, ¥648)，菜品丰富精致又美味。加上雅致的古民家空间，以及他家引以为豪的泡盛古酒，称得上是在那霸品尝冲绳特色料理的好去处。

Jack's Steak House　牛排 ¥¥

(ジャッキー ステーキハウス/Jyaki Suteki-hausu; 见94页地图; 西/Nishi 1-7-3; 牛排 ¥800起; ⏲11:00至次日1:30; Ⓜ旭橋/Asahibashi)如果想在那霸市区尝到好吃实惠的牛排，又不怕等位的话，这家从1953年营业至今的那霸牛排"老字号"就值得一试。从餐厅门口特色的空席情况信号灯到柜台上方挂着的"A"标记(美国统治期间颁发的经营许可证)，仿佛时间还停留在半个世纪前。人气最高的单品自然是牛排，Tender Loin Steak(テンダーロインステーキ/Tenda Roin Suteki; 中份 ¥2300)尤其受欢迎。和其他冲绳牛排馆不同，这里准备的酱料不是常见的"A1酱"(A1 ソース/A1 Sosu; 酸味较重)，而是本店参与制作的偏温和的"No.1酱"。因为过于热门，一般不接受预约。

Matsumoto　日式火锅 ¥¥¥

(まつもと; 见94页地图; ☎050 2018 2018; 松山/Matsuyama 1-8-5; 套餐 ¥5000起; ⏲17:00~23:00; Ⓜ県庁前/Kenchomae)不同于常见的猪肉，冲绳特产阿古猪(あぐー豚/Agu-buta)有着不输和牛的上佳品质，肥而不腻的口感非常适合切片涮吃。这家餐厅是当地阿古猪火锅的名店，墙上一块块名人签名板也印证了这里的高人气(餐厅很小，强烈建议预订)。菜单上的主食只有涮涮锅套餐(¥5000~8000)，配有前菜、猪肉、时蔬、汤饭(直接利用火锅残汤，味道令人惊喜)和餐后水果。除了食物品质不俗，细致入微的服务也一定会令你印象深刻。

Yunangi　冲绳料理 ¥¥

(ゆうなんぎい; 见96页地图; 久茂地/Kumoji 3-3-3; 菜肴 ¥640~810; ⏲中午至15:00, 17:30~22:30，周日休息; Ⓜ県庁前/

VASSAMON ANANSUKKASEM/SHUTTERSTOCK ©

国际通，屋台村。

Kenchomae）这家国际通附近的小餐馆创店于1970年，从掌厨、环境到菜品都是质朴亲切的家庭风，是典型的“妈妈食堂”。主打冲绳特色的卤煮猪肉料理（推荐用泡盛和酱油调制的红烧肉/ラフテー/Rafute；¥750），也供应冲绳面、传统料理套餐。有带图片的菜单。门廊上方的木头招牌上有白色的“ゆうなんぎい”字样。

琉球茶房Ashibiuna 冲绳料理 ¥¥

（琉球茶房あしびうなぁ/Ryukyu-sabo Ashibiuna；见97页地图；☎098 884 0035；当蔵町/Tonokuracho 2-13；⏰11:00~15:00, 17:00~23:00）这间极具日式情调的餐厅设在一栋有着60年历史的琉球古民家建筑内，如果坐在走廊一侧，就能在享用美食的同时欣赏优美的庭园景色。供应冲绳面（沖縄そば/Okinawa soba；¥600）和炒苦瓜之类的冲绳料理（单品 ¥600~1050）。有中文菜单，会明确写出食材（或汤和浇头）。由于慕名前往的食客很多，最好预约。

国际通屋台村 居酒屋 ¥¥

（国際通り屋台村/Kokusai-dori Yatai-mura；见96页地图；牧志/Makishi 3-11-16, 17；⏰基本上11:00~23:00，各店不同；Ⓜ牧志/Makishi）国际通背街小巷里的一片美食广场，以街边小吃（屋台）的主题集合了20家使用冲绳本土食材的餐馆，供应寿司、串烧、猪肉料理、泡盛酒等，大部分都经营到深夜，热闹有气氛。其中一家**岛酒与肴**（島酒と肴/Shimatoate；⏰11:00至次日1:00）有一百多种泡盛和稀有的古酒供客人挑选，人气很高。

泊港鱼市场 海鲜 ¥¥

（泊いゆまち/Tomari-iyumachi；见94页地图；www.tomariiyumachi.com；港町/

Minatocho 1-1-18；⌚6:00~18:00）在这座位于泊港的海鲜市场里，你能买到相对便宜又新鲜的海产。许多店家都有包装好的盒装鱼生可以直接买走，越早来无疑越新鲜。你也可以在市场内唯一一间食肆**金枪鱼屋本铺**（丼すし まぐろ屋本舗/Don-sushi Maguroya-honpo；⌚6:00~16:00）点一碗物美价廉的金枪鱼饭（まぐろ丼/Maguro-don；¥650）当作开胃早餐。附近没有轻轨站或公交站，距离最近的轻轨美荣桥站约1.8公里，从国际通打车前往约¥700。

大众炸串酒场 足立屋 居酒屋¥

（大衆串揚酒場 足立屋/Taishuku-ku-shiage Sakaba Adachiya；见96页地图；松尾/Matsuo 2-10-20；⌚6:00~22:00；Ⓜ牧志/Makishi）“千元喝倒”（せんべろ/千べロ/Senpero）是指只需花上一千日元就能痛快喝上几杯的实惠套餐，一些大众酒场、足立屋（站着喝酒的小酒馆）常借此揽客，轻松的饮酒氛围和物美价廉的消费也的确吸引了不少酒友。冲绳同样有这样的好去处，最知名的就属第一牧志公设市场附近的这家足立屋。规模很小，但从清晨营业到深夜，“千元喝倒”套餐包括三杯酒和4串炸串。如果还想吃些便宜又管饱的食物，对面的**田舍**（田舎/Inaka；⌚10:00~19:00）提供分量十足的冲绳猪肉面（ソーキそば/Soki soba；¥390），好吃不贵。

千日 甜品¥

（Sennichi；见94页地图；久米/Kume 1-7-14；红豆冰/アイスぜんざい/Aisu Zenzai ¥300；⌚11:30~20:00，冬季 至19:00，周一休息；Ⓜ旭橋/Asahibashi）同样是ぜんざい（Zenzai），在日本本岛指年糕红豆汤，到了没有寒冬的冲绳，便成了底部加有红豆黑糖糯米团的大碗刨冰，大汗淋漓时舀上一勺送入口中，绝对清凉。千日就是一家专营红豆冰的小店，虽然门面不大，桌椅和吧台都是最朴素的配置，但半个世纪的用心经营留住了很多老顾客，放学的学生、附近的婆婆都会结伴而来，点一份冰歇歇脚。除了传统的原味红豆冰，还可以淋上草莓酱（いちご/ichigo）、牛奶（ミルク/miruku）等，加价¥100左右。店里还有冲绳面（そば/soba；¥550）和鲷鱼烧（たい焼き/Tai-yaki；¥110）。从轻轨“旭桥”站步行前往约10分钟，去波上宫神社时可以经过，距离福州园和久米至圣庙都不远。

Apparishan 居酒屋¥¥

（あっぱりしゃん；见96页地图；✆098 861 1112；久茂地/Kumoji 3-23-8；菜肴¥480~1280；⌚17:30至次日1:00；Ⓜ县庁前/Kenchomae）想要不出本岛感受八重山列岛的美味和音乐，就来这间隐蔽的居酒屋吧。店主出生于石垣岛，准备的菜单自然主打地方特色，例如放有石垣岛辣油（ラー油/Rayu）的各式凉拌杂炒，还有炸鱼板（ちきあぎ/chikiagi）和石垣牛汉堡（石垣牛ハンバーグ/Ishigaki-jima Hanbagu）。每晚都有八重山民谣演出，氛围轻松惬意。只有日语菜单，不过人气菜品都有照片。

石叠茶屋 真珠 茶屋¥

（石畳茶屋 真珠/Ishidatami Chaya Madama；见97页地图；金城町/Kinjocho 1-23；⌚10:00~17:00，周二休息；Ⓜ首里/Shuri）从首里城的木曳门出来，朝着真珠道、金城町石板路（见66页）的方向走去，在下坡的中途，你就会遇到这间坐落在半山腰的小小茶屋。有个室外用餐区，可以俯瞰下方住宅群落，享受开阔的视野。茶屋供应简餐、甜点和茶饮，包括常见的冲绳面（沖縄そば/Okinawa soba；¥800），有中文菜单。

✪ 娱乐

Livehouse岛歌 现场音乐¥¥

（ライブハウス島唄/Raibu-hausu shima-uta；见96页地图；✆098 863 6040；livehousesimauta.com；牧志/Makishi 1-2-31 3F；入场费 成人/高中生及以下 ¥2000/

1000，啤酒/泡盛¥500/560起，菜肴¥440～940；⏲18:00～23:00，19:00、20:30、22:00三场，每场30～40分钟，周三可能休息；Ⓜ県庁前/Kenchomae）这里是冲绳著名民谣女子组合Nenes（ネーネーズ/nenezu）的主场。Nenes成立于1990年，制作人是被誉为冲绳民谣第一人的知名定男。成员会身穿华丽的琉装登场，边唱边配合简单的舞蹈动作，有时也会弹起三线，通常在最后会带领全场一起舞动起来。表演可以拍照，禁止录像。偶有其他演唱嘉宾，具体可查看官网。供应饮品和冲绳料理，品质还不错。如果想坐在前排餐位，建议预订。

附近还有一间**Live&Bar CHAKRA**（见96页地图；www.live-chakra.com；牧志/Makishi 1-2-1 5F；入场费¥1000起，喜纳昌吉出演日¥3000；⏲19:00～24:00，20:00和21:00两场），是民谣歌手喜纳昌吉的主场。他有一首经典的反战歌曲《花》被周华健翻唱为《花心》。

Urashima 琉球舞蹈¥¥¥

（うらしま；见94页地图；☎050 5595 8376；www.urashima.jp；久米/Kume 2-10-6 2F；套餐¥3780～10,800，12岁以下¥2160；⏲18:00～23:00；Ⓜ旭橋/Asahibashi）那霸许多餐厅都有冲绳民谣、三线的表演，但能边吃边欣赏琉球舞蹈的场所屈指可数。固然最正宗的琉舞还是在专门的剧场，但从文化体验的角度来说，这家1974年开业的老店也足以令人满意。每晚19:00和20:00各有一场30分钟的演出（各5曲），两场舞蹈不同，可连续观看。开场前有英语解说，帮助观众理解舞蹈的内容。舞者至少都在冲绳本地的“琉球古典艺能竞赛”中拿过新人奖，水准较有保证。餐饮皆是套餐形式，有琉球宫廷料理、日式料理、牛排等可选；另有适合孩子的小份套餐。

冲绳国立剧场 剧场

（国立劇場おきなわ/Kokuritsu-gekijo Okinawa；见92页地图；www.nt-okinawa.or.jp；浦添市/Urasoe-shi 勢理客/Jichaku 4-14-1；票价通常为¥3100）这座剧场是观看冲绳传统艺术演出的最好场所，创设的初衷就是保存和传承被联合国列为非物质文化遗产的“组踊”（組踊/Kumiwudui）——这是一种融合了音乐、舞蹈、台词的表演形式，类似于舞台剧。除了组踊，还有琉球舞蹈、三线音乐演出等，可以登录官网的票务页面查看排期。虽然位于浦添市，但从那霸过去也很方便，距离国际通仅10分钟车程（打车约¥1000），公交23、28、120路等许多车都可到，“勢理客”（jichaku）站下车步行10分钟。

冲绳限定的汉堡

别盯着麦当劳了，在深受美国文化影响的冲绳，汉堡的备选项可是相当丰富。抛开独立门店不谈，标志性的连锁店就有两家。

其一是1963年进驻冲绳的美国品牌**A&W**（见96页地图；松尾/Matsuo 1-1-1；⏲9:00～22:30；Ⓜ県庁前/Kenchomae），创店时因一款名为“Root Beer”（ルートビア，乐啤露）的无酒精饮料在当时实行禁酒令的美国人气暴涨，口感颇为独特（类似沙士），开到冲绳后也成为畅销单品。当地人还很喜欢另一款芝士浓郁的汉堡Mozza Burger（モッツァバーガー；¥490）。

另一家是冲绳土生土长的**Jef**（见96页地图；壶屋/Tsuboya 1-1-5；⏲9:00～18:00；Ⓜ牧志/Makishi），苦瓜汉堡（ゴーヤーバーガー/Goya-baga）就是他家的创新之举，在苦瓜爱好者云集的冲绳一炮而红，后来发展出的苦瓜肉饼汉堡（ぬーやるバーガー/Nuyaru-baga，¥350）更是当店招牌。店内还有类似洋葱圈的苦瓜圈（ゴーヤーリング/Goya-ringu）、苦瓜汁（ゴーヤージュース/Goyajyusu）等非常有冲绳特色的单品。

花衬衫就是正装

在讲究着装礼仪的日本，一身黑西装通勤再正常不过，然而冲绳却有另一番景象。这里从政府公务员到公司销售，都穿着充满海岛风情的花衬衫，要不是拎着公文包神情淡然，走在路上甚至会被误认为观光客。

这种花衬衫的设计初衷源于夏威夷Aloha衬衫的大热，1970年由冲绳县观光联盟推出，采用冲绳传统材质和纹样。后来被定名为“嘉例吉服”（かりゆしウェア/Kariyushi-uea；“嘉例吉”在冲绳方言中意为可喜可贺），借着2000年作为冲绳G8峰会指定服装的契机，在全县得到普及。自从2007年日本全国实行“清凉商务”政策以来，花衬衫还成了冲绳漫长夏季里独具特色的正装，不仅用于工作场合，参加婚礼也相当适合。

如今冲绳花衬衫发展出了不少品牌，其中**Mango House**最广为人知，在那霸国际通、小禄和北部的恩纳村都有分店，设计多有热带元素，如大面积的花朵图案，**本店**（见96页地图；久茂地/Kumoji 3-4-6；普通短袖 ¥7000~10,000；⏲10:00~22:00）就位于国际通。如果不喜欢过于花哨的，可以去**MAJUN**（见94页地图；寄宫/Yorimiya 1-8-17；www.majun-okinawa.jp；短袖一般为 ¥6000~15,000；⏲10:00~19:00）挑选相对日常、简洁的款式，肌肤触感也很舒适。**STARTEX**（www.stxjpn.com；北谷町北谷/Chatan 2-1-11；短袖 ¥10,000~15,000；⏲12:00~20:00）是更个性的独立品牌，简约到不像冲绳出品，仅有一家实体店，在美国村附近。

樱坂剧场 剧场

（桜坂劇場/Sakurazaka-gekijo；见96页地图；牧志/Makishi 3-6-10；电影票价 ¥1700，演出活动票价各异；Ⓜ牧志/Makishi）与其说是剧场，这里更像是冲绳文艺青年的根据地。平时除了放映电影，还有民谣音乐、钢琴演奏等现场演出。剧场里有间精选商店**Fukura舍**（ふくら舎/Fukurasha），一楼出售二手书和杂货，二楼是冲绳手工陶器、玻璃和染布制品。一楼还有名为“珊瑚座厨房”（さんご座キッチン/Sango-za Kichin）的咖啡馆，中午提供实惠的定食午餐。

购物

琉球民艺 键石 工艺品

（琉球民芸 鍵石/Ryukyu-mingei Kisuton；见96页地图；久茂地/Kumoji 3-2-18；⏲9:00~22:30）键石长期与冲绳从事各类工艺的匠人合作，尤其是琉球玻璃和陶器，因此你可以在一家店里见到十多个玻璃工坊和五十多位陶艺师的作品（贴有标签），堪比民艺作品展。除此之外，店内也有少量染织工艺品、帆布包和其他杂货，品质不俗。

琉球民艺中心 工艺品

（琉球民芸センター/Ryukyu-mingei senta；见96页地图；久茂地/Kumoji 3-29-68；⏲9:00~22:30）与键石同为工艺品精选店，有来自冲绳县内多个工坊或匠人的陶器、玻璃、染织物等。店内宽敞明亮的环境和有序的摆放方式让商品看上去更加简练时尚。

琉球Piras 服饰、杂货

（琉球ぴらす/Ryukyu Pirasu；见96页地图；www.ryukyu-piras.com；松尾/Matsuo 2-5-36；⏲11:00~20:00）这间位于浮岛通的小店面积不大，却有很多颇具设计感的商品，包括T恤、裙子、外套、凉拖、布包、明信片等。合作的设计师大多是冲绳本土的摄影师、插画家、书法家、红型手艺师等，商品上的原创图案富有冲绳特色，个性又有趣。在美国村的Depot Island也有分店。

岛之绘Gallery 画乐洞 绘画

（島の絵ギャラリー 画楽洞/Shimano-e Gyarari Garakudou；见96页地图；牧志/Makishi 3-6-44；⌚11:00~19:00，周三休息）一家艺术家“自产自销”的小店，店主就是画师。店铺内外挂满了他笔下的冲绳风景，从有代表性的首里城到不知名的古民家，从出海的渔民到跳着太鼓舞的青年，画面色彩明艳，路过者都会被吸引。可以购买带画框的画（常规iPad大小的画作 ¥700起），或明信片（每张 ¥100），价格出乎意料的便宜，多买有优惠。店铺位于和平通商店街的南段。

RYUBO百货 百货

（デパートリウボウ/Depato Riubou；见96页地图；久茂地/Kumoji 1-1-1；⌚10:00~20:30，1~2F 至21:00，B1F 至22:00）国际通周边唯一的百货公司，前身是1948年开业的琉球贸易公司（现名RYUBO就是“琉贸”的读音）。虽说是面向本地人的商场，但对于旅行者而言也很实用，尤其是地下一层（B1F）和7层：前者是美食楼层，还有好逛的平价超市；后者出售有特色的日本文具、杂货，还有日本最大的连锁唱片行Tower Records。4层有一间小小的**那霸市历史博物馆**（门票¥350；⌚10:00~19:00，周四休息），有许多老照片和昭和年间的那霸街景模型，只是英文说明很少。

顺便一提，那霸新都心的**San-A Naha Main Place**（那覇メインプレイス/Naha Mein Pureisu；见94页地图；おもろまち/Omoro-machi 4-4-9；⌚9:00~23:00）也是当地人常逛的商场，有更多实惠的日常商品。

冲绳土特产三宝

除了手工艺品，冲绳的好土好水好阳光还孕育了许多独特的南国之味。最具人气的便是黑糖、海盐、紫薯，堪称土特产三宝，随处都能见到它们的踪影。考虑到部分加工食品保存期限较短，行程较长的旅行者可以临走前在国际通一次性采购。

黑糖屋（黒糖屋/Kokutoya；见96页地图；牧志/Makishi 1-3-52；⌚11:00~22:00）由于日照、水土等气候的差异，冲绳各地的黑糖在甜度、硬度和香气上都有所不同。这间面积不大的小铺经营着来自本岛和离岛的黑糖及其加工品，你可以先试吃再购买。他家的八岛黑糖组合装（¥1620）特别受欢迎。

盐屋（塩屋/Masuya；见96页地图；牧志/Makishi 3-11-2；⌚10:00~22:00）日本最大规模的盐类商品专卖店，贩售冲绳和世界各地的盐和加工品，包括特色的宫古岛雪盐。门口的雪盐冰激凌（雪塩ソフトクリーム/Yukishio sofuto-kurimu；¥280起）值得一试。国际通上的分店很多，不过仅这家可以尝试手作“盐御守”（お塩のお守り；¥1000，30分钟）。

御果子御殿（御菓子御殿/Okashigoten；见96页地图；松尾/Matsuo 1-2-5；⌚9:00~22:00，8月和9月 至22:30）是以紫薯挞（紅いもタルト/Beni-imo-taruto；零售每个¥100）闻名的店铺，有许多用紫薯做成的糕点，兼卖黑糖、泡盛等冲绳特产。

实用信息

医疗服务

通过网站kokusai.oihf.or.jp/medicalinfo可查询冲绳县内支持外语的医疗机构。

冲绳中心医院（沖縄セントラル病院/Okinawa Sentoraru Bioin；见94页地图；☎098 854 5511；那覇市与儀/Yogi 1-26-6；⌚8:30~12:30，13:30~17:30；Ⓢ県立看護大学前/Kenritsu Kango-daigaku-mae）综合性医院，可以用英语对话。

冲绳红十字医院（冲绳赤十字病院/Okinawa Sekijuji Bioin；见94页地图；☎098 853 3134；那覇市与儀Yogi 1-3-1；⌚8:30~16:00，周六和周日休息；Ⓢ赤十字病院前/Sekijuji Bioinmae，与儀十字路/Yogi-jujiro）综合性医院，可以用英语对话。

同仁医院（同仁病院/Doujin Bioin；见92页地图；☎098 876 2212；浦添市城間/Gusukuma 1-37-12；⏲9:00~12:00，14:00~18:00，周日下午和周三休息；Ⓢ屋富祖/Yafuso，城間/Gusukuma）国际通以北约6公里处的小型诊所，基本的内外科、小儿科都有，可用英语、中文对话。

旅行信息

那霸机场观光问讯处（観光案内所/Kankou-annaisho；那霸机场国际线1楼到达大厅；⏲9:00~21:00）有大量景点、活动、一日游、包车方案等宣传单页和观光手册（含中文），范围覆盖整个冲绳县，自由拿取。冲绳公交通票在此也有售。

那霸市观光问讯处（那覇市観光案内所/Nahashi Kankou-annaisho；牧志/Makishi 3-2-10；⏲9:00~20:00）那霸市官方旅游咨询中心，位于**Tenbusu那霸**（见63页）的一层。除了一整面墙的旅行相关单页，还有会说中文的工作人员答疑解惑。可寄放行李（¥500/天）、借用婴儿车（¥500/天）、外币兑换、购买部分景点门票和公共交通1日通票。附设哺乳室和休息区。

首里观光问讯处（首里観光案内所/Shuri Kankou-annaisho，eゆいショップ首里&やんばる/Iyui-shoppu Shuri&Yanbaru；见97页地图；鳥堀町/Torihoricho 1-50-1；⏲9:30~18:30）轻轨首里站附近的十字路口旁，免费提供首里城周边观光地图，可行李寄存（¥300/2小时）、租借电动自行车（¥1000/2小时），同时出售天然蜂蜜、红型小物等特产。

ℹ 到达和离开

飞机

那霸机场（那覇空港/Naha Kukou，OKA；见

第一牧志公设市场周边的店铺。

刘子瑜 摄

92页地图)有国际航班往返北京、上海、南京、杭州、天津、西安、香港、台北等多座城市;与东京、大阪、名古屋、福冈等日本主要城市之间有直航。也有航班往返几座远离冲绳本岛的离岛,如石垣岛(1小时)、宫古岛(50分钟)、久米岛(40分钟)、与那国岛(75分钟)等,基本每小时都有航班飞往石垣和宫古。注意国际线和国内线分为两个航站楼,中间有约10分钟步行路程。

船

那霸主要有三座客船停靠的港口。国际邮轮一般在那霸邮轮客运码头和那霸新港(安谢新港)邮轮码头,前者距离市中心更近。没有轮船前往宫古岛和以石垣岛为中心的八重山列岛。

泊港(泊ふ頭旅客ターミナルビル/Tomari-futo Ryokyaku Taminaru-biru; 见94页地图; 前島/Maejima 3-25-1)别称Tomarin(とまりん)是游玩离岛的旅行者经常利用的港口,有渡轮去距离较近的离岛(渡嘉敷岛、座间味岛和阿嘉岛、久米岛和渡名喜岛等)。附设设施较丰富,包括租车行、咖啡馆、纪念品商店等。轻轨"美荣桥"站下车步行10分钟可到。

那霸港(那霸港/Nahako; 见94页地图; 通堂町/Tondo-cho 2-1)主要服务于前往奄美大岛、鹿儿岛、与论岛方向的船,Aline Ferry和Marix Line都有船只在这里停靠。公交1、2、3、5、45路在"那霸港前"(Nahako-mae)站下车。

那霸新港(那霸新港/Naha-shinko; 见92页地图; 港町/Minatocho 1-16-10)也称"安谢港"(安謝新港/Ajya-shinko)通常用于停靠超大型豪华邮轮,以及作为那霸邮轮客运码头停满时的备选。Aline Ferry去东京、大阪、神户的航线由此出发。公交101路在"ふ頭入口"(Futo-iriguchi)站下车。

那霸邮轮客运码头(那覇クルーズターミナル/Naha Kuruzu-taminaru; 见94页地图; 若狭/Wakasa 1-28)是那霸新港的码头之一,国际邮轮专用,也称"若狭码头"(若狭バース/Wakasa-basu)。步行至国际通约20分钟,出租车约10分钟(¥1000)。

🛈 当地交通

抵离机场

轻轨是往来于机场和市区最便捷的交通方式,约15分钟(¥260~300)。公交23、25、26、120路等可前往国际通附近(15分钟,¥230)。出租车至国际通一带约12分钟(¥1500)。

利木津巴士(リムジンバス/Rimujin-basu)相当于机场大巴,共有5条线路,开往A、B、C、D、E五个区域,每条线路每天5班,但不是每班都从机场发车,有些会从那霸巴士总站开出(具体时刻表可查看okinawabus.com/wp/ls/ls_timetable_fares/)。A线经过宜野湾前往美国村(冲绳北谷希尔顿度假酒店,¥800,1小时)。B线为先到恩纳村,再折回至读谷巴士总站(¥1500,全程100分钟),经停月亮滩酒店、冲绳阿利比拉日航度假酒店等。C线开往ANA万座滨海洲际酒店(¥1700,1.5小时),经停恩纳海岸的一系列酒店。D线开往名护巴士总站(¥2200,约2.5小时),E线继续前往海洋博公园、最终抵达Orion本部度假SPA饭店(¥2500,约3小时)。

轻轨

轻轨(モノレール/Monoreru)是整个冲绳唯一的轨道列车,也是在那霸市内观光的主要交通工具。列车从那霸机场开出,由西向东驶往首里,穿过国际通商业街区和那霸新都心,全程约30分钟,票价¥230~330。可使用支付宝的乘车码扫码进出站。本书调研时已在建设延长段,当你拿到这本书时,工程应已完成。

如果乘车频繁,不妨考虑购买**自由乘车券**(フリー乗車券/Furi-joshaken),可在限定时间内不限次数乘坐(一日/二日¥800/1400,12岁以下儿童半价)。在车票有

冲绳公交大挑战

冲绳是个绝对依赖自驾车或出租车的地方。本地人完全以车代步，私家车持有量极高。但凡能开车的，基本都不坐公交；坐上公交就会发现，同行乘客多是尚不足驾驶年龄的学生或年迈的婆婆。

不知是因此导致冲绳的公交系统不够发达，还是公交太少迫使大家放弃乘坐，总之冲绳公交的现状就是：班次少，不准时，次级道路设站稀疏（那霸相对密集些）。出了那霸市区，发车间隔20分钟以内就算是高频，30~60分钟1班比较常见；时刻表永远“仅供参考”，看似准点到达的公交可能只是上一班晚点的结果。

要好好享受你的冲绳之旅，自驾或包车无疑是首选。假如真的打算挑战公交环游本岛，我们给你如下一些提示和建议。

➡ 买一张OKICA公交卡，远离计算车资、准备零钱的烦恼。

➡ 提前了解出发地和目的地附近的公交站名，至少记下途经的公交线路编号，方便在日文网站或App上（见“公共汽车”一节）搜索换乘方案。从那霸机场、那霸巴士总站开往名护的20、120路对于大部分旅行者来说很常用。

➡ 名字相同的车站，不一定有着同样的或相对的站台，有时在拐弯后的邻近街道。最好通过App的路线地图确认。

➡ 离始发站越近，到达时刻越准确；反之晚点率越高。早晚高峰时可以无视时刻表，冲绳比你想象中拥堵（不止城区）。

善用节假日限定的公交一日券（土日祝1日限定フリー乗車券，¥2000，一个自然日有效），本岛公交（除111、117路）任意乘坐，适合一天之中远距离、多景点的移动（例如从那霸到名护，普通车资就要¥2000）。在各公交公司的营业厅和旅行问讯处可购买。lp

效期内还能享受部分景点的门票八折优惠，包括首里城、冲绳县立博物馆等主要景点，购票窗口出示乘车券即可。

注意，虽然大部分时段车厢比较宽松，但早晚高峰依然拥挤，建议避开8:00~9:00和18:00~19:00出行。

公共汽车

那霸可以坐到的公交车分为本地和长途两种：本地统一 ¥230，上车时投币；长途按距离收费，上车拿整理券（上面标有数字），下车时根据屏幕显示该数字对应的车资付费。公交线路编号小于20的基本都属于本地公交（8路和10路是特例，按距离分为 ¥150和¥230两种）。投币不找零，一千日元的纸币可在公交车上兑换成零钱（両替/ryogae）。下车前按座位旁的按钮。

如果想避免准备零钱的麻烦，可以购买一张冲绳交通IC卡**OKICA**（读作okika），本岛的公交、轻轨皆可使用。本地公交上车刷卡付费，长途公交上下车各刷一次。购买地点很多，最方便的是轻轨站的自动售票机和服务窗口，部分全家便利店（Family Mart）也有售。卡费 ¥500，退卡时可退 ¥300。自动售票机和大部分公交车上都可以充值（チャージ/chaji）。

那霸巴士总站（那覇バスターミナル/Naha Basu Taminaru；见94页地图）是那霸的公交枢纽站。

温馨提示：出了那霸市区，坐公交就多了份挑战。提前了解公交路线、到站时刻、换乘方案和车资，会让你更有信心。可在网站（www.kotsu-okinawa.org, www.busnavi-okinawa.com）查询，或下载App“バスなび沖縄”（日文罗马音为：Basunabi Okinawa，中国大陆境内可能无法打开）。App上手稍微有些复杂，但熟悉之后会大大方便你的公交之旅。

出租车

冲绳本岛的出租车统一定价，起步价¥550/1.75公里，之后 ¥70/0.372公里，等候计费 ¥70/2分15秒。

后排座位为自动门，不需乘客自己手动开关门。司机通常不懂外语，尽量准备好目的地的日文名称和地址。部分出租车接受刷卡，也有的只接受现金，可留意车内标记或直接向司机询问。

自行车

由于当地人以自驾车出行为主，非机动车道通常不宽，加上晴雨不定的天气和起伏不平的丘陵地貌（尤其是首里城一带），选择骑车观光的人实在不多。不过如果你没有机动车，又希望自由掌控行程，自行车仍是不错的选择。除了租车店，一些酒店、民宿和观光问讯处也提供自行车租借服务。

NPO Shimazukuri net租车行（NPO法人 しまづくりネット/NPO-houjin Shimazukuri-netto；见94页地图；shima.p-kit.com/page0002.html；牧志/Makishi 2-11-27；⌚9:00~18:00）提供三种自行车：普通（ママチャリ/mama-chari）、山地（マウンテン/maunten）和电动（電動/dendou），30分钟起租（¥100起），电动自行车可连续租7天，其他最多30天。店主能够根据你的目的地给出选车、骑行的建议。

Okinawa Bike Share（docomo-cycle.jp/okinawa/zh-tw.html）冲绳的公共自行车，那霸市内有6个租借点。可以提前在网站注册（需信用卡），通过邮件获得的密码取用车辆，或在有工作人员的租借点购买一日卡，感应开锁。全部为电动辅助自行车（¥2000/天，密码取用的车可按¥200/30分钟使用）。

包车

那霸市内包车（観光タクシー/Kankou-takushi，貸切タクシー/Kashikiri-takushi）最简单直接的方式就是请入住酒店的工作人员帮忙联系，通常价格不会和网上预订差太多。

主流的出租车公司（冲东交通、三和交通、冲绳交通）都有包车方案，以4人乘坐的小车为例，8小时（适合一日往返本岛北部）费用通常在¥22,000~26,000。**冲东交通**（沖東交通/Okito Kotsu；cn.okito.or.jp/taxi）有专门的中文预约网站（但司机只说日语）。本地包车公司根据车型、舒适度、时间、路线有更多的价格区间选择。预订时不妨留意是否有通过“美丽岛冲绳观光出租车”（ちゅら島沖縄観光タクシー；冲绳针对观光产业推出的资格认定制度）认定的优秀驾驶员，这些司机即使语言不通，在驾驶安全、效率和服务上也会更令人满意。

中国大陆和台湾的许多网站、旅行机构也有中文服务的华人司机，费用不等。

那霸市周边

这里指从那霸出发，利用公共交通在1小时之内（不计等车堵车时间）可以到达的地方，主要覆盖了那霸以南的丰见城、丝满、南城，以及那霸北面的浦添。

景点和活动

丰见城市（豊見城市/Tomigusuku-shi）

旧海军司令部壕 历史遗迹

（旧海軍司令部壕/Kyukaigun-shirei bugou；见92页地图；kaigungou.ocvb.or.jp/top.html；豊見城/Tomigusuku 236；成人/儿童 ¥440/220；⌚8:30~17:00，7月至9月 至17:30；Ⓢ宇栄原团地前/Uebarudanchi-mae）这条地下战壕是1944年日本海军为了与美军对战而挖掘的，全长450米，曾有约4000名士兵驻守于此。在冲绳岛战役临近尾声、遭到美军猛烈攻击的半夜，司令官及6位军官在此自尽。目前开放了其中的300米，你可以在走下105级台阶后，按照路标在如同迷宫般的幽暗通道中，依次参观医疗室、司令官室等。留意墙上有手榴弹的痕迹——这是绝望中的参谋们自杀的见证。战壕入口外有一间资料室，展示着壕内发现的军装、枪械、士兵的家书等遗物。

司令部壕入口位于现在的海军壕公园的顶部，可以顺便远眺丰见城市的街道景观，一旁还有适合孩子的免费游乐设施（包括一

盛洋 摄

海军壕公园。

座依靠山势建造的大型滚轮式滑梯)。

从那霸过来的话，公交55、88、89路至“宇栄原団地前”站下车，走上楼梯，沿公交车前进方向穿过马路，直走在下一个路口左转，一路上坡即到。

冲绳空手道会馆 展览馆

(沖縄空手会館/Okinawa Karate Kaikan; 见92页地图; karatekaikan.jp; 豊見城/ Tomigusuku 854-1; 成人/高中生和大学生/初中生以下 ¥310/210/100; ⏲资料室 9:00~18:00，每周三闭馆; Ⓢ豊見城公園前/Tomigusuku-koen-mae)冲绳是空手道的发祥地，为了更好地传承、发扬这一文化，2017年新开了这间兼作展览和道场的会馆。资料室通过图文、影像介绍了空手道的发端、源流和派系，尤其是五位对传播空手道贡献有加的空手家。在资料馆的体验区里，你还可以亲自踩上铁木屐抬腿，或尝试快速出拳以熄灭火焰。不定期开办针对零基础的空手体验课程(空手体験教室/Karate Taiken Kyoshitsu; ¥500，1小时，5岁以上皆可)，具体查询官网。馆内有纪念品商店，可提供空手道服拍照(成人/儿童 1小时 ¥300/150)。

如果对空手道非常感兴趣，在西原町还有一间**冲绳县空手博物馆**(沖縄県空手博物館/Okinawa-ken Karate Hakubutsukan; ✆098 945 6148; 西原町 字上原/Uehara 147-2，琉球大学南口附近; 参观 ¥300)，由一位刚柔流空手道宗家在1987年创立，参观者甚至有机会在大师的指导下练习(每课时¥3000)。必须电话预约。

濑长岛 岛屿

(瀬長島/Senaga-jima; 见92页地图)从那霸市区出发最快也最容易到达的离岛，与本岛之间架有海中道路，骑车或步行前往都没问题。由于就在那霸机场南端(二者陆地相隔不过1.5公里)，因而也成了飞机迷们观看航班起降的最好地点。

如今这座小岛已是满满的度假气息。岛上有一片面朝大海、白色建筑层叠错落的商业区**Umikaji Terrace**（www.umikajiterrace.com；⏲基本上10:00~21:00，各店不同），远看还依稀有些希腊风情。这里集中了40多家店铺，包括餐厅、特产店、体验教室等，每间都有自己的独立阳台，可以饱览海景。还有一间冲绳难得一见的天然温泉酒店**濑长岛Hotel**（瀬長島ホテル/Senagajima hoteru；濑长/Senaga 174-5；标单/双 ¥12,255/28,310起，含早餐），即使非住客也可使用他家的温泉**龙神之汤**（龍神の湯/Ryujin-no-yu；平日成人/儿童 ¥1330/720，节假日 成人 ¥1540；⏲6:00~24:00），在露天温泉区可望见海面。

最近的公交站是"濑長"（Senaga）和"具志营業所"（Gushi-egyosho），下车步行进岛约15分钟。更轻松的方式是乘坐往来于濑长岛Hotel正门和轻轨"赤岭"（赤嶺/Akamine）站的免费接驳车。赤岭站附近的上车地点在南出口停车场写有"託一株式会社"的黄色招牌前，发车时间9:05~20:45。每班车限乘24人，人多时尽早排队也很有必要。

忠孝酒造 酒厂

（忠孝蔵/Chukogura；见92页地图；☎098 851 8813；www.chuko-awamori.com/lang/zh-ch/tour/index.php；伊良波/Iwanami 556-2；免费参观；⏲9:00~17:00，每隔30分钟一场；Ⓢ我那覇/Ganaha）忠孝酒造创立于1949年，是冲绳唯一拥有烧窑的酒造，自行烧制对于酿造熟成泡盛酒（即"古酒"，需贮藏3年）十分重要的陶酒瓮，因此你可以参观到不同于其他酒厂的酒瓮制作过程。这里还有一座冲绳为数不多的大型木造建筑——古酒窖，内部存放着8个巨型酒桶、45万瓶古酒和800个酒瓮，一进门就能闻到四溢的酒香。最好预约（邮件或电话），参观全程约1小时，包括20分钟的试饮。

顺便一提，这里也提供**手作泡盛体验**（手造り体験泡盛；成人/儿童 ¥8640/4320，2小时；必须电话预约），包括洗米、蒸米、混入黑曲霉，制作出的泡盛酒可在3个月后寄送给体验者（邮费另计）。

冲绳岛战役和慰灵日

1945年美军在冲绳登陆，美日两军作战82天，史称"冲绳岛战役"（沖縄戦/Okinawasen）。当时的冲绳岛全面沦为战场，日军还在首里城的地下挖掘战壕，设立指挥部，直接导致从首里到那霸一带彻底被炮火夷为平地。在"军民一体战斗协力"的口号下，包括儿童、学生、妇女、老人在内的许多民众都参与到了这场战役之中。战役最终以日方惨败而告终，是太平洋战争中伤亡人数最多的一场战役（据说平均每4名冲绳人就有一人丧生）。电影《血战钢锯岭》的背景正是这场战役，但现实中的战况恐怕比电影还要血腥和残酷。而震惊世界的广岛和长崎原子弹爆炸事件，就发生在冲绳战结束的数周之后。

如今，标志日本军队组织性战斗结束的6月23日（即冲绳守备队最高长官牛岛满的自杀之日）已被定为冲绳慰灵日，是法定节假日。这一天多个战争史迹地（例如冲绳县和平纪念资料馆、姬百合和平纪念资料馆）免费开放，不少店家也会在当天休息。

丝满市（糸満市/Itoman-shi）

和平纪念公园 公园

（平和祈念公園/Heiwa Kinen Koen；见92页地图；摩文仁/Mabuni 444；公园免费；⏲8:00~22:00；Ⓢ平和祈念堂入口/Heiwa Kinendo Iriguchi）丝满市南部海滨高地——摩文仁之丘（摩文仁の丘/Mabuni-no-oka）是冲绳战最后的激战地，也是战争结束的地方。战后为了追悼阵亡者、祈祷世界和平，在此建造了这样一座宁静的公园，日本全国的都道府县大多也在这里设立了慰灵塔。

UWE ARANAS/SHUTTERSTOCK ©

冲绳和平纪念堂。

公园内最显眼的标志是高45米的白塔建筑，即**冲绳和平纪念堂**（沖縄平和祈念堂/Okinawa Heiwa Kinendo；成人/中学生 ¥450/350；⌚9:00~17:00），内有一尊采用琉球漆器传统堆锦技法的高大佛像。邻近的赤瓦建筑是**冲绳县和平纪念资料馆**（沖縄県平和記念資料館/Okinawa Heiwa Kinen Shiryokan；www.peace-museum.pref.okinawa.jp；入馆免费，展览 成人/儿童 ¥300/150，提供中文语音导览；⌚9:00~17:00），主要展示冲绳战末期和之后美军占领期间人们所遭受的苦难。展览笼罩在压抑沉重的氛围之中，如果想换个心情，不妨到5层的展望台（免费）看看海景。资料馆外还有一大片屏风状的花岗岩黑色石碑“和平之础”（平和の礎/Heiwa-no-ishiji），上面刻着在冲绳战中的牺牲者姓名，这些名字至今仍在追加，到2018年已有24万余人。乘公交82路（1小时1班）“平和祈念堂入口”站下车即到公园门口。

姬百合和平纪念资料馆　纪念馆

（ひめゆり平和祈念資料館/Himeyuri Heiwa Kinen Shiryokan；见92页地图；www.himeyuri.or.jp；伊原/Ihara 671-1；成人/高中生/中小学生 ¥310/210/110；⌚9:00~17:30；S ひめゆりの塔前/Himeyuri-no-tou-mae）“姬百合”是指冲绳岛战役前期，由冲绳师范学校女子部和冲绳县立第一高等女子学校的师生组成的一支“姬百合学徒队”，主要进行护理培训。在美军登陆前，这支队伍（222名女学生和18名教师）被安排进了冲绳陆军医院照顾日本伤兵。不过所谓医院，事实上也只是在40个横坑壕洞中架设起双层病床而已。随着美军逼近，这些学生接到了丧钟般的“解散命令”，绝望中的学生最终或死于逃难中的攻击，或选择自我结束生命。

现在这座资料馆建在了冲绳陆军医院第三外科的遗址之上，这里也是学生们向南撤退时的避难场所。入口处有一座纪念碑“姬百合之塔”（ひめゆりの塔），刻着所有遇难的姬百合学徒队队员名字。资料馆展示了学生们在战争前后的境遇转变，利用壕迹复原的避难防空洞令人不寒而栗。展览的英文翻译十分到位，内容也很客观。公交82、107、108路在“ひめゆりの塔前”站下车即到。

琉球玻璃村 玻璃工艺

（琉球ガラス村/Ryukyu Garasu-mura；见92页地图；www.ryukyu-glass.co.jp；福地/Fukuji 169；入场免费；⏲9:00~18:00；Ⓢ波平入口/Namihira Iriguchi）冲绳县内规模最大的玻璃工坊，包括玻璃制品商店、制作工厂、体验教室、餐厅等多种设施。你可以近距离观摩专业师傅在1300摄氏度的熔窑旁吹制玻璃的过程，也可以亲自上阵尝试做个玻璃杯（¥1650；5分钟；⏲9:30~11:30，14:00~16:00），作品3天后可取（如需寄送另外计费），另外还有自制玻璃珠饰品、相框、给风狮爷上色等体验项目（¥1080~1836；40~90分钟）。商店内的玻璃制品从首饰到杯盘选择非常丰富，在精品展示区还能看到玻璃制的三线。顺便一提，红色玻璃制品的价格通常会比较高，这是因为红色玻璃在熔窑中会变成无色，必须经过再加热处理才可显出红色，成本自然有所增加。

注意，琉球玻璃不是隔热玻璃，不可盛装热水。公交82、107、108路到“波平入口”站下车。

南城市（Nanjo-shi）

冲绳世界文化王国·玉泉洞 溶洞

（おきなわワールド·玉泉洞/Okinawa Warudo·Gyokusendo；见92页地图；www.gyokusendo.co.jp/okinawaworld/；玉城前川/Maekawa 1336；成人/儿童 王国村¥620/310，王国村和玉泉洞 ¥1240/620；⏲9:00~18:00，提前一小时停止入园；Ⓢ玉泉洞前/Gyokusendo-mae）这个本岛南部的经典景区由三部分组成：挂满钟乳石的溶洞**玉泉洞**、主打文化体验的古民家聚落**王国村**，以及堪称冲绳毒蛇大本营的**波布博物公园**（ハブ博物公園/Habu Hakubutsu Koen；www.habu-park.com；成人/儿童 ¥620/310）。

建议优先参观玉泉洞，毕竟这才是这个景区最独特的宝物。硕大的溶洞空间中，上百万根钟乳石上下密集“生长”，在洞壁中蔓延，壮观之景令人惊叹；沿路还能见到地下泉池以及一万多年前流入洞窟成为化石的鹿骨。玉泉洞全长5公里，对普通游客开放890米，但如果你参加**洞窟探险行程**（洞くつ探検/Dokutsu Tanken；¥3000），就有机会穿着矿工服跟着领队进入未对公众开放的部分。这一探险行程不定期举办（2018年是7月至9

海那边的理想乡和久高岛

“尼拉伊卡纳伊”（ニライカナイ/Niraikanai），这个仿佛咒语一般的词语，就是琉球王国时期以来冲绳和鹿儿岛等地的民众对海之彼岸的称呼。人们相信，在大海的另一边，存在着理想中的乐土。据说，正是因为已知西、北方有中国、日本（本州岛），而太阳又从东方升起，所以冲绳人认为“尼拉伊卡纳伊”应该位于冲绳的东（南）方。如此一来，或许你就能理解在琉球王国时代对于东方的崇拜了。而斋场御岳的至高无上性，也离不开它的地理位置——这可是冲绳本岛上最靠近“尼拉伊卡纳伊”的一处御岳。斋场御岳东南方向的离岛**久高岛**（久高島/Kudaka-jima）被奉为“神之岛”，更是理所当然。

如今有许多人慕名前往久高岛，感受冲绳最神圣的气息。我们不确定这能获得多少“能量”，不过这座安静的小岛本身也不失为一处亲近自然和原始村落的好地方。你可以在**安座真港**（Azama-ko；见92页地图；Ⓢ知念安座真サンサンビーチ入口/Chinen Azama Sansan-bichi Iriguchi）坐船（高速船/渡轮 往返 ¥1460/1280 单程15/25分钟），每天有6对航班往返（前往久高岛最早9:00，返回最晚17:00）。岛上码头附近有自行车租借点，3小时即可环绕小岛一周。

月），可提前留意官网，参加者需在6岁以上，全程2.5小时。

王国村里提供非常多的体验项目（可能是冲绳的体验型景区中最丰富的），包括吹玻璃、陶艺、风狮爷上色、红型染、三线体验、琉装变身、织机体验等。波布博物公园在靠近景区出口的位置，除了展示冲绳毒蛇的种类和生态，还定时上演毒蛇秀。

斋场御岳 宗教遗迹

（斎場御嶽/Sefa Utaki；见92页地图；okinawa-nanjo.jp/sefa/；久手堅/Kushuken 539；成人/中小学生 ¥300/150；⌚9:00～17:30，3月至10月 至18:00，闭馆前半小时停止入场，每年农历五月一日至三日和农历十月一日至三日休息；Ⓢ斎場御嶽入口/Sefa Utaki Iriguchi）乍看之下，这里无非就是一片植被茂盛的自然丛林，有几块造型特殊的大石，但对于有着御岳信仰的民众来说，斋场御岳可是至高无上的圣地。在遥远的琉球王国时代，琉球国王和闻得大君（琉球神道中最高级的神女）进行"东御回"（東御廻り/Agariumai；以首里为中心的东部圣地巡礼）以祈求王国繁荣、五谷丰登时，就会来此参拜。每当国家祭典，还会特地将神圣的白砂从别名"神之岛"的久高岛运来，铺满整个斋场御岳。如今依然有很多信众追随着这一路线前来"吸取能量"，获得心灵的治愈。

考虑到这些因素，即使你对此并无信仰，也建议安静地参观，不要拾取御岳内的石头植物带出，不要触踏地上有神圣意义的香炉。乘公交38路至"斎場御嶽入口"站下车，先去车站旁的窗口购票，再沿着路标向北走500米，即可到达参观入口。

知念岬公园 海角

（知念岬公園/Chinen Misaki Koen；见92页地图；免费；⌚全天；Ⓢ斎場御嶽入口/Sefa Utaki Iriguchi）游览斋场御岳时一定不要错过这个相距不远的海角公园。公园藏在知念体育馆的后面，有铺设完整的游步道。站上展望台，眼前就是一望无际的太平洋，天晴的日子里还能看到远处的久高岛。因为位于冲绳的东南角，许多人会在1月1日凌晨特地来这里等候新年第一轮日出。从斋场御岳的售票处向南走500米即到。

奥武岛 岛屿

（奥武島/O-jima；见92页地图；Ⓢ奥武/Ou）一座以新鲜鱼类海产闻名的小岛，与本岛之间有奥武桥相连。特地前来的旅行者大多为了两样事物：天妇罗和猫。不同于日本本土表面酥脆的天妇罗，冲绳的天妇罗会裹上一层厚厚的面衣，价格非常平民，当地人习

琉球花火大会观赏指南

花火大会是日本夏日祭里的重头戏，而在拥有漫长夏季的冲绳，焰火也格外地多。虽然每年具体安排都不同，但总有几场备受期待的"定番"。因此我们准备了一份简明指南，梳理了时间和特色，以便你在行程上早做准备。

琉球海炎祭（Ryukyukaiensai；www.ryukyu-kaiensai.com；⌚4月）通常在4月第二个周六于**宜野湾海滨公园**（宜野湾海浜公園/Ginowan Kaihinkoen；见92页地图；Ⓢコンベンションセンター前/Konbenshon-senta-mae）举办，是全日本最早的花火大会。由于紧邻冲绳会议中心（沖縄コンベンションセンター），有时还会在焰火秀之前进行演唱会。注意，这也是冲绳少数需要购票入场的花火大会之一（¥3300起）。

海洋博公园花火大会（oki-park.jp/hanabi/；⌚7月）焰火数量和观众人气在所有花火大会中都是数一数二的，非常适合与美丽海水族馆安排在同一天。还可以从那霸坐游轮（花火クルーズ/Hanabi Kuruzu；¥9800）前往，在海上观赏焰火。入园免费。

惯随意买几串当零食。在小小的奥武岛就有多家这样的天妇罗店，挨着桥头的**中本鲜鱼店**（中本鮮魚店/Nakamoto Sengyoten；每串¥65起；⏲10:00~18:00，4月至9月 至19:00，周四休息）人气极高，即便是平日都常常排起长队，你可以在排队时先填点单子，在食物（有英文译名）后面写数量，鱼（さかな/sakana）、芋头（いも/imo）、水云（もずく/mozuku；一种褐色海藻）都是常点单品。

与此同时，奥武岛上的流浪猫也是出了名的多，以至于岛上东边的亭子成了固定的喂猫站，观光客常常在此逗猫。但由于流浪猫的增加已经给当地居民带来了困扰，我们建议你在加入喂猫的行列之前三思。如果有时间，岛上保留着赤瓦石墙的民家、多处御岳和参拜地，不妨随意散散步。

奥武桥北的一条小路可以向东通到**新原海滩**（新原ビーチ/Miharu Bichi；见92页地图；步行2公里），那里有景色迷人的茶屋（见90页“山之茶屋 乐水”），也有一些海上游玩项目，不过沙滩品质一般。

浦添市（Urasoe-shi）

港川外人住宅街 街区

（港川ステイツサイドタウン/Minatogawa Sutetsu-saido-taun；见92页地图；okisho.com/foreigner-house/；港川/Minatogawa 2-17周边；⏲基本10:30~19:00，各店不同；Ⓢ港川/Minatogawa）在那霸以北7公里的港川，一片藏在主干道背后的平房建筑群如白色方盒般，整整齐齐地在长条形地块上排开，跳色的窗框和屋檐、屋前院落里的清新布置让人不禁想要一探究竟。这里原本是战后美军统治期间的美军宿舍，近年来随着个性小店的入驻，老房又重现了生机，很多年轻人（尤其女性）都喜欢来此淘淘杂货、喝个下午茶或拍些能在社交网络轻松获赞的文艺照片。

街区内的62栋老房都被编上了号码，至本书调研时已有40栋被租用，包括不少饮食店、咖啡馆和面包甜点铺。**oHacorte**（オハコルテ/Ohakorute；18号；⏲11:30~19:00）的水果塔（フルーツタルト/Furutsu-taruto；一个¥500起）和**ippe coppe**（26号；⏲12:30~18:30，卖完即止）的面包向来很受欢迎，2018年新开的冲绳首家专营黑糖卡纳蕾的甜品店**彗星**（ほうき星/Houkiboshi；25号；4个¥580；⏲11:30~18:30）也值得一试。我们还很喜欢**Proots**（20号；⏲10:30~18:30），这家杂货铺里有店主精选的带着冲绳元素的小物，如戴着花笠的猫蜡烛、手作陶器和玻璃等。

公交23、24、28、32、77路等至“港川”站下车。

Seaport Chatan Carnival（シーポートちゃたんカーニバル；⏲不定，往年有在7月或10月）美国村内的花火大会，以日落海滩为舞台，最特别的是拥有冲绳唯一的水中花火——在海面打出漂亮的弧形焰火。入场免费。

名护夏日祭（名護夏まつり/Nago Natsu-matsuri；⏲7月）每年7月最后一个周末在名护渔港举办。除了近在眼前的巨大焰火，名护特产——Orion生啤自然也不会缺席，常常以超优惠的价格在会场贩卖。入场免费。

浦添Tedako祭典（浦添てだこまつり/Urasoe Tedako-matsuri；⏲7月或10月）作为有着40多年历史的祭典，最大的看点在于展现琉球王国时代面貌的演舞（浦添三大王統まつり），再加上连续两晚的焰火秀，热闹又地道。主会场在**浦添运动公园**（见92页地图；Ⓢ浦添運動公園前/Urasoe Undo-koen-mae）。

Blue Seal Ice Park 烹饪

（见92页地图；牧港/Makiminato 5-5-6；cn.blueseal.co.jp/；体验费用 ¥1500；⏲每天5次，9:30，11:00，14:00，16:00，18:00；Ⓢ牧港/Makiminato）只消在冲绳待上一天，你就不会对Blue Seal醒目的蓝白橙Logo感到陌生，从国际通街头、景点休息区到便利店，几乎随处可见它的身影。这款冲绳特有的美式冰激凌诞生于1948年，当时还是仅向美军基地特供的商品，直到1963年移店至牧港，才被冲绳民众认识。2016年，Blue Seal推出了手作冰激凌的体验专门店Ice Park，体验者可以选择喜欢的形状、口味、颜色、配料，自由发挥创意。结束之后还能体验零下20摄氏度的冷库，最后再自己压一支蛋筒软冰激凌带走（都包含在体验费用中）。活动很受欢迎，建议提前在官网预约。店内有个小小的展区，等候的时间里可以顺便了解Blue Seal的品牌发展史，看看老式的冰激凌包装。多路公交至"牧港"站下车。店铺位于Blue Seal牧港本店的隔壁，有着色彩缤纷的外墙。

住宿

由于这些周边城市距离那霸都不远，一日往返绰绰有余，通常情况下住在那霸市内即可。不过也有一些不错的海景酒店或民宿散布在南部海滨，更有度假风情。

有宿 民宿 ¥

（やど有/Yado Ari；见92页地图；☎098 955 2964；www.yadoari.com；糸満市 糸満/Itoman 2275 2F；铺/标单 ¥2500/3500起；Ⓢ糸満バスターミナル/Itoman Basu-taminaru）本店为非常有日式住家氛围的民宿，被很多日本旅行者评价为"像住在亲戚家一样"，只要付了房费，自行车、洗衣机、厨房等皆可自由使用。有简单的上下铺和榻榻米单间，打理得很干净；餐厨一体式的客厅小而温馨；三楼是个宽敞的能望见海的天台，可进行烧烤（费用另计）。主人热情有礼，喜欢潜水，

丝满鱼市场上的渔获。

能为你提供不少旅行建议。民宿在独栋住宅的二楼，直接从外部楼梯上楼即可。步行3分钟可到丝满巴士终点站（糸満バスターミナル），有始发前往和平纪念公园、玉泉洞以及那霸市区的班车。

百名伽蓝 豪华酒店 ¥¥¥

（百名伽藍/Hyakuna Garan；见92页地图；☎098 949 1011；www.hyakunagaran.com/ch/；南城市 玉城百名山下原/Tamagusuku Hyakuna Yamashitahara 1299-1；标单/双¥75,600/108,000起，含早餐和晚餐；Ⓢ新原ビーチ/Miharu Bichi）这间酒店从2014年起已连续4年荣获号称酒店界奥斯卡奖的"World Luxury Hotel Awards"，私密性极好，坐落在新原海滩西侧的崖壁上。外观并没有度假酒店常见的气派，如同私人别墅一般，用了简洁典雅的白色外墙和冲绳特有的赤瓦屋檐。全馆仅有17间客房和一栋别馆，每间至少68平方米，都背山面海。山脚连通至酒店的私家海滩；山顶有6座传统茶屋般的赤瓦建筑，内设露天温泉。

Noah Hotel 商务酒店 ¥¥

（见92页地图；☎098 897 6633；www.hotel-noah.com；宜野湾市 宇地泊/Uchidomari 764；标单/双 6,200/12,400起，含早餐；Ⓢ真志喜中学校前/Mashiki Chugakko-mae）宜野湾海滨公园附近的一间高性价比酒店，设计简洁大方，房间小巧舒适，早餐不算丰盛但也有基本的牛奶面包。周边有SanA购物中心和24小时营业的大型平价超市Union，走到海滩大约15分钟。因为宜野湾的观光客不密集，住在这里更能感受到本地生活气息（海滩其实非常棒）。不过对于依靠公共交通的旅行者来说可能不够便利，最近的车站只有公交55路经停，去周围热门景点基本都要换乘。

就餐

丝满是冲绳南部著名的渔人之城，别错过这里的海鲜。奥武岛（见86页）的冲绳式天妇罗是当地最受欢迎的美食。南部海滨有不少面朝大海的雅致咖啡店或茶屋。不过总体来说，即使你因为交通不便只能在景点附近就餐，也不用担心踩到雷区。

公路休息站，不只是休息

与中国高速公路上的大型服务区类似，冲绳的公路休息站（道の駅/Michi-no-eki）也提供了购物、就餐的选择，但观光性质更强：不仅有品种丰富的特产商店，有些还设有观景台。如果你是自驾或包车，途经时不妨停车逛逛。

南部的**丝满休息站**（道の駅 いとまん/Itoman）和北部的**许田休息站**（道の駅 許田/Kyoda）尤其受欢迎，前者有大量海产，后者则作为北部山原地区的玄关，分区售卖北部各村的特产，还设有面向名护湾的展望台。此外，**嘉手纳休息站**（道の駅 かでな/Kadena）因为可以看到美军基地也吸引了不少观光客。

丝满鱼市场 市场 ¥¥

（お魚センター/Ogyo-senta；见92页地图；糸満市 西崎町/Nishizaki-cho 4-19；⏲10:00~19:00，部分店家周一休息；Ⓢ西崎二丁目/Nishizaki Nichome）位于丝满公路休息站的内侧，集中了10多家海鲜商铺，可以买到丝满渔港直送的新鲜鱼类。摊位上有处理好的鱼生便当，可直接在旁边的就餐区坐下吃。

如果想找个环境舒适些的地方，我们推荐不远处的独栋店铺**丝满渔民食堂**（糸満漁民食堂/Itoman Gyomin Shokudo；☎098 992 7277；糸満市 西崎町/Nishizaki-cho 4-17；黄油烤鱼套餐/バター焼きセット/Bata-yaki-seto ¥1800起；⏲11:30~15:00，18:00~22:00，周二休息），每天的渔获都写在小黑板上，生食、煮、烤等各种料理方式皆有（烤鱼是招牌），午餐也有简单的冲绳面。晚餐时段人比较多，最好预约。

跟团本岛一日游

如果打算一次性游览长距离上的多个景点，比起便捷但昂贵的包车，或是实惠却费时的公交，跟团游应该算是个折中的好方法。目前冲绳本岛有多家巴士公司和旅行机构提供路线丰富的半日/一日游路线，覆盖的景点已能满足大部分旅行者的需求。

这种跟团游也叫"定期观光巴士游"（定期観光バスツアー），**那霸巴士公司**（okinawa.0152.jp/tour/）、**冲绳巴士公司**（okinawabus.com/wp/bt/）、**Jumbo tours**（www.jumbotours.co.jp/okinawa-hip-hop-bus/chinese_hans/）、**Cerulean Blue**（www.cerulean-blue.co.jp/zh/sightseeing-bus-tour）等都有相关行程。随车配有一名当地导游，并为外籍乘客提供多语种语音导览器（只可车上使用），游览安排、注意事项等都会清楚告知。**Jino Tour**（cn.jinotour.com）是少数有纯中文团的旅游机构之一。除非行程单注明，一般不会在中途带去奇奇怪怪的购物点，有些多才多艺的当地导游还会在车上弹奏三线、清唱冲绳民谣以活跃气氛。

北部一日游的"定番"是美丽海水族馆，其他一般会搭配古宇利岛、万座毛、今归仁城迹、名护菠萝园或美国村等中北部人气景点。本岛南部的路线里，斋场御岳、知念岬、和平纪念公园、丝满公路休息站等都是常规的经停点，可以被组合成半日游或一日游。

始发点多数在那霸市区或那霸机场，北部行程有时也可在美国村上车。费用差异不大，不含餐的一日游（含门票）通常在¥5000~7000，但不是所有行程都包含所有景点门票，比价时要留心。

山之茶屋 乐水　咖啡馆 ¥¥

（山の茶屋 楽水/Yama-no-chaya Rakusui；南城市 玉城玉城/Tamagusuku-tamagusuku 19-1；⏲11:00~18:00，周日休息；S玉城/Tamagusuku）这间木作茶屋藏在新原海滩上方一片依山生长的安静树林之中，在推开挂着草编花环的木门之前，你可能都会怀疑这里究竟在不在营业，给人一种隐秘又惬意的快感。有一排正对窗户的座位，海面风光尽收眼底。提供茶饮和以本地蔬菜为主的乡土料理。路口有幸原之庭（さちばるの庭/Sachibaru-no-niwa）的指示牌，顺着指示走上台阶就对了。

在靠近海滩的一侧还有它的姐妹店**滨边之茶屋**（浜辺の茶屋/Hamabe-no-chaya；南城市 玉城玉城/Tamagusuku-tamagusuku 2-1；⏲10:00~20:00，周一14:00开始），位置更加显眼，人气也很高。

真壁喜纳　冲绳面 ¥

（真壁ちなー/Makabe-china；见92页地图；糸满市 真壁/Makabe 223；⏲10:00~16:00，周日和周一休息；S真壁/Makabe）冲绳能挺过战争的建筑不多，百年老宅更是难得。这间经营冲绳面（そば/Soba；¥420起）和本土料理的店家，就设在一间已有120多年历史的琉球古民家之中。典型的赤瓦木屋，庭院被石墙围住，脱下鞋坐在榻榻米上，在等候上菜的间隙看看屋内的粗木梁、老挂钟，本身就是奇妙的体验。除了面食，每天也有数量有限的豆腐杂炒（豆腐ちゃんぷるー/Tofu-chanpuru）和烤麸杂炒（麩ちゃんぷるー/Fu-chanpuru），定食均为¥1050。距离姬百合和平纪念资料馆约2公里。

那霸及周边索引地图

1 本岛南部（见92页）

2 那霸市区（见94页）

3 国际通周边（见96页）

4 首里城周边（见97页）

本岛南部

0
2 km
A
B
C
D
1
2
3
4
5
13
18
宜野湾
16
4
24
浦添
10
23
27
沖縄自動車道
西原町
中城湾
那霸
26
11
与那原町
2
7
8
瀬长岛
17
丰见城
须久名山
(133m)
25
14
15
南城
3
21
1
19
12
20
丝满
22
9
6
5

本岛南部

景点 （见81页）

1 奥武岛……C4
2 冲绳空手道会馆……B3
3 冲绳世界文化王国·玉泉洞……C4
4 港川外人住宅街……B1
5 和平纪念公园……B5
6 姬百合和平纪念资料馆……B5
7 旧海军司令部壕……A3
8 濑长岛……A3
9 琉球玻璃村……A5
10 浦添运动公园……B2
11 识名园……B2
12 新原海滩……D4
13 宜野湾海滨公园……C1
14 斋场御岳……D3
15 知念岬公园……D3

活动 （见81页）

16 Blue Seal Ice Park……B1
17 忠孝酒造……A3

住宿 （见88页）

18 Noah Hotel……B1
19 百名伽蓝……C4
20 有宿……A4

就餐 （见89页）

21 丝满鱼市场……A4
22 真壁喜纳……B5

娱乐 （见74页）

23 冲绳国立剧场……B2

实用信息 （见77页）

24 同仁医院……B1

交通 （见78页）

25 安座真港……D3
26 那霸机场……A2
27 那霸新港……A2

A
B
C
D
1
2
3
4
5
6
7
波之上臨港道路
18
29
26
那霸西道路
上之藏大通り
4
3
6
8
7
19
16
美栄橋
1
国际通商店街
20
県庁前
15
13
11
旭橋
27
28
壺川

那霸市区

重要景点 （见62页）
1 国际通商店街……D5
2 壶屋陶器街……E5

景点 （见62页）
3 波上宫……B4
4 波之上海滩……B4
5 冲绳县立博物馆·美术馆……F2
6 对马丸纪念馆……B4
7 福州园……B4
8 至圣庙……B4
9 荣町市场……F4
10 与仪公园……E6

住宿 （见70页）
11 ALMONT HOTEL……C5
12 Daiwa Roynet Hotel……E4
13 Hotel Yuquesta……B5
14 LANAI Hostel……E4

就餐 （见71页）
15 Jack's Steak House……B5
16 Matsumoto……C5
17 Urizun……F4
18 泊港鱼市场……C2
19 千日……B4

娱乐 （见74页）
20 Urashima……B5

购物 （见76页）
21 MAJUN……E6
22 San-A Naha Main Place……F3

实用信息 （见77页）
23 NPO Shimazukuri net租车行……E4
24 冲绳红十字医院……E6
25 冲绳中心医院……F7

交通 （见78页）
26 泊港……D3
27 那霸巴士总站……C6
28 那霸港……A6
29 那霸邮轮客运码头……B3

国际通周边

景点 （见62页）

1 Tenbusu那霸·那霸市文化中心 D2
2 第一牧志公设市场 D2
3 壶屋烧物博物馆 E3

活动 （见67页）

4 琉装Studio Chura美人 D2
5 育陶园壶屋烧体验工坊 E3

住宿 （见70页）

6 Y' s CABIN & HOTEL B2
7 冲绳那霸凯悦酒店 D2

就餐 （见71页）

8 A & W A3
9 Apparishan A2
10 Jef D3
11 Yunangi B2
12 大众炸串酒场 足立屋 D2
13 国际通屋台村 E1

娱乐 （见74页）

14 Live & Bar CHAKRA C2
15 Livehouse岛歌 C2
16 樱坂剧场 E2

购物 （见76页）

17 Mango House本店 B2
18 RYUBO 百货 A3
19 岛之绘Gallery 画乐洞 D2
20 黑糖屋 D2
21 琉璃民艺 键石 B2
22 琉球Piras C2
23 琉球民艺中心 B2
24 盐屋 E1
25 御果子御殿 B3

国际通周边

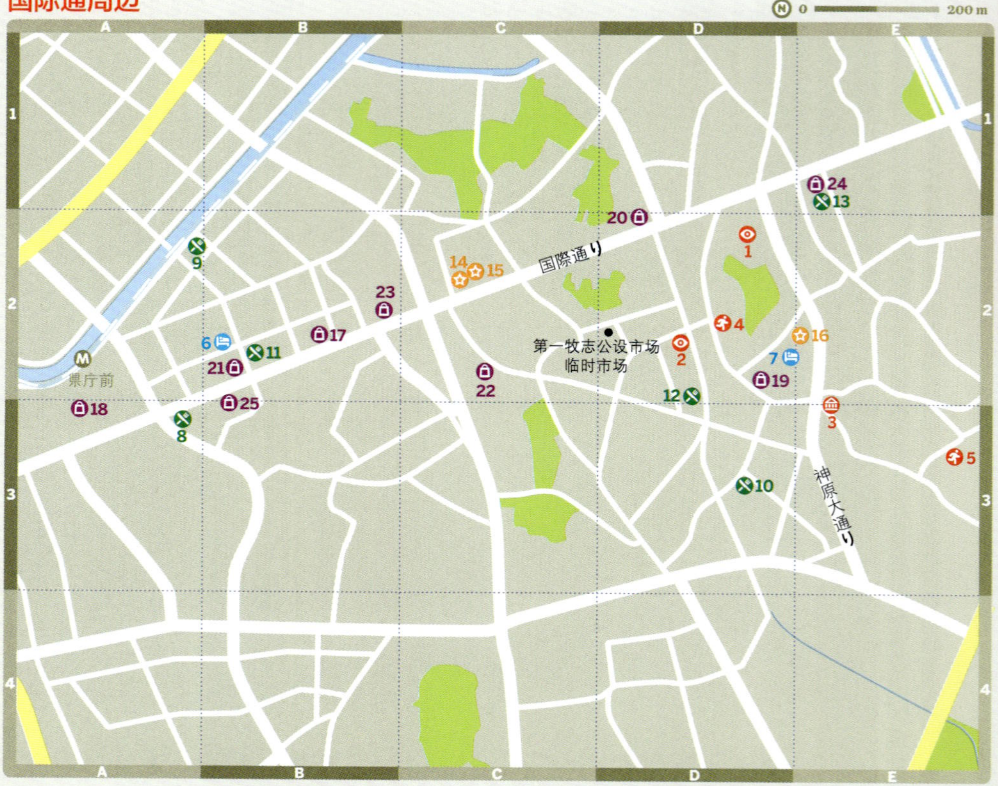

首里城周边

重要景点 （见60页）

景点 （见62页）

活动 （见67页）

就餐 （见71页）

实用信息 （见77页）

首里城周边

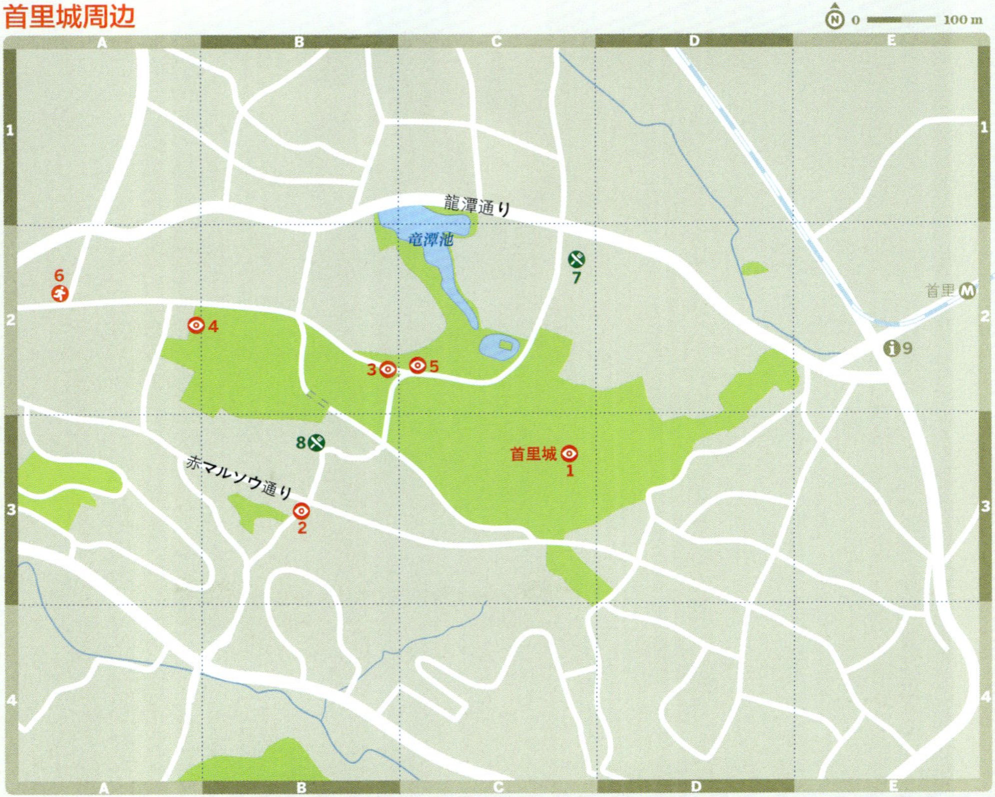

在路上

本书作者 盛洋

在冲绳市赶上了盛大的全岛太鼓舞节（见109页），晚上7点的游行，不到6点街道两边就座无虚席。坐垫方桌扇子备齐，披萨烧烤啤酒走起，有没有太鼓舞，此刻仿佛并不重要。

进一步了解我们的作者，见223页。

真荣田岬，蓝洞。

©视觉中国

本岛中北部

我们知道，很多人来冲绳只是为探索离岛和离岛周边透亮蔚蓝的海，他们与冲绳本岛的交集或许只有不得不到的那霸。但本岛绝没有想象中那么无趣，恰恰相反，从那霸一路向北，你能感受到更多面的海岛自然风光，冲绳特有的美式风情也会给你的旅行带来别样的异域体验。

中北部的西海岸洋溢着悠闲的海滩度假风情，从北谷町、读谷村、恩纳村一直延续到名护市周边的本部半岛。你可以在夕阳下的日落海滩漫步，潜入真荣田岬的梦幻蓝洞，走上万座毛的海岸草原，穿过备濑村的防风林，充分体会这片大海的神奇。而在东海岸的宇流麻市，数公里长的海中道路气势豪壮，带你横穿海面。这段中北部之旅也不会让喜爱民俗和历史文化的旅行者失望。琉球村里日日上演热烈的太鼓舞，古老的琉球王国城迹仍在高处守护着村落，传统的染织、制陶等技艺也还在流传。你甚至有机会弹个三线，吹个玻璃，或亲自熬煮黑糖、蒸制海盐，把新鲜出炉的冲绳风物带回家。购物狂应该还会爱上那座摩天轮高耸、涂鸦墙斑斓、店铺云集的美国村；而在嘉手纳基地入口旁的冲绳市区，你会发现真正渗入生活的“美式日常”。

☑精彩呈现

何时去

➡ **3月至4月** 气候渐回暖，游人还未大批涌入。恩纳、美国村部分海滩陆续开放游泳，可以来一场清静又不失玩海乐趣的旅行。

➡ **5月至10月** 水上活动旺季，夏日祭和花火大会从6月下旬起纷纷开演。注意台风会不定期来袭。

➡ **11月至次年2月** 进入冬季，食宿性价比高。圣诞节至元旦前后，度假酒店、主要景点会有梦幻点灯活动。1月中下旬，北部迎来樱花季；2月冲绳市还有场马拉松。

★本岛中北部亮点（见104页）

① 玩转海洋博公园 ② 大海的N种打开方式 ③ 1月，赏全日本最早的樱花
④ 在冲绳遇见美国 ⑤ 去啤酒工厂免费喝现酿 ⑥ 太鼓舞节，街头的狂欢

交通

游览中北部最好的方式一定是自驾或包车。西海岸的国道58号线和东海岸的国道329号线是连接南北（那霸—名护）的主要公路。

公交虽然覆盖了大部分地区，但由于车次少且不准时，你可能要在等车上花费些时间。不过去恩纳到名护的各海岸景点可以利用相对频繁的20/120路公交。

冲绳市的“胡差”（コザ/Koza）是主要的公交换乘站。

实用信息

中北部有很多带海滩的度假酒店，它们的海滩常常是对外开放的——只不过有时仅限于散步拍照。如果要使用更衣室、淋浴等设施，需另外付费。

在恩纳村、读谷村等地的市场可以买到未经加工的农产品（如紫薯），但要注意有部分产品不被允许带出冲绳县（甚至不能带进冲绳离岛），如打算当作伴手礼一定要提前了解。

古宇利岛的海滩。

©视觉中国

当地人推荐

摄影达人的海滩推荐

富山义则 自由摄影师，近40年间走遍了冲绳所有的有人岛，著有《冲绳505片海滩大全》。

505个海滩中，哪些印象最为深刻？

冲绳海滩各有其美，我想分地区推荐。本岛上，南部丰见城的美丽SUN海滩（ちゅらSUNビーチ）离那霸机场很近，设施齐备；北部今归仁村的赤墓海滩虽然没有任何设施，但水清沙白颇为治愈，当地恋人约会都会去那儿。

庆良间列岛里，座间味岛的古座间味海滩距离港口只有10分钟步程，却能见到庆良间最蓝的一片海。渡嘉敷岛的渡嘉敷海滩规模很小，但也能遇上热带鱼、海龟之类的海洋生物，戏水漫步都很适宜；岛上的阿波连海滩人气很高，潜水活动相当丰富。

宫古列岛中，平良的宫古日落海滩离市中心很近，以伊良部大桥为背景的日落景象尤为壮观。伊良部的佐和田海滩曾是利用古法捕鱼的场所，海水较浅，是拾贝壳的好地方。

八重山列岛中，竹富岛的Kondoi海滩恐怕是冲绳拥有最美白沙蓝海的海滩，沙滩如同砂糖一样细软，你可以踩着浅浅的海水向外走上约1公里。西表岛的Ida海滩（イダの浜）藏在一片原始丛林背后，拥抱着一片堪称秘境之海的广阔海面；只是交通不便，可以联系有相关行程的潜水俱乐部或酒店。

建议初来冲绳的旅行者去哪些海滩？

可以去那些设施齐全的人工海滩，海边

有更衣室、淋浴房、卫生间、小商店、烧烤场等，能畅快地玩上一整天。如果希望感受更加自然的海洋魅力，推荐冲绳本岛北部今归仁村的海滩，例如古宇利岛的海滩。

本岛哪里最适合欣赏日出或日落？

在冲绳的一处世界遗产——胜连城迹，既能够看到太平洋上的朝阳，又可以望见东海上的落日。另一处值得推荐的是本部半岛的备濑海边，在那儿可以欣赏太阳落入伊江岛城山的美景，这番景象也入选了冲绳的“夕景百选”。

冲绳除了海滩哪里会让你想再探访？

西表岛的浦内川丛林游船（浦内川ジャングルクルーズ）非常有意思。在亚热带丛林中漫步，在瀑布下享用一顿午餐，别具特色。我也很想再去那里拍些森林的照片。

☑ 不要错过

最佳古迹

➡ **中城城迹** 冲绳保存最好、规模最大的琉球时代古城遗址。（见109页）

➡ **今归仁城迹** 13世纪的城堡，访古赏樱两不误。（见134页）

➡ **中村家住宅** 被列为日本国家级历史文物的古民家建筑，建于二百多年前。（见109页）

最佳观海点

➡ **海中道路** 从约5公里的长桥上，穿过大海。（见119页）

➡ **残波岬** 看激浪拍打连绵2公里的断崖绝壁，再爬上灯塔一览海角全景。（见121页）

➡ **蓝洞** 潜入洞中，感受阳光、大海和洞窟共同营造出的梦幻蓝色。（见125页）

➡ **海中展望塔** 向海平面下方延伸的展望塔，给你带来“野生”水族馆的独特体验。（见128页）

最佳住宿

➡ **海之旅亭冲绳名嘉真庄** 冲绳少有的正统海景日式旅馆，能让你同时享用冲绳和北海道的新鲜食材。（见128页）

➡ **冲绳濑良垣凯悦度假村** 全新开业的这间凯悦独占一座小岛，还特别推出了许多亲子体验活动。（见128页）

➡ **La'gent Hotel** 冲绳北谷美国村内高性价比的亲子酒店，兼有青年旅舍。（见115页）

➡ **Tripshot Hotels Koza** 由昔日酒吧、理发室、小剧场改造而来的复古风公寓式酒店。（见111页）

本岛中北部亮点

❶玩转海洋博公园

曾用于举办冲绳国际海洋博览会的海洋博公园是本岛北部的地标性景点，拥有世界最大水槽的美丽海水族馆格外受欢迎。除此之外，公园内还有众多类型丰富的设施，光是免费的乡土村、翡翠海滩、海牛馆、海龟馆，以及票价低得惊人的海洋文化馆，就够你逛上大半天。每个月举办各种活动，自然课堂、夜间游园、海滩音乐会、夏日花火大会等，全家同游再合适不过。

❷大海的N种打开方式

本岛中北部的大多数精华景点都与海有关：从遍布海岸线的沙滩，到残波岬、万座毛之类的海角，海景无处不在。你可以在真荣田岬潜水看梦幻的蓝洞，或是在部濑名海中公园走入海底的展望塔，参观别具一格的“野生水族馆”。宇流麻市的海中道路和名护北部的古宇利大桥，则能让你体会横穿海面的快感。除了“看”海水，你还有机会参与“加工”海水——例如在读谷村的Gala青海亲自煮一罐海盐带回家。

❸1月，赏全日本最早的樱花

当日本大多数地方还是天寒地冻的时候，在南方的冲绳，樱花早已悄然绽放了。每年1月下旬，本岛北部海拔较高的樱花最先赏脸，将平日里普普通通的公园和山岳染上一片迷人的绯红色。本部町八重岳最为壮观，7000株樱花共同盛开，山脚至山顶的道路化身为“樱花隧道”，让人仿佛置身幻境。今归仁城迹和名护市区的名护城公园也是非常热门的赏樱胜地。

@视觉中国

@视觉中国

左图：海洋博公园；
右图：部濑名海中公园，海中展望塔。

❹ 在冲绳遇见美国

几十年来与美军基地的共生，让冲绳多了一抹日本之外的异域色彩，这在靠近嘉手纳基地的冲绳市表现得尤为明显：全英文的店铺招牌，街头或快餐店里不时可见的金发外国洋人，数量多到与城市规模不符的音乐酒吧……都会让人产生一种身处美国的奇妙错觉。几公里外还有一座洋溢着美式海滨度假风情的美国村，你会在那儿见到巨大的摩天轮、复古的建筑群以及色彩斑斓的街头涂鸦。

❺ 去啤酒工厂免费喝现酿

冲绳啤酒界的头号招牌，当属土生土长的Orion啤酒，它不仅是许多本地人餐前润喉的首选，清爽的口感也深得广大旅行者的喜爱。在它的家乡名护，你甚至可以进入工厂亲手触摸制造原料，见识锅炉中的高温糖化酿造法，了解生产储存装罐的有趣知识。最后还有两大杯新鲜酿造的免费Orion啤酒奉上，绝对让你不虚此行。对于不宜喝酒者，工厂还提供了无醇啤酒和其他软饮，相当贴心。

❻ 太鼓舞节，街头的狂欢

冲绳的各大节日活动总少不了太鼓舞队的身影，充满力量的舞蹈和鼓声一出现，就仿佛给现场注入了灵魂。这一形式据说源于盂兰盆节（农历七月十五）用打鼓跳舞的方式送别亡灵，因此一到夏季，太鼓声就会此起彼伏。冲绳市连开三天的全岛太鼓舞节尤其震撼人心，多达30万的观众会从各地涌来，在市区主干道和市民运动公园一边野餐一边观看队伍的轮番表演；每晚还有令人兴奋的焰火秀。

3

©视觉中国

早早绽放的樱花。

美国村。

4

Orion 啤酒厂。

全岛太鼓舞节。

冲绳市（沖縄市/Okinawa-shi）

虽然乍听之下很容易被误以为是冲绳岛的首府，但其实“冲绳市”只是寄托着“成为冲绳中枢城市”的美好愿望，1973年随着胡差市（コザ/Koza）和美里村的合并才诞生的新名字。对于本地人来说，“胡差”依然是冲绳市中心的代名词。

由于与嘉手纳美军基地做了70多年邻居，如今的冲绳市由外而内散发着来自太平洋东岸的气息：你能轻易找到日英双语的路牌和纯英文的店招，快餐店里贩卖着东方化的墨西哥餐，当地人对音乐的热爱仿佛延续着美国爵士乐和摇滚乐的血脉。这里有着与城市规模不对等的数量众多的小型演出场所和音乐酒吧，一年一度的全岛太鼓舞节还能吸引岛内外数十万人前来观看。

不过这些并不能掩盖这座城市的萧条之态，自从冲绳政权返还之后，很大程度上依靠美军基地繁荣起来的胡差也逐渐失去了经济重心。如今在白天走入冲绳市区，你很难相信这就是冲绳的第二大城市。

景点

冲绳市中心最显眼的观光设施，是位于胡屋十字路口一角的多层建筑Koza Music Town，这里有观光信息问讯处，也有2018年全新开幕的太鼓舞会馆。建筑东面的Koza Gate Street一直通到嘉手纳基地2号门，可以在这儿走走感受浓郁的异国风情。胡差十字路口西侧（银天街商店街外）还有一大片巨型壁画，近200米的墙上画出了冲绳市的发展史。

冲绳市战后文化资料展示室 HISTREET 博物馆

（ヒストリート/Hisutorito；见138页地图；中央/Chuo 2-2-1；免费；10:00~18:00，周一休息；胡屋/Goya）如果你对战后深受美国文化影响的冲绳市感兴趣，想了解美军

中城城迹。

统治下的生活状态，不妨就来这间博物馆。一层是常设展，既有老照片和旧物件的展示（甚至有一台仍可使用的老式点唱机），也有美式酒吧一角的场景复原，你可以坐在高脚椅上，仔细看看柜台上挂着的A标志（Aサイン；美军统治时期特有的营业许可证）。二层为特展和阅读区，本书调研时正在展览Koza Gate Street（コザゲート通り；即资料馆门口那条从嘉手纳基地2号门到胡屋十字路口的道路）的历史变迁。所有展览资料的英文说明全面且准确。

太鼓舞会馆 博物馆

（エイサー会館/Eisa Kaikan；见138页地图；eisa-museum.jp；上地/Uechi 1-1-1 1F；1层免费，2层 ¥300；⏲10:00~21:00，周三休息；Ⓢ胡屋/Goya）2018年全新开幕的这间博物馆是了解、感受太鼓舞的最佳场所。一层是关于太鼓舞的简要介绍和纪念品商店，也可以向工作人员了解相关活动信息。来到二层，除了通过图文、服饰的展示和影像资料直观地了解这种热烈的舞蹈，你还能亲自敲打大小不一的鼓，或穿上准备好的服装跟着视频教学跳一段舞。虽然规模不大，但较强的互动性还是能让你乐在其中。会馆位于Koza Music Town的一楼，穿过大厅就能看到。

节日和活动

冲绳全岛太鼓舞节 节日

（沖縄全島エイサーまつり/Okinawa Zento Eisa-matsuri；www.zentoeisa.com；⏲农历七月）最初是1956年为了重燃民众热情、恢复战后经济而举办的太鼓舞比赛，如今演变成了全岛最盛大的太鼓舞庆典，每年在冲绳盂兰盆节（农历七月十五）之后的第一个周末连续举办三天。届时冲绳市和全岛

中城城迹

在冲绳多处被列入世界遗产的琉球时代古城遗址中，保存最好、规模最大的当属中城城迹（中城城跡/Nakakusuku Jyouato；www.nakagusuku-jo.jp；中頭郡中城村泊/Tomari 1258；成人/中学生及以上/小学生 ¥400/300/200；⏲8:30~17:00，5月至9月 至18:00；Ⓢ添石/Soeshi，北中城村役場前/Kita-nakakusuku-son Yakuba-mae）。由于及早进行了修复，目前已经较完整地展现出了城迹石墙优美的曲线轮廓。中城始建于14世纪中期，之后随着大将护佐丸（曾任今归仁城和座喜味城的城主，被誉为筑城的天才）的迁入又进行了扩建，终成今天的形态。因为地处丘陵之巅，站在石墙之上，东可见紧挨着的太平洋和海上的小岛，向西也能远眺东海，视野相当开阔。

城迹的入口在整个遗址区的东侧，普天间驾校（普天間自動車学校）的对面。购买门票后，接驳车会先将你送至高处的古城正门附近，之后按照路标依次穿过南之郭、一之郭、二之郭、三之郭、北之郭，便可由后门回到入口。

从中城城迹入口向北走上10分钟，即可到达**中村家住宅**（中村家住宅/Nakake Jyutaku；www.nakamura-ke.net；中頭郡北中城村大城/Ogusuku 106；成人/中学生以上/小学生 ¥500/300/200；⏲9:00~17:30，周二休息），这是本岛内为数不多被列入日本国家指定有形文化财的古民家建筑，建于18世纪中期，展现了战前冲绳富农家的居住环境。如果时间充裕，还可以在周围的大城（Ogusuku）集落中散散步，这里绿化很好，户户有花，由艺术大学学生创作的有趣雕塑作品装点在道路两侧，如同一座开放式美术馆。

从冲绳市的胡差（コザ/Koza）坐公交30路到“添石”站下车，再步行约30分钟（或打车，约 ¥700），即到中城城迹入口。或者坐公交52路到“北中城村役場前”站下车，一路步行经过大城集落、中村家住宅，到达中城城迹。

多地的太鼓舞青年队伍都会集中到**胡差运动公园**（コザ運動公園/Koza Undo Koen；见138页地图；Ⓢ沖縄市運動公園前/Okinawashi Undo Koen-mae，沖縄南IC/Okinawa-minami IC）进行表演，草坪区免费入场（座位 ¥1000起）。通常第一天晚上在胡屋一带还有街头游行（道じゅねー/Michijyune），热闹非凡。具体日程和场地安排参考官网。因为观众非常多，最好提早到达会场附近。

冲绳马拉松　　马拉松

（おきなわマラソン/Okinawa Marason；okinawa-marathon.com；2月）与那霸马拉松（见70页）同等规模的大型马拉松赛事，在冲绳市、宇流麻市、北谷町、嘉手纳町、北中城村等中部地区举行。值得一提的是，赛道会经过胜连城迹（见118页）和美军嘉手纳基地——这也是公众为数不多能进入美军基地的机会之一，而美军家属们也会在路边为参赛者加油。起始点通常设在冲绳县综合运动公园（沖縄県総合運動公園/Okinawaken Sogo Undo Koen；Ⓢ県総合運動公園北口/Kensogoundokoen-mae）。

住宿

以胡屋十字路口为中心，画个半径1公里的圆，基本就能覆盖冲绳市的闹市区。这一带的食宿选择相对丰富。

Arcade Resort Okinawa　　精品酒店¥

（见138页地图；ar-okinawa.com；中央/Chuo 1-8-5；标单 ¥4000起；Ⓢ胡屋/Goya）这间藏身于商店街廊下的精致旅馆介于青年旅舍和酒店之间，位置便利，很适合结伴出行的年轻旅行者。一层是简约舒适的咖啡厅，二层有个宽敞的休息交流区，顶楼还有天台，可以预约烧烤。房间虽然有多人同住的上下铺和榻榻米室，但不以床位出租，必须包下整间（也有少量单人间）。卫浴全部为公用（提供免费的洗浴备品）。因为有中国台

中村家住宅。

湾厨师，早上会提供含粥和小菜的中式早餐（¥700）。酒店可以联系三线制作、手工苦瓜皂之类的体验课程，可咨询前台。需要注意的是，房间最高在三层，但没有电梯。

苦瓜庄 民宿¥

（ごーやー荘/Goya-so；见138页地图；goyahso-okinawa.com；胡屋/Goya 1-5-32；标单/双 ¥3900/6600起；Ⓢ嘉間良/Kamara）由一栋50多年历史的古民家改造而来的日式民宿，有个石墙围成的小院落。因为最多只能接待4组客人，夜晚通常很安静。浴室和厕所都设在房间外，空间略显狭窄，好在卫生方面令人满意。不过让我们印象最深刻的还是民宿主人。这对热情友好的夫妇准备了一本厚厚的观光资讯册（包括他们手绘的地图）供住客参考，能说几句简单的中文，先生每晚还会为客人免费表演三线（你也可以向他预订付费的三线体验课程）。步行至胡屋商业区大约7分钟。

Tripshot Hotels Koza 精品酒店¥¥

（见138页地图；koza.tripshot-hotels.com；中央/Chuo 2-6-47；房间 ¥12,320起；Ⓢ胡屋/Goya）这里以"街区酒店"为主题，把曾经用作酒吧、理发室、小剧场的店铺空间改为了5间复古感十足的公寓式客房。每一间都极具个性，或自由随意，或典雅庄重，色调也不尽相同。客房很大，最多可容纳4人，设施和备品都很齐全，房间内还有洗衣机和烘干机。工作人员态度友好，还可提供中文观光手册。

就餐

餐馆主要分布在中央公园大道（中央パークアベニュー/Chuo Paku-abenu）、一番街商店街（Ichibangai-shotengai）以及国道330号周边。另外中之町中街（中の町なか通り/Naka-no-machi Naka-dori）整条街都是居酒屋和小酒吧，入夜后格外热闹。

大众食堂Mickey 食堂¥

（大衆食堂ミッキー/Taishu-shokudo Mikki；见138页地图；中央/Chuo 3-1-6；⏲11:00~21:30，周日休息；Ⓢ胡屋/Goya）小食堂貌不惊人，却有热情待客的老板娘（曾被冲绳观光局评为"迎宾模范"）和量大味美又便宜的家常菜，包括冲绳面、杂炒、猪蹄、煎饺、炸鸡、薯条等，可谓应有尽有。有中文菜单。

Zazou 面包¥

（见138页地图；中央/Chuo 2-15-1；⏲10:00~19:00，周二休息；Ⓢ胡屋/Goya）这家与美军基地大门仅相距200米的小店从店名到橱窗布置都透着西洋味儿，放在欧美城市的街头也绝不违和。这是一家正宗的老铺，开业已有30多年，货架看似不多，面包种类却很丰富，尤其有许多添加新鲜水果的样式，令人食指大动。你可以像很多当地人一样顺路买几个带走，也不妨再点杯咖啡，直接在隔壁的小餐厅品尝。

冲绳遇上墨西哥

除了海鲜、什锦杂炒、琉球宫廷料理，冲绳还有一道不容错过的创意菜，虽然常常被归为墨西哥料理，但确实是地地道道的冲绳特色——塔可饭（タコライス/Tako-raisu）。

"塔可"（Taco）本是指墨西哥传统的肉馅卷饼，随着美国文化来到冲绳之后，卷饼被米饭替代，于是就有了米饭上盖有"塔可"食材和酱料的新式吃法。最早于20世纪80年代出现在金武町美军基地大门附近的饮食店，后来逐渐在全岛流行，90年代连学校食堂都开始供应塔可饭。

现在冲绳比较知名的塔可饭连锁店有号称发明塔可饭的**KING TACOS**，以及冲绳首家塔可饭专营店**多幸寿**。后者的**总店**（チャーリー多幸寿/Chari Takosu；见138页地图；中央/Chuo 4-11-5；塔可饭¥690；⏲11:00~19:00，周四休息；Ⓢ胡屋/Goya）就在冲绳市区内，空间不大的店铺透着昭和时代的古旧感，墙上挂满了名人签名，有英文菜单。

娱乐

Live Music Bar JET 现场音乐

（见138页地图；www.jet-okinawa.com；中央/Chuo 1-10-3；入场免费，酒水 ¥500起；⏲周五和周六 20:00至次日1:30；Ⓢ胡屋/Goya）这里是本土知名摇滚乐队JET的主场，仅在周五和周六有演出。场地是复古的冷色调，风格也以20世纪60~70年代的美式摇滚为主，虽说入场免费，演出质量却相当不俗。每晚共有5场（20:30开始每隔一小时一场）。

Alhambra 音乐酒吧

（アルハンブラ/Aruhanbura；见138页地图；上地/Uechi 2-20-12；入场 ¥500；⏲20:00至次日2:00，周二休息；Ⓢ園田/Sonoda）这间略显隐蔽又颇有异域风情的酒吧创店于1970年，不仅店内的装饰（包括美军统治时期颁发的"营业许可证"A标志）给人满满的怀旧感，就连听众也有不少上了年纪的人。演出音乐以拉丁爵士吉他为主，不定期还会邀请弗拉明戈团体来表演。除了酒水，这里还供应墨西哥料理，应景又美味。

购物

永旺梦乐城冲绳来客梦 购物中心

（AEON MALL Okinawa Rycom；见138页地图；中頭郡北中城村境内；⏲基本10:00~22:00，AEON STYLE百货8:00开门；Ⓢ比嘉西原/Higa-nishiharu，イオンモール沖縄ライカム/Ion-moru Okinawa Raikamu）冲绳本岛最大的购物中心，有200多家店铺入驻，你能在里面找到几乎所有你需要的东西，包括服饰、电器、药妆、杂货、特产、食品等，还有一间北中城村观光协会为你提供旅行资讯。大部分饮食店集中在3~5层。西侧有一栋独立的AEON STYLE百货商场（2~4层），仅仅这里就能让你逛上半天；顺便一提，2层角落处的AEON LIQUOR汇聚了县内46家酿酒厂的泡盛酒。

陌生又熟悉的冲绳民谣

来到冲绳的旅行者几乎不会错过冲绳民谣，无论是居酒屋的助兴节目，还是店铺里的背景音乐，你总能听到这种极具南国岛屿风情的音乐。比起琉球宫廷乐，诞生于民间、传唱于民间的冲绳民谣显然更具群众基础，数百年来生生不息，不仅经典民谣被反复改编，"新民谣"更是层出不穷。

冲绳民谣最大的特色，在于使用了冲绳音阶，也叫琉球音阶。这种音阶在冲绳县所处的琉球群岛（包括鹿儿岛县的奄美诸岛等）很常见，与西乐七音阶对比，减去了"re"和"la"，冲绳民谣的曲调由此别具一格。与此同时，人们还加入了从中国传入的乐器三线，赋予了音乐更强的韵律感。但除此之外冲绳民谣并无定式，本岛、宫古列岛、八重山列岛等地都有自己的民谣，语言和旋律也会有所不同。

古老的民谣可以追溯到过去祭祀仪礼

三线表演者。

或田间劳作时的演唱，比较有代表性的例如八重山地区的《安里屋小调》（安里屋ユンタ），以及教导尊重长辈听从教诲的《凤仙花》（てぃんさぐぬ花），都被当代歌手几度翻唱。而更多冲绳人耳熟能详的曲目，主要创作于20世纪，尤其是“二战”之后。为了鼓舞民众，许多民谣音乐人聚集在当时因美军基地经济而繁华的冲绳市，进行创作和表演。受到西方音乐的影响，他们还逐渐在民谣中添加爵士、蓝调、摇滚等元素，乐器也越发丰富。1972年，喜纳昌吉发行了单曲《你好大叔》（ハイサイおじさん），尝试把吉他引入民谣，一度引发争议，但最终仍获得认可，被视为“新民谣”的代表作。

而更广意义上的新民谣，是旋律延续冲绳音阶、歌词采用日本标准语的创作，相当于冲绳式流行乐。这种风格在20世纪90年代之后大获成功，甚至影响到了日本本土和海外。喜纳昌吉的《花》（花~すべての人の心に花を~）被全球数十个国家的歌手翻唱，大部分在当地都反响强烈，周华健的《花心》正是一例。1992年The Boom乐队凭借《岛歌》（島唄）一举成名，这首歌也被夏川里美、加藤登纪子、梁静茹（《不想睡》）等众多歌手翻唱。2000年，来自石垣岛的乐队BEGIN发表了《泪光闪闪》（涙そうそう），在夏川里美翻唱之后迅速风靡全国，后来蔡淳佳将其翻唱为《陪我看日出》。诸如此类，不计其数。

顺便一提，也是这一时期，小室哲哉慧眼识珠挖出了安室奈美惠、ISSA（DA DUMP队长）等冲绳系偶像，虽未主打“冲绳风”歌曲，但也着实为冲绳音乐吸引了一波关注。直到今天，仍有很多冲绳音乐人坚持制作、演唱具有本地特色的歌曲，例如女子民谣组合Nenes（ネーネーズ）、歌曲多传达对故乡之爱的乐队Mongol800、从队名到创作内容都很“冲绳”的嘉利吉58（かりゆし58）等。

实用信息

医疗服务

中部德洲会医院（中部徳洲会病院/Chubu Tokushukai Bioin；098 923 1091；中頭郡北中城村アワセ土地区画整理事業地内2-1；8:30~12:00，14:00~19:00，周六下午和周日休息；S比嘉西原/Higa-nishiharu，イオンモール沖縄ライカム/Ion-moru Okinawa Raikamu）综合性医院，可用英语对话。就在永旺梦乐城（冲绳来客梦）的北侧。

旅行信息

冲绳市观光局官网（www.kozaweb.jp；有中文）

冲绳市观光物产振兴协会（沖縄市観光物産振興協会；见138页地图；10:00~18:00）冲绳市的观光咨询处，有各种景点和近期活动的宣传单页，也有纪念品出售。位于Koza Music Town的一层。

当地交通

除了冲绳本岛的编号公交，冲绳市中心街区还有两条**循环公交线路**（沖縄市中心市街地循環バス），分别为**胡屋线**（胡屋ルート/Goya-ruto；9:00~20:40）和**胡差线**（コザルート/Koza-ruto；9:00~20:15），它们均以冲绳市役所为始末站，且单向行驶。胡屋线会依次经过冲绳儿童王国、中之町（中の町）、一番街、胡差运动公园；胡差线会依次经过银天街（胡差十字路口）、农连市场、一番街、Music Town。统一票价 ¥100，但间隔时间较长（45~50分钟1班）。

美国村（美浜アメリカンビレッジ/Mihama Amerikan-bireji）

作为集合了食住游娱购的观光重镇，又兼得国道58号线的交通优势，如今的美国村可谓是那霸市区之外的另一座游客大本营。而由于美国村商业区整体呈现出的活力和异国风情，不仅外地旅行者，就连本地年轻人也常常来此逛街拍照。

美国村主要由三个商圈组成。拥有标志性摩天轮的**Carnival Park Mihama**（カーニバルパークミハマ/Kanibaru Paku Mihama）的商场最为老式，比较日常的百元店、药妆店也都在这里，三层还有一片儿童游戏区。中部以ABC区一字排开的建筑群是**American Depot**（アメリカンデポ/Amerika Depo），这里集中了多家酒吧、烧烤店、异国料理餐厅和个性服饰店铺。最靠近海边的是如同大型聚落的**Depot Island**（デポアイランド/Depo Airando），曲线优美的墙壁、错综复杂的小巷、不时出现的廊桥足以让任何一个自信方向感良好的初来者迷失其中，这里也聚集了大量琉球传统工艺品店和带有冲绳元素的杂货铺，令人眼花缭乱。

除此之外，周围还分散着大型购物中心AEON（イオン北谷店）、冲绳最大的居家用品店Makeman（メイクマン美浜店）、兼售文具杂货的娱乐中心Dragon Palace（ドラゴンパレス）等各种设施。不夸张地说，购物狂的天堂应该就是这副模样了。

景点和活动

日落海滩 海滩

（サンセットビーチ/Sansetto Bichi；见139页地图；www.uminikansya.com；游泳时间4月至10月 9:00~17:00，7月至8月 至18:00）这是美国村最受欢迎的非购物区，每天都有大批游客在这里玩海、拍照、看日落。月牙形的海湾不算大，人多时略显拥挤，不过海水倒是很清澈。海边有更衣室、卫生间、淋浴间（冷水淋浴 ¥100/3分钟）、小型寄存柜（¥200）以及可以买到啤酒、泡盛、轻食和租借烧烤器材的杂货店。没有水上娱乐项目。

海边有一处天然温泉**Chula-U**（ちゅらーゆ/Chura-yu；见139页地图；北谷町美浜/Mihama 2；早晨9:00前/平日/周末 ¥700/1300/1600；7:00~23:00，露天设施 10:00~22:00），室外有紧邻海滩的温泉池和泳池，客人可自由往返于日落海滩。

睦稔美术馆 美术馆

（ボクネン美術館/Bokunen Bijutsukan；见139页地图；北谷町美浜/Mihama 9-20 2F；成人/高中生以下/小学前儿童 ¥800/500/免费；⏲11:00~20:00）这栋有着独特流线型赤瓦屋檐的建筑源自冲绳本土的版画艺术家名嘉睦稔的设计，而这种用色大胆、线条自由的特点同样体现在了他的版画作品中。你可以在馆内二层见到他的诸多画作。别错过3层室外的小小展望台，在那里可将日落海滩的风光尽收眼底。顺便一提，紧邻美术馆的Habubox原创T恤品牌也是由他创立的。

摩天轮·SKYMAX60 游乐设施

（観覧車/Kanransha；见139页地图；成人/儿童一圈 ¥500/300；⏲11:00~22:00）美国村最显眼的游乐设施，位于Carnival Park Mihama商场的三层，可以俯瞰美国村全景。夜间彩灯亮起后，就成了美国村最热门的合影背景。

安良波海滩 海滩

（アラハビーチ/Araha Bichi；见139页地图；北谷町北谷/Chatan 2-21；⏲游泳时间 4月至10月 9:00~17:30，7月至8月 至18:00；Ⓢハンビータウン前/Hanbi-taun-mae）安良波海滩位于日落海滩以南2公里处，不算偏远，风光和水质也并不逊色，长条形的沙滩还显得更加开阔，堪称避开日落海滩人潮的理想选择。这里不仅能游泳（洗浴设施和收费参考日落海滩）和烧烤，也提供丰富的水上娱乐项目，如浮潜、玻璃船、快艇、拖曳伞等，在海滩管理楼（ビーチ管理棟/Bichi Kanrito；沙滩上实物大小的海盗船旁边的二层混凝土建筑）报名即可。

住宿

★La'gent Hotel（冲绳北谷） 连锁酒店 ¥¥

（ラ・ジェント・ホテル沖縄北谷/Ra Jento Hoteru Okinawa Chatan；见139页地图；☎098 926 0210；lagent.jp/chatan/；北谷町美浜/Mihama 25-3；标单/双 ¥10,980/18,778起）面向家庭的连锁品牌La' gent Hotel在2018年把触角伸到了冲绳，一开张就赢得了不少度假家庭的青睐。房型非常多，除了常规的双人间，还有“双人床+上下铺/双上铺”（加一只毛绒大海龟），非常适合4人以内小家庭。房间设施很完善，空气净化器、小冰箱等一应俱全，客房外也有投币式洗衣、烘干机。值得一提的是，这间酒店有一小部分做成了青年旅舍，均为8人间，并设有专用的交流空间和厨房，性价比颇高。酒店与旅舍互不相通，需持房卡方可进入各自的区域。这里距离美国村主体商圈大约有800米路程，不想步行的话，你也可以使用酒店免费提供的接驳车或自行车。

The Beach Tower Okinawa 酒店式公寓 ¥¥

（见139页地图；☎098 921 7711；www.hotespa.net/hotels/okinawa；北谷町美浜/Mihama 8-6；标单/双 ¥10,980/18,778起，含早餐）这间地处美国村商圈之中的Beach Tower可谓名副其实：与日落海滩不过百米之遥，24层的楼高在美国村堪称地标。房间稍显老旧，但宽敞整洁，设施完备，对婴幼儿十分友好（提供免费的尿布、湿巾）。酒店内还有各种动物出没，大厅里的猫头鹰、餐厅外中庭里的猴子和陆龟，都很受小朋友的喜爱。所有住客均可免费使用酒店附近的天然温泉Chula-U。

就餐

浜屋 冲绳面 ¥

（Hamaya；见139页地图；hamayasoba.gorp.jp；北谷町宫城/Miyagi 2-99；浜屋面/浜屋そば/Hamaya Soba ¥400起；⏲10:30~20:30；Ⓢ航空隊入口/Kokutai Iriguchi）虽然距离美国村商圈2公里的位置略有不便，但这家开了近40年的老店主打的浜屋面（猪软骨荞麦面）一定让你不枉此行。粗面很筋道，酥烂的软骨几乎入口即化，而汤也非常可口。店内陈设是朴实的日式风格，有榻榻米座。

金波银波

居酒屋 ¥¥

（きんぱぎんぱ/Kinpa Ginpa；见139页地图；☎098 926 0076；北谷町美浜/Mihama 2-4-7；菜肴 ¥400~1000；⏲17:30至次日1:00；Ⓢ桑江/Kuwae）很难想象在时尚洋气的美国村周边有这么一间充满怀旧氛围的古民家居酒屋。这里供应的菜品非常多，新鲜刺身、乡土料理、冲绳天妇罗等，若不够饱腹，还有自家特色的拉面、饺子。这里人气向来很高，不电话预约很难入内（坐吧台座的独行侠或许能碰碰运气）。

Okinawa Brewing Cafe

精酿啤酒 ¥

（沖縄ブルーイング美浜カフェ/Okinawa Bruingu Mihama Kafe；见139页地图；www.okinawabrewingcompany.com；北谷町美浜/Mihama 9-7；精酿啤酒/Craft Beers 半品脱/一品脱 ¥650/1000起；⏲16:00~23:00，周五和周六 至午夜，周一休息；Ⓢ桑江/Kuwae）American Depot内一家备受当地美国人认可的精酿啤酒馆，供应的全部是精酿啤酒。店内空间不大，衬得柜台后方一整排24支鲜啤龙头越发引人注目。具体酒类显示在屏幕上，靠前的几种是这里的独家秘制——你可一定得试试紫薯艾尔（Beni-imo Ale）。年轻的女酒保待客热情，英语很溜。店内也有酱鸡翅、沙拉之类的轻食。

实用信息

北谷町观光信息中心（北谷町観光情報センター；见139页地图；北谷町美浜/Mihama 16-3；⏲10:00~19:00）在这里获取最全面的美国村观光信息。有寄存柜，提供婴儿车、自行车租赁。许多从那霸发出前往北部的一日游观光巴士会在此经停。

到达和离开

往来于那霸和名护的公交20、120路车次比较频繁（间隔约20分钟），经过美国村周边，“桑江”（Kuwae）和“軍病院前”（Gunbioin-mae）是两个最近的站点，那霸到美国村通常约需1小时。从读谷村、冲绳

冲绳的美军基地

“二战”中冲绳岛战役的失败，令日本不得不将冲绳拱手让给美军。然而，在美军占领冲绳岛近30年的时间里，军方与冲绳住民始终处在对立的位置，冲突时常发生。终于在1972年，美国决定把冲绳正式归还日本政府；但它与日本达成的《驻军地位协定》（*Status of Forces Agreement*），确保了美国人仍有权使用冲绳的大片土地以建立军事基地。目前，这些基地占据了冲绳本岛面积的15%，集中了全日本70%的美军专用设施，约25,000名美军士兵常驻于此。

尽管这些基地在过去为冲绳岛的经济提供了一定支持，但现在他们的贡献率（GDP占比）已经由冲绳回归之初的15%降到了5%左右。与此同时，美军犯罪、飞机噪音、意外坠机等负面事件也一直令岛民深感痛心。1995年，三名美国军人诱拐并强奸了一名12岁冲绳女孩，更一度导致冲绳的反基地情绪达到

©视觉中国

日本民众抗议美军建设边野古空军基地。

巅峰。在这之后，驻日美军在冲绳的犯罪行为并未停止，不时就会有案件跳上头条。

1996年，美日政府同意将美军基地从本岛中部的普天间（Futenma）搬到北部人口分布较为稀疏的边野古（Henoko），但由于遭到居民的反对，这项计划至今都未能彻底实现，从边野古到那霸，数万人的大规模抗议运动屡屡出现。2017年，边野古沿岸地区的海上主体工程正式启动，抗议声甚至从冲绳蔓延到了东京，启动当天部分抗议民众还乘船出海试图阻止施工。

2017年日本放送协会（NHK）针对如何看待美军基地进行了一次民意调查，冲绳人有25.7%认为应该全面撤离，50.6%认为至少应向日本本土并走一部分。而此前在2013年，美军正式同意迁走9000名海军队员，只是这个计划要到2020年才会实施。

此外值得注意的是，比起经历冲绳战的年长者，冲绳的中青年群体（主要指1972年冲绳回归之后出生者）对于美军基地的包容度显然更高。他们会在了解数据之后告诉你，冲绳本地人的违法犯罪率也不低，但美军的劣行往往会被媒体放大报道。

当然，对于观光客而言，美军基地基本上不会影响到你对冲绳风光的体验（至多经常听到头顶有飞机飞过）；相反，你可能还会像不少外来客一样对基地抱有好奇之心。若是如此，不妨去宜野湾的**嘉数高台公园**（嘉数高台公園/Kakazutakadai-koen；宜野湾市嘉数1；免费；全天；S嘉数/Kkazu，広栄団地入口/Hiroe-danchi Iriguchi）或**嘉手纳公路休息站**（道の駅かでな/Michi-no-eki Kadena；嘉手納町屋良1026-3；免费；8:00~22:00；S嘉手納町運動公園入口/Kadena）看看，前者可以远眺普天间基地，后者与嘉手纳基地仅相隔一条马路，4层还有展望台可看飞机起降。

市开来的公交62路（间隔约30分钟）也能到达美国村，“美国村南口/北口”（美浜アメリカンビレッジ南口/北口/Mihama Amerikan Bireji Minami-guchi/Kita-guchi）、“第二桑江”（Daini Kuwae）、“北谷運動公園前”（Chatan Undo Koen-mae）等站都在商圈附近。

宇流麻市（うるま市/Uruma-shi）

中部东海岸一侧，古琉球王朝留下来的胜连城迹矗立在丘陵上，见证着曾因海外贸易而繁荣的都市，在岁月洗礼之下回归朴实平静，也看着那曾经只能在退潮水位降下后登岸的神秘岛群，于21世纪跨海公路开通后紧密接续在一起。驶过这条笔直的海中道路，你将从胜连半岛直达平安座岛（平安座島/Henza-jima）、浜比嘉岛（浜比嘉島/Hamahiga-jima）、宫城岛（宮城島/Miyagi-jima）、伊计岛（伊計島/Ike-jima）等岛屿，这里没有太浓厚的观光气息，只有冲绳的老式渔村风情，吸引了年轻陶艺与手工艺小店纷纷入驻。虽然海滩多数要付费，一路上的海景却不必，包车环绕一圈2小时绰绰有余。

景点和活动

胜连城迹 古迹

（勝連城跡/Kaccingusiku；勝連南風原/Haebaru 3908；免费；Ⓢ52路至勝連城跡前/Kaccingusiku-mae）它被列为世界遗产的四大冲绳古城池之一，兴建于公元13~14世纪琉球王朝期间，最知名的城主为第十代的阿麻和利（Amawari），在他的贸易政策带领之下，胜连城曾成为琉球王国最繁盛的城市之一。胜连城遵循梯郭造型倚山而建，道路蜿蜒向上，层叠的巨石围墙形似巨大军舰，因为位处高地，你还能鸟瞰不远处的海中道路。我们调研时，胜连城迹入口仍在施工，需绕过古道才能上行到城顶，鸟瞰不远处的海中

胜连城迹。

©视觉中国

道路。工程完成时间未定，游览时请注意路牌指示。

距那霸机场约90分钟车程。

海中道路 桥梁

（海中道路/Kaichuu-dōro；免费通行）这座跨海路桥长达4.75公里，串连起宇流麻市与四座小离岛，若于海水涨潮时驾车而过，将会有行驶在海平面上的错觉。海中道路中央有一处船舶造型的道路休息站——**海之驿Ayahashi馆**（海の駅あやはし館/Umi-no-eki Ayahashi-kan；10:00~18:00，午餐时段11:00~16:00），"あやはし"在古语中为美丽大桥之意，休息站中除了一楼贩卖当地土产、农作物与渔获，也设置了餐饮区能用午餐。你可以在门口处取得些许宇流麻市旅游资料；二层为小型的**海洋文化资料馆**（海の文化資料館/Umi-no-bunkashiryōkan；免费入场；10:00~17:00，周一休息），介绍当地海域的文化历史，天气晴朗时还能眺望波光粼粼的金武海湾。

命御庭制盐工厂 工厂

（ぬちまーす観光製塩ファクトリー/Nuchimasu kankō seien Factory；参观免费；与那城宫城/Miyagi 2768；9:00~17:30）工厂用宫城岛的海水制作海盐，在这里可以免费参观制造过程，现场定时会有导览游（9:40~16:40，每20分钟一场，持续15分钟）。除了参观工厂，现场也有餐饮与盐制品贩卖处。除了盐厂，更多旅行者是为了工厂后方的自然景观——果报崖（果报バンタ/Kafuubanta）而来，"果报"在冲绳古语中有幸福之意。进入制盐工厂后，随着停车场的路牌向着海边走3分钟可达观景台，绝对值得一游。

就餐

海鲜食堂味华 海鲜¥

（海鲜食堂味華/Kaisenshokudō Ajike；098 977 7783；与那城 平安座/Henza 9396-6；午餐定食¥950起；周二到周日11:30~16:00）平安座岛海港旁的家常海鲜食堂，店中氛围怀旧，料理所用的都是当日新鲜的渔获，价格也颇为实惠。墙面上的小白板上会列出当日限量的定食，虽然没有中文菜单，但有图片对照，点餐格外方便。店中招牌像是刺身定食（さしみ定食/Sashimi teishyoku；¥1500）与盐烤鱼定食（いま魚塩焼/Ima-iyushioyaki；¥1500）都值得一尝。

古民家食堂てぃーらぶい 冲绳料理¥

（Kominkashokudō Teirabui；098 977 7688；勝連浜/Katsurenhama 56；午餐¥800起；11:00~16:00，周二休息）这是滨比嘉岛的老村落中，一栋以屋龄85年以上的木造老宅改建而成的乡土餐馆，周遭南洋植物簇拥，客人们一同席地而坐的景象使人格外慵懒放松。店中招牌是てぃーらぶい定食（Teirabui teishyoku；¥1250），可以选择白萝卜海带汤或是猪肠汤，搭配米饭与时令炒

宇流麻的水云日

冲绳人爱吃水云（もずく/Mozuku；褐色海藻，又名海蕴）。众所周知，它常出现在当地人的餐桌上，这里的水云产量占了全日本的九成。如今这种饮食文化甚至衍生成一种县级活动，每年初夏采收水云的季节里，冲绳人将4月的第三个周日定为水云日（もずくの日/Mozuku-no-hi），届时各地都会举办水云主题的集市活动，占了县内水云产量四成的宇流麻市，自然不落人后。

宇流麻市的海水透明度高、渔场广阔，生产的水云外形饱满、口感弹牙。在胜连平敷（勝連平敷/Katsurenheshikiya）的渔港旁，渔会每年水云日都会举办渔港见学（参观）活动，并邀请众家料理人来开设讲座、发送食谱，展开一连串试吃活动，重头戏还有上台进行水云机智问答，以及水云快吃比赛，可以让人从早到晚不间断地享受这种海草滋味。

菜，管饱又能品尝到岛上的传统老味道。

瑠庵+島色 甜品 ¥

（瑠庵+島色/Ruan+Shimairo；☎050-3716-4282；与那城 桃原/Tobaru 428-2；刨冰 ¥400~850；⏲11:00~17:00，周二和周三休息；📋）宫城岛上一间专营日式刨冰的“瑠庵”与“岛色”陶器艺廊，20余种口味的刨冰淋上缤纷的果酱糖浆，摆在有着柔美渐层的陶器餐具上，每样冰品端上桌都像一件小型艺术品，吸引旅人快门不断。刨冰口味包括抹茶、草莓、炼乳等经典口味，不嗜甜的人也可以点一杯手冲咖啡。用完甜点，还能顺便参观一旁的岛色陶房，欣赏艺术家以宫城岛景色为灵感创作出来的作品。

ℹ 到达和离开

如欲搭乘公共交通工具前往，可以到那霸公共汽车总站搭乘27、52、80路[往屋慶名バスターミナル（Yakena Bus Terminal）方向；单程 ¥1340起；约2小时]，在“JAおきなわ与那城支店前”（JA Okinawa Yonashiroshiten-mae）站下车。

之后转乘平安座线（平安座線/Henza-sen）便能穿越海中道路前往各岛；一日约6~7班车，前往平安座岛（¥200起；约10分）、浜比嘉岛（¥300起；约20分）、伊计岛（¥500起；约45分）、宫城岛（¥300起；约40分）。不过由于班次稀少，行程安排相对比较松散。如果旅游时间有限，更建议安排包车前往，从那霸机场乘车约75分钟，如需用餐可以预留2~3小时观光时间。

读谷村（読谷村/Yomitan-son）

读谷村位于本岛中部西海岸，兼具了传统底蕴和自然风光，但由于恰好处在那霸和北部美丽海水族馆的中间，许多旅行者只是沿着村落东边的国道58号线匆匆掠过，大大低估了这里的魅力。

残波岬，泰期的雕像。

要一览读谷村的美，最快速的方法是爬上15世纪建造的座喜味城迹，在那里能够俯瞰四周的茂密山林，远眺西边的蔚蓝海面，带着原生态粗犷美的残波岬也会跃入眼帘。走进村落，一股海滨田园气息扑面而来：大片甘蔗在海边随风摇曳，因为盛产紫薯，这里还诞生了冲绳著名的紫薯挞连锁店御果子御殿。手工艺爱好者能在这里找到不少乐趣：传统的读谷山花织和陶艺令人爱不释手，还有工坊提供制作海盐和黑糖的体验。

◉ 景点

座喜味城迹 历史建筑

（座喜味城跡/Zakimijoato；见140页地图；読谷村座喜味/Zakimi 708-6；免费；⏲全天；Ⓢ公交62路，座喜味/Zakimi）虽说座喜味城迹已与首里城、中城城迹（见109页）一同被列为世界遗产，但规模实在小得多（仅两层城郭），所以不设门票，也没有开放时间上的限制。在四周茂密树林的环绕之下，这里

座喜味城迹。

更像是一处清幽的公园，只是多了两圈残存的石墙。特地为城迹来到读谷村的人可能会有些失望，顺路一游反而更有惊喜。登上石墙，你能望见不远处的海面。

城迹下有座2018年翻新重开的**读谷博物馆**（ユンタンザミュージアム/Yuntanza Myujiamu；成人/6~15岁/6岁以下 ¥500/300/免费；⏲9:00~18:00，周三休息），全馆有三层，展示了座喜味城迹的模型和历史，以及过去读谷村村民的生活用品、住房形态，还特别复原了冲绳战时一处集体自杀的洞窟，战争的残酷不言而喻。将工坊迁入读谷村的著名陶艺家金城次郎的作品在三层展厅也有陈列。下载App"读谷博物馆"可听中文导览。

残波岬　海角

（Zanpa-misaki；见140页地图；S宇座/Uza，瀬名波/Senaha）在这个冲绳本岛最西端的海角，岸边堆积着尖硬的礁石，海生植物肆意蔓延，目光越过凹凸不平的石灰岩台地，就能见到深蓝色的无边大海。你可以沿着小路走到白色灯塔下，看激浪拍打在连绵2公里的断崖绝壁上，也可以爬上**灯塔**（¥200；⏲9:00~16:00，5月至9月 9:30~16:30）将残波岬的全景尽收眼底，夕阳下尤其壮美。

海边的雕像是曾经开创琉球与中国贸易往来的重要人物泰期，他手指的方向便是福建。在前往残波岬的路上，你还会经过**残波海滩**（残波ビーチ/Zanpa Bichi；⏲游泳时间4月至10月 9:00~18:00）和上镜率极高的残波大狮子，残波琉球剧场（见124页）也在附近。最近的公交站到海角还有2公里。

Nirai海滩　海滩

（ニライビーチ/Nirai Bichi；见140页地图；読谷村儀間/Gima 600；免费；⏲全年都可游泳，9:00~18:00，冬季 至16:30）虽然这片纯净的海滩藏在阿利比拉日航度假酒店（见123页）的内部，访客可能需要穿过酒店大堂、后花园、泳池才能抵达沙滩区（停车场也有入口），但事实上这里是完全对公众开放的。正因其位置隐蔽，Nirai海滩没那么喧嚣拥挤，你可以更惬意地欣赏绝美海景。海边的店铺可以租借各种器具，更衣室、卫生间、淋浴、小型寄存柜等设施都很完备，也有海上活动可选择参加。

陶器里 村庄

（やちむんの里/Yachimun-no-sato；见140页地图；読谷村座喜味/Zakimi 2653-1；免费参观；⏲大部分店铺9:30~17:30；Ⓢ親志/Oyashi）读谷村是冲绳唯"二"的两座陶器重镇之一（另一座是那霸的壶屋），20世纪70~80年代随着人口密集的壶屋不再适合大规模烧制陶器，一些匠人就把工作室迁到了木材、泉水、黏土等制陶资源丰富的读谷村，包括被誉为"人间国宝"（类似中国的非物质文化遗产传承人）的冲绳顶级陶艺大师金城次郎。如今60多家陶艺工坊分布在村中各个角落，偏安一隅的陶器里就聚集了其中的十多家。村落清新安静、林木茂盛，小山坡上卧着的赤瓦登窑在蓝天绿地的映衬下格外迷人。工坊之中还有两间雅致的咖啡馆，用本地产的陶器作餐具，供应冲绳面之类的轻食和饮品。即使对陶器不感兴趣，也能在散步、拍照和下午茶中度过一段惬意时光。

除了各工坊有陶器出售，另有两间商店。价格合理，简单的杯盘在¥1000~2000，造型特殊、做工精细的在¥5000~10,000，也能淘到几百日元的小玩意。每年12月会举办"读谷山烧陶器市集"（読谷山焼陶器市/Yomitanzanyaki Toki-ichi）。

活动

体验王国Murasaki村 主题公园

（体験王国むら咲むら/Taiken Okoku Murasaki-mura；见140页地图；読谷村高志保/Takashiho 1020-1；成人/中学生/小学生¥600/500/400，体验另行收费；⏲9:00~18:00；Ⓢ波平/Namihira，大当/Ufudo）这片

Gala青海。

极具琉球王国时代特色的建筑群最初是为了拍摄NHK电视台大河剧《琉球之风》(1993年上映)而建造，总占地面积近5万平方米。在改造为面向青少年的体验王国后，目前已有30多家不同主题的工坊入驻这些围着石墙的赤瓦房屋，它们几乎涵盖了你能想到的所有体验：三线、陶艺、吹玻璃、红型染、风狮爷上色、手工黑糖、琉装变身、冲绳料理制作等。甚至还有个小跑马场可以尝试骑马。

除了体验活动，园内还有日式风格的餐厅**谢名亭**(謝名亭/Janate；冲绳面 ¥650起；⏲自助早餐 7:00~9:00，简餐 11:00~19:00，周五和周六的冲绳料理和表演 18:30~21:00)，以及一间带有钱汤(澡堂)的中档酒店(☎098 958 7871；标双 ¥16,000起)。公交站至景点还有1.4公里。

Gala青海 烹饪

(Gala青い海/Gala Aoi-umi；见140页地图；☎098 958 3940；www.gala-aoiumi.com/zh/；読谷村高志保/Takashiho 915；免费入场；⏲体验设施10:00~18:00，商店9:00~19:00)制盐是这里最具特色的体验(隔壁看似什么都有的"体验王国"里都没有这个项目)，在免费参观过制盐工厂之后，你能亲自尝试蒸煮海水**制作海盐**(塩づくり/Shio Zukuri；¥1500；⏲10:00~17:30，体验过程约40分钟)，并用一个迷你陶罐将盐带走。除了制盐，这里还有陶艺、玻璃工坊。

在主馆的对面有一片**珊瑚田**(さんご畑/Sango-batake；成人/学生 ¥900/600；⏲10:00~16:30)，用海水养护着一小片人工珊瑚礁。感兴趣的话还可以体验在岩石中**种珊瑚**(另付 ¥3500；⏲11:00，15:00，体验时间约1小时；提前一天预约)。

琉装一番屋 服饰体验

(Ryuso Ichibanya；见140页地图；ryuso1-ban.com；読谷村座喜味/Zakimi 248-1；¥5400起；⏲9:00~15:00，必须预约，周日通常休息)座喜味城迹入口附近的一间琉装店，最大的迷人之处在于游客可以穿着鲜艳的琉装，在古老的城垣之间走动拍照，更有琉球风韵。套餐还包含阳伞、贯花(如围巾般挂在颈部的装饰品)等道具，女性的发型也会做成地道的琉球发结(カラジ結い/Karaji-yui)。

冲绳黑糖 烹饪

(沖縄黒糖/Okinawa Kokuto；见140页地图；okinawa-kokuto.co.jp；読谷村座喜味/Zakimi 2822-3；参观免费，体验 ¥1000~2000；⏲8:30~17:30，体验时间 10:00~12:00和13:00~15:00；Ⓢ親志入口/Oyashi Iriguchi)在这间冲绳为数不多的面向访客开放的黑糖工厂里，你会看到从甘蔗榨汁、熬煮到干燥为成品黑糖的主要制作过程，还能自己试着用模具把煮好的液体黑糖定型，等待冷却固化之后(约20分钟)，直接将它作为纪念品带走。体验比较简单，小朋友也完全可以操作。最好预约。

住宿

民宿是读谷村最常见也最实惠的住宿选择，主要分布在穿过村中心的县道6号线周边，不过因为外观大多就是普通民居，找起来要多留意路口、转角的小指示牌。海边也有几间位置隐蔽的豪华度假酒店。

冲绳阿利比拉日航度假酒店 度假酒店 ¥¥¥

(Hotel Nikko Alivila；见140页地图；☎098 982 9111；www.alivila.co.jp；読谷村儀間/Gima 600；标单/双 ¥16,900/22,000起；Ⓢ机场利木津巴士，ホテル日航アリビラ/Hoteru Nikko Aribira)僻静的海景酒店，内装低调奢华，有着相对私密的泳池和Nirai海滩。标间都有阳台，大小尚算宽敞。虽然周边设施比较少，但酒店已经提供了你度假所需要的一切，包括类型丰富的餐厅、纪念品商店、多样的海上活动等。酒店紧邻着一座美丽的白色教堂Lazor Garden Alivila Cristea Church，感兴趣的话可以请酒店工作人员帮忙预约参观。

Retreat Guesthouse Acha-ne 民宿 ¥

（リトリートゲストハウスAcha-ne/Ritorito Gesuto-hausu Acha-ne；见140页地图；☎098 957 6025；読谷村座喜味/Zakimi 3168-2 2F；标单/双 ¥5000/8000起；Ⓢ楚辺/Sobe）一家名副其实的"治愈系"民宿，同时设有印度传统医学和藏医按摩的疗愈沙龙，全冲绳都找不出第二间。虽然共用卫浴和厨房，但在客房仅有3间的情况下，基本不需要排队等候。整个民宿的内装清新舒适，为了更好地休息，客房都没有放置电视。按摩项目另行收费（¥4000起）。对于依靠公共交通的旅行者来说，这家民宿的地理位置也十分便利，10分钟步行距离内包括了便利店、投币式洗衣房、渔港和许多餐厅。从公交车站步行3分钟即到。

就餐

花织冲绳面 冲绳面 ¥

（花織そば/Hanaui-soba；见140页地图；読谷村波平/Namihira 2418-1；⏲11:00~18:00，周三休息；Ⓢ大当/Ufudo）读谷村无人不晓的老店，午餐时段门口都会排起长队。门口紫色的暖帘、内部日式风格的布置都让人倍感温馨。招牌花织面（花織そば；¥700）用了浓郁的猪骨汤底，风味十足。另外还有种类多样的定食和小菜，自制的饭团（おにぎり/Onigiri）和奶油可乐饼（クリームコロッケ/Kurimu Koroke）尤其受欢迎，都是每个¥120。

豚屋黑将 火锅 ¥¥

（ぶたや黑将/Butaya Kuromasa；见140页地图；☎098 957 1129；読谷村座喜味/Zakimi 1893；⏲17:00~24:00，周三休息；Ⓢ都屋/Toya）专营黑猪料理的餐厅，使用自营农场饲养的、在阿古猪基础上改良的黑猪，品质有保证且价格更实惠，在当地有着很高的人气，几乎每桌必点招牌黑猪涮涮锅（黑将しゃぶしゃぶ鍋/Kuromasa Shabushabu；¥1750；两份起点）。餐厅是独栋的古民家式建筑，氛围轻松舒适，最好预约。

Teanda 冲绳料理 ¥

（てぃーあんだ；见140页地图；☎098 956 0250；読谷村都屋/Toya 448-1；套餐¥1620起；⏲11:00~16:00，周五至周日增开晚间时段18:00~21:00；Ⓢ都屋/Toya）虽然外观看上去和普通民居差不多，主打的也是看似寻常的冲绳乡土料理，但良好的菜品和宜人的氛围让它常常被本地人推荐。精致的小陶器装着色香味俱全的菜品，玄米饭、时令蔬菜、红烧本土猪肉、从附近渔港直采的新鲜鱼类，每一样都能感受到店家的用心。特别推荐丰盛的Teanda御膳（てぃーあんだ御膳/Teanda Gozen；¥2300）。店内还有可爱的小猫，常常在院子里悠闲踱步。晚餐是主厨推荐的套餐（¥2300~3900），需预约。提供分量较少的儿童套餐。

Yunta市场 市场 ¥

（ゆんた市場/Yunta Ichiba；见140页地图；読谷村喜名/Kina 2346-11；⏲9:00~19:00，各店不同；Ⓢ座喜味/Zakimi）读谷村的农夫市场，有很多本地的农产品，可以买到蔬果、肉类、便当等。市场外还有一间简单的小食堂，提供物美价廉的冲绳面、杂炒定食、红豆冰、天妇罗等轻食，使用工厂直送的红猪做的红猪汉堡（紅豚バーガー/Benibuta Baga；¥250）尤其受欢迎。

市场东侧还有一栋建筑，内有一条不长的室内美食街，集中了很多饮食店。读谷村观光协会（见125页）也在这里。

娱乐

残波琉球剧场 现场演出

（レキオスシアターin残波/Rekiosu Shiata in Zanpa；见140页地图；www.ashibi-ent.com；読谷村宇座/Uza 1861；成人/12岁以下 ¥2500/1000；⏲演出日售票12:00~20:00，非演出日售票9:00~17:00，演出时间通常为周五至周日19:00，每场约40分钟）这间剧场位于残波岬公园内，在看完残波岬的夕阳之后来这里欣赏一场酷炫的忍者秀再好不过了。整场演出围绕着琉球王国祖传宝剑治金丸的新编故事展开，穿插空手道、琉球古武术等各种表演。观众能参与演出互动，即使不会日语也完全可以乐在其中。演出之后，你还可以试穿一下忍者甲胄或是掷一把飞镖（手裏剣打ち/Shuriken-uchi）。

实用信息

读谷村观光协会（読谷村観光協会/Yomitan-mura Kankokyokai；见140页地图；読谷村喜名/Kina 2346-11，读谷村地域振兴中心1F；⌚9:00~18:00）有大量关于读谷村的观光信息（包括地图、推荐景点和商铺等），还有能买到读谷村吉祥物Yomiton（一只小红猪）的周边商品店。

到达和离开

读谷村紧邻的国道58号线上有两个站，"喜名"（Kina）和"伊良皆"（Iramina），往返于那霸和名护的公交120路会在此经停，那霸至读谷村通常约需1.5小时。公交48路（开往真荣田、宇流麻市石川，每小时1班）、62路（开往嘉手纳、冲绳市胡屋、美国村，30分钟1班）、28/228路（开往美国村、那霸，20分钟1班）的始发站都在**读谷村巴士总站**（読谷バスターミナル/Yomitan Basu-taminaru；见140页地图）。

当地交通

读谷村内有地区公交（鳳バス），始发站在Yunta市场，平日运行北线、西线、南线，周末运行南北线，均一票价 ¥200。路线和时刻表可查询网站（www.vill.yomitan.okinawa.jp/sections/general/post-1656.html）。但因为班次很少（各线平日一天6班，周末一天4班），且路线单向循环，观光利用并不方便。

相比之下，骑自行车能让你行动更自由。但要注意，读谷村属于沿海丘陵地貌，部分路段坡度不小，上坡可能会很费力。酒店和民宿常提供自行车租赁。

蓝洞潜水二三事

真荣田岬的蓝洞（青の洞窟/Ao-no-dokutsu）是冲绳非常热门的潜水目的地，从那霸市到真荣田岬周边的读谷村和恩纳村，你都可以轻易地找到组织前往蓝洞潜水的俱乐部。

在天气、海浪适宜的情况下，基本上一年四季都可以浮潜和深潜。但冬季常有较大的风浪，导致蓝洞关闭，因此夏季能够进入蓝洞的概率会大一些。而如果只是为了感受洞内的蓝光氛围，那么简单的浮潜足矣。也要提醒向往美丽珊瑚和热带鱼的潜水爱好者，就海洋生物的丰富性而言，蓝洞还是不能与庆良间列岛等离岛周边的潜水点相媲美。

每家潜水店根据提供设施、来往交通、教学语种等方面的差异，具体报价都有所不同。一般来说，在真荣田岬附近报名参加行程，深潜（ダイビング/Daibingu）价格在 ¥9000~12,000，浮潜（シュノーケリング/Shonokeringu）费用为深潜的一半。在官网或店内了解详情的时候，可以留意是否有冲绳县公安委员会授予的黄蓝底色的"安全对策优良店"长方形标识。比较实惠且评价不错的店铺有**Marine Club Nagi**（见142页地图；恩納村山田/Yamada 501-3；nagi.biz；浮潜/深潜 ¥3800/8800）和**Seven Ocean Club**（见142页地图；恩納村前兼久/Maeganeku 159-4；www.7oc.jp；浮潜/深潜 ¥4000/10,000，在线预订有优惠）。其余潜水注意事项参考出行指南（见207页）。

恩纳（恩納/Onna）到名护（名護/Nago）

和常见的块状村落不同，恩纳村占据了本岛西部的一长条海岸线，自南向北绵延27公里，有着背山面海的绝佳地势，几乎是大赐的度假好地方。从恩纳南部到名护市，海滩

万座毛。

一片接着一片，海景酒店也是一间连着一间，沿着国道58号线一路向北，哪怕中途不下车，也是一次令人愉悦的观海体验。

请注意，本节景点按照由南到北（即那霸向北出发）的地理分布排序。

景点

真荣田岬 海角

（真栄田岬/Maeda-misaki；见142页地图；www.maedamisaki.jp；恩納村真栄田/Maeda 469-1；S真栄田/Maeda）大部分人来这个海角只为了一件事：去蓝洞潜水。与著名的意大利卡普里岛蓝洞类似，真荣田岬的蓝洞也是一处海岸悬崖底部受海水侵蚀而形成的洞窟。进入洞中的光线在经过侧壁和海水的反射、折射之后，会呈现出梦幻般的蓝光，让人忍不住一探究竟。

不过即使你还没有做好下水的准备，也可以在海角公园的观景台饱览一望无际的海面风光。天气好时还能看到南面的残波岬、北面的万座毛以及更远的伊江岛。公交48路至"真栄田"站下车，沿着真荣田共同贩卖商店（真栄田共同売店）旁边的小路一直向北走600米即到。

琉球村 民俗村

（Ryukyumura；见142页地图；www.ryukyumura.co.jp/ck/official/；恩納村山田/Yamada 1130；成人/6~15岁儿童/6岁以下¥1200/600/免费；9:00~18:00；S琉球村）琉球村是一座再现了琉球王国时代的村落的主题公园，虽然并非自然村落，但园区内的建筑也大都是货真价实的百年老宅：它们迁自冲绳各地，多座被列为日本国家级物质文化遗产，既有普通农舍，也有地主家宅，还有一栋屋顶铺着厚厚茅草、架于空中的粮仓。

不过，让琉球村显得生气勃勃的，还是类型丰富的体验项目，包括陶器和玻璃品的制作或上色、三线弹奏教学、织布和染布体

©视觉中国

验、琉球服装变身、自制T恤等。园区内外有3处表演场地，每半小时就有一场演出，例如琉球宫廷舞、冲绳民谣、岛歌、太鼓舞等，10:00和16:00的盛装游行尤其值得一看。

恩纳村博物馆 博物馆

（恩納村博物館/Onnason Hakubutsukan；见142页地图；恩納村仲泊/Nakadomari 1656-8；免费；⏲9:00～17:00，周一闭馆；Ⓢルネッサンスホテル前/Runesansu Hoteru-mae）我们得说，如果展览内容能加上英语（就先不奢求中文了）说明，那么作为一间村级博物馆，几乎就无可挑剔了。但即使没有，依靠大量实物展示和影像资料，你仍能逛得津津有味。这里展出了以渔业和农业为主的恩纳村的传统生活状态，你会在视频中看到当地有着300年历史的只有女性参与的祭祀舞蹈，还能听一听18世纪女歌手恩纳锅（恩納ナビー/Onna Nabi）演唱的古老琉歌。

恩纳村博物馆外的草坪上还有一座唐人墓石碑，这里的"唐人"指的是1824年遭遇海难漂至恩纳村的中国人，6位海员中仅一人存活，其余皆得到了村民的厚葬。遗憾的是原墓在战争时期被毁，唯独留下了这座石碑。与博物馆相邻的恩纳村文化信息中心（恩納村文化情報センター）有不少观光资讯宣传册，从三层的展望室还能望见美丽的大海。

万座毛 海角

（Manzamo；免费；⏲全天；Ⓢ恩納村役場前/Onnason-yakuba-mae）或许是名字太古怪，景色又太美，让万座毛成为冲绳广为人知的热门景点。状如象鼻的天然石灰岩断崖和宽广的绿色草原是万座毛上镜率最高的景观，后者也是万座毛这个名字的根源——据说琉球王国时代的国王曾经评价其为"万毛"（即能让万人坐下的原野）。不过今天你很难验证这片草原是不是能容纳一万人（它看上去实在不太像），因为所有人只能沿着划定的参观路线，挤在队伍之中，绕着崖边走上一圈。尽量在清晨前往，才能更好地感受万座毛的开阔气象。本书调研时万座毛的西侧园区正在进行活化改造，预计2020年完工。在"恩納村役場前"站下车，顺着罗森（Lawson）便利店旁边的道路走上800米即到。

部濑名海中公园 公园

（ブセナ海中公園/Busena Kaichu-koen；www.busena-marinepark.com；名護市喜瀬/Kise 1744-1；Ⓢブセナリゾート前/Busena-rizoto-mae）这座位于部濑名岬的海岸公园创立于1970年，是冲绳同类型公园中历史最久的一座，不仅在1981年就承办了世界帆板锦标赛，1990年还率先建起了度假区，并在2000年成功举办了世界八国首脑峰会，一时之间名声大噪。园内主体部分的**The Busena Terrace酒店**（☎098 051 1333；www.terrace.co.jp/busena/；标双 ¥43,200

起，含早餐），就是当时会议的指定住宿地，作为峰会主会场的万国津梁馆也一直保留到了现在。

当然，公园本身是对外开放的，哪怕不入住酒店、不参加会议，你也可以来这里享受沙滩和海景。不过如要使用淋浴、更衣室等设施，每人每天收费 ¥1852。另外还有**玻璃底船**（全程约20分钟；成人/高中和大学学生/初中生以下 ¥1540/1230/770；⏲9:10~17:00，4月至10月 至17:30，具体视天气和海面情况而定）和**海中展望塔**（成人/高中和大学学生/初中生以下 ¥1030/820/520；⏲9:00~17:30，4月至10月 至18:00）等游览项目，后者是向海平面下方延伸的展望塔，可以透过玻璃窗望见在四周大海中自由游动的热带鱼。官网每天都会更新设施的开放情况和海水透明度等信息。

乘坐公交20/120路至"ブセナリゾート前"站下车，进到度假区大门后左转穿过停车场，即可见到售票点。再走550米就到了海中展望塔的栈桥入口，这一段路也有免费接驳巴士可坐（20分钟1班）。

住宿

从恩纳到名护的这段海岸线，集中了冲绳本岛数量最多的海景度假酒店。与此同时，民宿、客栈的均价也相对更高。如果利用公共交通，前兼久渔港、恩纳村役所一带都属于出行方便、餐馆密集、便利店好找的地区。希望之丘也聚集了大量民宿。

冲绳濑良垣凯悦度假村　度假酒店 ¥¥¥

（Hyatt Regency瀬良垣アイランド沖縄/Hyatt Regency Seragaki Airando Okinawa；☎098 960 4321；恩納村瀬良垣/Seragaki 1108；标双 ¥32,076起；Ⓢ瀬良垣ビーチ前/Seragaki Bichi-mae）2018年8月全新开业的凯悦酒店选在了距离万座毛不远的濑良垣岛，完备的设施和同样出色的四面海景让它成为隔壁老牌度假酒店ANA万座海滨洲际（ANA Intercontinental Manza Beach Resort；电影《恋战冲绳》的取景地）的强劲对手。这里也有私密的海滩、泳池和设计别致的小教堂，还特别推出了许多面向亲子的活动，例如三线体验、贝壳手作、小岛探险等。而更靠近国道58号的便利位置，能让住客在酒店的餐厅商店之外有更丰富的选择。

海之旅亭冲绳名嘉真庄　日式旅馆 ¥¥¥

（海の旅亭おきなわ名嘉真荘/Umi-no-ryotei Okinawa Nakamaso；☎098 911 6651；www.okinawa-ryotei.jp；恩納村名嘉真/Nakama 855-1；标单/双 ¥35,000/60,000起，含早晚餐；Ⓢ名嘉真/Nakama）冲绳少有的高级日式旅馆，规模不大，只有25间客房，但每一间都有着宽敞的空间和完备的设施，大量暖色调的木质家具也给人一种家的温馨感。躺在雅致的日式房间里，望着窗外宜人的海景，你会得到彻底的放松。由于在北海道还有一间姐妹旅馆，所以这里供应的餐食使用来自冲绳本地和北海道直送的精选食材，相当令人满足。

月亮滩酒店　度假酒店 ¥¥¥

（ホテルムーンビーチ/Hoteru Mun-bichi；见142页地图；☎098 965 1020；www.moonbeach.co.jp；恩納村前兼久/Maeganeku 1203；标单/双 ¥12,000/24,000起，含早餐；Ⓢムーンビーチ前/Mun-bichi-mae）这是一家在战后度假产业兴起时开业的老牌海景酒店，至今已经营了40多年。高高垂下的绿植和各个角落的小动物把公共空间营造得很有热带氛围，花园、沙滩、露天泳池、健身中心、小型高尔夫球场等休闲设施一应俱全。房间略显老旧，但打理得舒适整洁，也比较宽敞。周围有便利店和餐厅，公交站也离得不远。

Ken民宿　民宿 ¥

（Ken Minshuku；见142页地图；☎098 989 8654；kenhostel.com；恩納村前兼久/Maeganeku 159-3；标单/双 ¥3500/7000起；Ⓢ前兼久/Maeganeku）冲绳西海岸难得的一

家实惠旅店，全部为独立房间。虽然房间面积不大，设施比较基础，部分还需要使用公共卫浴，但整个民宿都打理得很干净，也有公用微波炉、冰箱、水壶等。最重要的是地理位置非常便利，靠近主干道国道58号，走出2分钟即到公交车站。附近餐馆也十分丰富，门口还有家有口皆碑的潜水俱乐部。

就餐

度假酒店都自设餐厅，国道58号线沿线也有许多居酒屋和小餐馆。

SEA SIDE DRIVE-IN 食堂 ¥

（シーサイドドライブイン/Shisaido Doraibuin；见142页地图；恩納村仲泊/Nakadomari 885；⏲24小时；S前兼久/Maeganeku）已有半个多世纪历史的老铺，一直保持着创业之初的经营模式和菜肴口味。既有宽敞明亮、面朝大海的就餐区，也有方便司机快速点餐取餐的得来速窗口。菜品也体现了日式和美式的融合：咖喱猪排、蛋包饭、煎牛排、三明治、汉堡……其中最受欢迎的莫过于他家的秘制浓汤（スープ/supu；¥200），基本上人手一碗，就连路过的司机也常常停下来买一杯带走。最棒的是，窗口服务24小时不打烊，即使在深夜也能满足你的胃。

Diamond Blue 咖啡馆 ¥

（ダイヤモンドブルー/DaiyamondoBuru；恩納村瀬良垣/Seragaki 100；⏲11:00~17:00，周六和周日 至17:30，周四休息；S瀬良垣/Seragaki）就算是来逛御果子御殿（御菓子御殿/Okashigoten）恩纳店的顾客，也少有人能发现这家位于店内地下一层的、紧邻钻石海滩（ダイヤモンドビーチ/Daiyamondo Bichi）的咖啡馆，因此哪怕楼上购物区熙熙攘攘，你也能在楼下喝着咖啡安静地享受近在咫尺的海景，喝完了还能去海滩溜达一圈（但周末可能仍需等位）。除了饮品，店内也有轻食，包括用招牌紫薯（紅いも/Beni-imo）制成的多款甜点。穿过御果子御殿的红色门楼，找到右手边下楼的台阶即可。顺便一提，在这家分店可以体验**手作紫薯挞**（¥1540/8个，约需2小时；⏲10:00，13:00，16:00），必须电话预约（✆098 982 3388）。

海风 居酒屋 ¥¥

（海風よ/Umikajiyo；恩納村名嘉真/Nakama 2606；菜肴 ¥400~900；⏲17:30~23:00；S伊武部/Inbu）这家号称"离海20秒"的居酒屋藏在主干道背后的小巷中，留意路旁的店名招牌跟着指示走进去才能找到。木质小屋被满满的绿植包围着，颇有一种热带风情。菜品以冲绳料理为主，海葡萄（海ぶどう）、红烧肉（ラフテー）、花生豆腐（じーまみー豆腐）之类的经典冲绳菜自然不缺，还有新鲜的鱼类刺身拼盘。味道不错，价格适中，3只小猫常年"出勤"驻店，煞是可爱。用餐区另一侧展示着店家自己做的饰品、杂货，顺便也可以淘淘宝。

中村面 冲绳面 ¥

（なかむらそば/Nakamura-soba；恩納村瀬良垣/Seragaki 1669-1；⏲11:00~18:00；S太田後原/Otakushibaru）距离万座毛约2.2公里的面馆，白色两层小楼上写着大大的"自家製麺"几个字。在店家供应的多种面里，最热门的是加入了石莼（一种海藻）的冲绳面（アーサそば；¥750）。爽口的绿藻、鲜美的鲣鱼汤和有嚼劲的冲绳面一同入口，的确美妙。需要提醒的是，如果遇到长队（概率很大），先去店内登记，并在自动贩卖机上买好餐券，之后再去排队，会节省时间。

农园炉端岛豚屋 居酒屋 ¥¥

（農園炉端しまぶた屋/Noenrobata Shimabutaya；见142页地图；✆098 964 3785；恩納村前兼久/Maeganeku 909-2；⏲17:00~24:00；Sムーンビーチ前/Munbichi-mae）这家居酒屋主打阿古猪料理，可以选择炭烤或加入泡盛酒蒸熟，后者（やんばる島豚あぐーバラ肉の瞬間泡盛蒸し；¥1800）会真的端上一个蒸笼让你见证瞬间蒸熟的过程，蒸过的口感也相当特别。值得一提的是还有一个免费的蔬菜自助吧，每天

供应多种新鲜的本地野菜。除此之外，也有苦瓜炒蛋、凉拌猪耳等常规的冲绳料理。由于人气极高，又只在晚上经营，建议预订。

名护市

从那霸市跳上一辆公交车（例如20、120、77路），在不换乘的情况下，你能到达最远的地方，就是名护市。虽然不少旅行者抵达名护市，只是因为必须由此继续前往美丽海水族馆，但也有人专程前来——为了一睹全日本最早绽放的樱花，以及全日本唯一一座生产知名Orion啤酒的工厂。在没有祭典活动的大部分时间里，名护市中心更像一座安静的小镇，交会于“名护十字路口”的两条街道和附近街区就是全城最有商业活力的地方。

景点和活动

名护市中心的范围很小，东面的Orion啤酒工厂最受欢迎，而它旁边的名护城公园虽然没留下什么古老城迹，也还是登高望远的好去处，1月樱花季尤其迷人。南面有一座名护渔港，西侧还有环抱着名护湾的滨海公园，很适合黄昏散步。建筑爱好者可以去名护市政厅（名護市役所）看看，遗迹般的现代建筑和一整面墙的石狮子令人印象深刻。

★ Orion乐园 啤酒工厂

（オリオンハッピーパーク/Orion Hapi-paku；见143页地图；☎098 054 4103；www.orionbeer.co.jp；名護市東江/Agarie 2-2-1；参观免费；⏲9:20~16:40，每20分钟开始1场；Ⓢ名護城入口/Nan-gusuku-iriguchi）1957年在名护诞生的Orion啤酒无疑是冲绳的一大名产，来到名护，自然也不能错过这间唯一的Orion啤酒工厂。除了新年假期，这里全年都为来访者提供免费导览。参观路线规划得很好，你可以摸摸作为原料的麦芽和啤酒花，闻闻它们的香气，透过玻璃盖观察原料的高温糖化过程，俯瞰源源不断进入传送带的罐装啤酒。窗外有好几座相当于三层楼高的啤酒储藏罐，据说按照每天喝一罐350毫升的量来计算，一个储罐就够一人喝上1500年。导览大约40分钟，最后还有20分钟令人雀跃的

名护北部

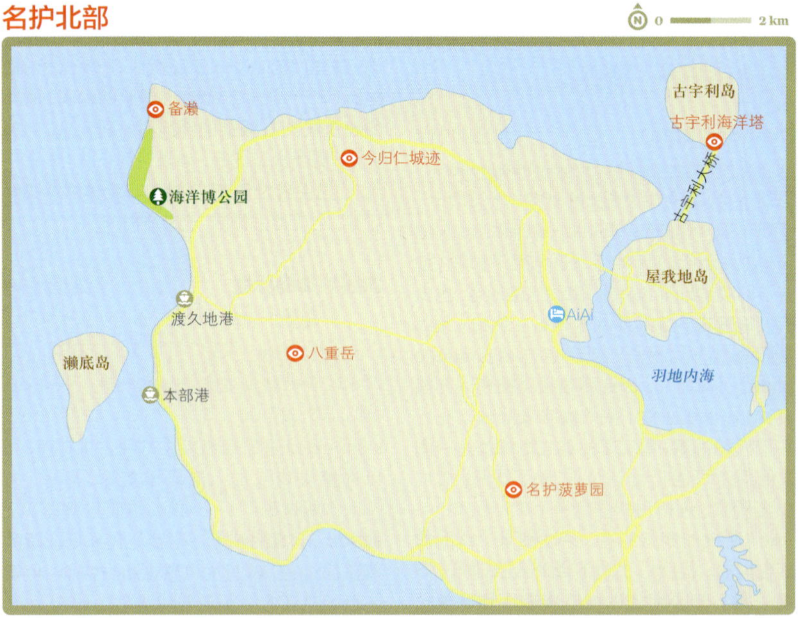

免费试饮环节：你可以坐下来，就着附赠的花生之类的佐餐小食，畅快地喝上两大杯新鲜酿造的啤酒（有多种口味选择）。如果是不宜喝酒的老年人、未成年人，或需要开车的驾驶员，也可以选择无醇啤酒或其他软饮。试饮区一旁有许多创意十足的Orion周边产品，价格也比较合理。由于人气一直很高，最好通过官网或电话预约（最早可提前三个月）。

21世纪之森海滩 海滩

（21世紀の森ビーチ/Niju-ichiSeiki-no-mori Bichi；见143页地图；名護市大南/Ominami 2-1-25；免费；⏲9:00~21:30，游泳时间 4月末至9月末 9:30~18:30；Ⓢ名護市役所前/Nagoshiyakusho-mae）这片位于21世纪之森公园内的海滩面对着名护湾，不仅水清沙白，还难得地没什么观光客的气息。这里有游泳区域，并在附近设有更衣室、储物柜和投币式淋浴（9:30~19:00），但你绝对听不到海上娱乐项目带来的马达声和尖叫声。我们还特别喜欢中间那段伸向海中的凸堤，开阔的草坪和后方的海面构成一幅令人心旷神怡的景象，你很可能想在这里安静地度过一个午后——或一直待到傍晚看完美丽的日落。

名护菠萝园 游乐园

（ナゴパイナップルパーク/Nago Paina-puru Paku；见130页地图；www.nagopain.com；名護市為又/Biimata 1195；成人/初中生/小学生 ¥850/600/450；⏲9:00~18:00；Ⓢ名桜大学入口/Meio-daigaku-iriguchi）在这个以菠萝为主题的小型乐园里，你可以坐上无人驾驶的菠萝外观的观光电动车，听着车内的语音导览（有中文），一边穿行在绿意盎然的菠萝园中，一边了解关于菠萝的冷知识。这的确挺有趣——对于小朋友来说尤其如此，但这段观光行程只有短短的10分钟，下车之后如果不在拍照上多花些时间，游览基本就到了尾声，剩下就是菠萝产品的展销了：从菠萝本尊到菠萝酒、菠萝味糕点（大多可以试饮或试吃），以及各种菠萝形象的饰品、玩具，可谓五花八门。公交70、76路到“名桜大学入口”站下车，不远即到。

全日本最早的樱花

每年1月至2月，当日本本岛还在承受严寒的时候，早早回暖的冲绳就已经迎来了赏樱的季节。而且有趣的是，由于冲绳的樱花多是需要经历一定时间的低温才会绽放的寒绯樱，所以樱花开放的顺序（即“桜前線”）是不同寻常的由北往南。冲绳北部海拔较高较冷的山区尤其早开，每到1月下旬，许多为了一睹全日本最早樱花的游人都会前往名护及其周边的赏樱名所。

这其中最著名的当属本部町**八重岳**（Yaedake；见130页地图），届时满山约7000株樱花会一同盛放。由于通有上山的车行公路，许多人都会从山脚一路开至山顶，沿途欣赏梦幻般的“樱花隧道”。同样受欢迎的还有今归仁城迹（见134页），墨色沧桑的古城遗迹、远处的蔚蓝大海与绯红色的樱花一同映入眼帘，给人一种悠远壮阔的美感。相比之下，名护市区的**名护城公园**（名護城公園/Nagojo-koen；见143页地图；即名护中央公园）的樱花最为触手可及，从Orion乐园喝完啤酒出来走上2分钟，就能到达公园的南口。你可以从这里踏上台阶，在两旁樱花树的注目下登到山顶，一览四周风光。

冲绳水果乐园 游乐园

（OKINAWAフルーツらんど/Okinawa Furutsurando；www.okinawa-fruitsland.com；名護市為又/Biimata 1220-71；成人/4岁至初中生 ¥1000/500；⏲9:00~18:00；Ⓢ名桜大学入口/Meio-daigaku-iriguchi）与名护菠萝园仅百米之遥，可游览的面积稍大，除了各式各样的水果植物，还有一片鸟类展示区。值得一提的是这里设计了一个闯关游览模式，只要根据提示前进，通过回答关于水果的问题（有中文）来获得印章，最终就能救出故事中热带王国的国王，非常适合亲子游的家庭一起完成。出口处也有特产展销区，商品和隔壁的菠萝园大同小异。

食宿

考虑到出行和就餐的便利，可以住在名护十字路口附近，这一带集中了许多餐馆，路口西南角的名护市营市场的二楼还有不少物美价廉的小食堂。

All Friends 青年旅舍 ¥

（见143页地图；☎090 1941 1725；www.all-friends.jp；名護市城/Gusuku 1-11-15；铺/标双 ¥2500/9000起；Ⓢ大中/Onaka）藏在普通公寓楼内的旅舍，却意外有着宽敞的复式空间，楼下的客厅和厨房大到可以开个小型聚会，电视机、冰箱、微波炉、电饭煲之类的设备和调料品也都非常齐全。房间类型很多，榻榻米和室、可容纳四人的单间、多组客人混住的八人间等，打理得很清爽。旅舍还出租自行车（4小时 ¥500）以便游客出行。需要注意，虽然公寓有电梯，但旅舍内部上楼只能步行；踩踏木质地板时声响较大，晚上最好戴上耳塞（免费提供）。

Hotel Sakurano Familia 公寓酒店 ¥¥

（ホテルさくらのファミリア；见143页地图；☎098 053 7070；sakurano-familia.com；名護市東江/Agarie 5-13-5；标双 ¥8700起；Ⓢ世富慶/Yofuke）这栋7层的酒店于2018年6月开业，虽然外观类似普通公寓楼，内部也没有特别的设计，但房间整洁，设施完备（包括空气加湿净化器），并且全部是带阳台的海景房间，性价比很高。附近的餐厅选择也很多，例如连锁汉堡店A&W、人气居高不下的暖暮拉面等，距离公交站也只有8分钟步程。

Higashi食堂 食堂 ¥

（ひがし食堂/Higashi Shokudo；见143页地图；名護市大東/Ohigashi 2-7-1；套餐 ¥650起；🕘11:00~18:30；Ⓢ名護城入口/Nan-gusuku-iriguchi）深受本地人喜爱的一家小食堂，环境朴素，墙上挂着冲绳面、炒豆腐之类再常见不过的菜名，然而每每到了就餐时段，总是人满为患。每桌除了主食，必定还会加点一道红豆冰——事实上这才是他家的招牌，就连本地学生也爱在放学后来这里吃上一碗再回家。我们特别喜欢牛奶红豆冰（ミルクぜんざい/Miruku Zenzai；¥380），小朋友则会对花花绿绿的三色红豆冰（三色みぞれ/Sanshoku Mizore；¥320）更感兴趣。

松之古民家 火锅 ¥¥

（松の古民家/Matsu-no-kominka；见143页地图；☎098 043 0900；名護市大南/Ominami 2-14-5；山原阿古猪/やんばる島豚あぐー/Yanbaru Shimabuta Agu ¥3000起；🕘18:00~23:00，周四休息；Ⓢ北部合同庁舎前/Hokubu Kodochosha-mae）这栋有着约60年历史的木质古民家虽然已经改成了一间主打阿古猪猪肉涮锅的餐厅，但从庭院到室内依旧保留着雅致的氛围。每天限定有5组高品质的纯种阿古猪（黑琉豚/Kokuryuton）猪肉，价格只比普通的套餐多了¥500，想吃一定要预订。套餐内除了猪肉，还有本地的野菜和号称冲绳面元祖的我部祖河荞麦面等。

名护渔港食堂 海鲜 ¥

（名護漁港水産物直販所/Nago-gyoko Suisanbutsu Chokubaijo；见143页地图；名護市城/Gusuku 3-5-16；套餐 ¥550~1200；🕘11:00~19:00；Ⓢ名護十字路/Nago-jyujiro）名护渔港内唯一的小食堂，空间不大，环境也是普普通通，但港口直送的海鲜保证了足够的新鲜度。再加上低廉的价格，应该能让你大快朵颐。

到达和离开

公交

始发于那霸市的公交20、120、77路的终点站都是**名护巴士总站**（名護バスターミナル/Nago Basu Taminaru；见143页地图），全程约2.5~3小时（¥2000），可以在"名護十字路/Nago-jujiro"站下车。

高速船

2019年4月新开辟了一条连接冲绳本岛南北的高速船水上路线“海からぐるっとExpress”，在避开道路拥堵的同时，还能从海上欣赏沿途的城市风光。从那霸港（见79页）出发，途经北谷（美国村）、恩纳村，至本部町的**渡久地港**（Toguchi-ko；见130页地图；本部町谷茶29；Ⓢ谷茶/Tancha），全程约2.5小时。

每天有两对对开的航船，那霸出发时间为8:00和13:20，依次停靠北谷Fisharena（25分钟，¥900）、恩纳村Sunmarina码头（喜来登酒店前，85分钟，¥1500）、本部渡久地港（140分钟，¥2500）。本部返回那霸的时间为10:40和16:20。一次性购买往返票有优惠。

另有一对往来于那霸和北谷的航船，主要便于当地居民通勤，北谷7:15发船，那霸19:10发船。

需要注意，高速船仅在4月中旬至11月中旬运行。

名护市周边

本岛北部的重磅景点基本都集中在名护以西向海面突出的本部半岛，主要分布在本部循环线（本部循環線）的沿线。时间有余的话，还可以去探索几座与本岛相距不远的离岛，其中古宇利岛和濑底岛都有桥梁连接，伊江岛和水纳岛可从本部港乘船前往。

景点

冲绳美丽海水族馆 水族馆

（沖縄美ら海水族館/Okinawa Churaumi Suizokukan；海洋博公园内；churaumi.okinawa；海洋博公园内；成人/高中生/6岁至初中生/6岁以下 ¥1850/1230/610/免费，16:00之后门票有优惠；◷8:30~18:30，3月至9月 至20:00）冲绳本岛北部人气最旺的景点，号称世界最大规模、拥有7500立方米容量的水槽“黑潮之海”是这里最大的看点。站在极具压迫感的超大玻璃缸前，望着体态硕大的鲸鲨、蝙蝠般的巨型蝠鲼从头顶飘然游过，几乎如同身处海底。“黑潮之海”每天9:30、15:00、17:00各有一场喂食，此时可以看到鲸鲨竖起身子吸入鱼食的场景。

需要注意的是，水族馆的游览区域事实上并不大，人一多就会显得拥挤。行程自由的旅行者可以根据馆外和官网实时更新的入馆情况调整参观时间。入口在4层，参观路线是逐层往下。因为模仿了从浅海到深海的体验，越下层光线会越暗，所以也要格外留心脚下。

海洋博公园 公园

（海洋博公園/Kaiyohaku-koen；见130页地图；oki-park.jp/kaiyohaku/tc/；本部町石川/Ishikawa 424；入园免费；◷8:00~18:00，3月至9月 至19:30，12月第一个周三、周四闭园闭馆；Ⓢ記念公園前/Kinen-koen-mae）海洋博公园是为了纪念1975年在冲绳举办的冲绳国际海洋博览会而设置的国立公园，美丽海水族馆无疑是这里的最大亮点。但这座面积达到70多万平方米的公园远不止这一处设施，博物馆、植物园、民居村落、海滩等足以给你带来充实的一整天。

海洋文化馆（海洋文化館/Kaiyobun-kakan；成人/初中生及以下 ¥190/免费；◷8:30~17:30，3月至9月 至19:00）位于公园入口附近，展厅空间很大，一艘艘实物大小的特色独木舟相当引人注目。持票还可在隔壁的天文馆看一场球幕电影，独特的仰视视角让人仿佛真的置身于梦幻般的星河之中。

冲绳乡土村（おきなわ郷土村/Okinawa Kyodomura；免费；◷同海洋文化馆）紧邻文化馆，再现了琉球王国时代的冲绳村落，不仅各座屋舍对游客开放，里面还有婆婆免费带你体验三线演奏、琉球舞蹈等。

从美丽海水族馆的出口向外走，右转可沿着海岸步道一直走到白得反光的**翡翠海滩**（エメラルドビーチ/Emerarudo Bichi；免费；◷游泳时间 4月至9月 8:30~19:00，10月 至17:30）。左转则会依次经过海牛馆（海牛即所谓“美人鱼”的原型）、海龟馆和海豚剧场

（⏲11:30，13:30，15:00，每场表演15分钟），皆为免费参观；不过饲养海豚这种行为已经被广泛认为对海豚的健康有害。

如果时间充裕，还可以去稍远的**热带梦幻中心**（熱帯ドリームセンター；成人/初中生及以下 ¥760/免费，出示美丽海水族馆门票可享受半价优惠；⏲同海洋文化馆）。这座热带花卉园美丽又安静，登上螺旋造型的观景台，还能俯瞰公园外侧的海岸线，远眺濑底岛、伊江岛等多个离岛。

备濑　村落

（備瀬/Bise；见130页地图；Ⓢ備瀬入口/Bise-iriguchi）备濑村位于海洋博公园北部1公里的备濑角（備瀬崎）的西侧沙丘上，因为三面环海，为了防风防潮，建村之时，家家户户就在前后院落种上了福木。如今这些有着250多年树龄的福木已经连成一片，一座座古民家在林中若隐若现，呈现出一派原始的近海村落风貌。村内已有规划好的散步路线（参考村口地图），你可以穿过长长的林荫道走到备濑角，再沿海岸绕一圈回来，来回约2公里。你还可以在村口租一辆自行车（¥300/小时），或是坐上传统的水牛车（¥2000/车，可坐4人）。多处民家经营餐饮和住宿，吃饭过夜都很方便。

今归仁城迹　历史遗迹

（今帰仁城跡/Nakijin-joseki；见130页地图；nakijinjoseki.jp/zh/；今帰仁村今泊/Imadomari 5101；成人/中小学生/小学生以下¥400/300/免费；⏲8:00~18:00，5月至8月至19:00；Ⓢ今帰仁城跡入口/Nakijin-joseki-iriguchi）今归仁城迹是冲绳世界遗产中历史较为悠久的一处，可以追溯到13世纪，而在琉球王国统一之前的三山鼎立时代（14世纪），北山王的据点正是这座筑在高台之上的城堡。和其他城迹一样，这里也只剩下了空荡荡的城郭，不过你仍能从蜿蜒牢固的石墙和曾经建有正殿的开阔大庭中，感受到今

今归仁城迹。

归仁城过去的辉煌。

城迹范围很大，据说与首里城不相上下，你可以跟着“顺路”指示绕行一周。站在高处，还能远远望见大海。城迹入口附近有一座**今归仁村历史文化中心**（今帰仁村歴史文化センター），展示有今归仁城迹的历史、村落的生活面貌和出土文物，持城迹门票即可参观。每年1月下旬至2月上旬的樱花季（见131页方框），许多人都会慕名来此访古赏花。

古宇利岛 岛屿

（古宇利島/Kori-jima；见130页地图；Ⓢ運天原入口/Untenbaru-iriguchi）全长近2公里的古宇利大桥是冲绳本岛北部海面上一道令人惊叹的风景，前往古宇利岛的旅行者绝大部分都是为了亲自在这座大桥上感受一把驰骋海面的快意。当然，古宇利岛本身也有着迷人的风景：除了格外纯净的海水和沙滩，岛的北侧海面还有一些隆起的爱心状珊瑚礁石，吸引了不少情侣前去打卡。靠近大桥一侧有一座82米高的**古宇利海洋塔**（古宇利オーシャンタワー/Kori OshanTawa；见130页地图；www.kouri-oceantower.com；今帰仁村古宇利538；成人/中学生/小学生¥800/600/300；⏲9:00~18:00），感兴趣的话也可以登上楼顶的观景台俯瞰古宇利大桥。

岛上虽然没有公共交通，但有一条长约8公里的环岛公路，自驾或骑行都很适合（岛上有自行车租赁点，¥500/天）。最近的公交站在大桥南侧的屋我地岛，只是公交班次很少，最好包车或参加一日游前往。

伊江岛 岛屿

（伊江島/Ieshima；见137页地图）伊江岛是一座距离本岛仅仅30分钟船程的小岛，环岛一周仅约20公里，非常适合进行一日往返的离岛小旅行。岛中央的城山（Gusuku-yama）是这里最具代表性的景观，远远望去像是一顶塌下来的尖帽子。正是因为外观独特，自古以来就被近海航船视为一大航标。你不妨花15分钟快速爬上山顶，俯瞰小岛的全景。除此之外，最值得称道的还是周边海域，在小岛北岸的“湧出”（Waji）展望台，可以一览海岸的断崖绝壁和宝蓝色的大海。

港口可以租到自行车（¥1000/天），岛上也有民宿。每年4月底或5月初，伊江岛还会举办百合花节（伊江島ゆり祭り/Ieshima Yuri-matsuri），分外美丽。**本部港**（见130页地图）开往伊江岛的渡轮（¥720）通常每天4班（9:00、11:00、15:00、17:00），最晚返回时间为16:30，节日、活动期间适当增开班次。

游人罕至的北部山原

冲绳方言中的“山原”（やんばる/Yanbaru）就和它字面的意思一样，是指保存较多山林和原野的地方。而在冲绳提到山原地区，说的就是本岛北部，尤其是名护以北。

由于位置偏远，公共交通也不够便利，前往山原的游人数量始终不多，但也正因如此，你可以感受到更加纯粹、不加修饰的自然风光。其中最具代表性的，就要数最北端的海角边户岬（辺戸岬/Hedo-misaki）。这里的海面很少温柔恬静，汹涌的浪涛不断拍打着岸边的石灰岩崖壁。晴朗的日子里，能一直望见属于鹿儿岛县的与论岛和冲永良部岛。边户岬附近还有一座由奇岩、巨石、热带森林组成的**大石林山**（Daisekirinzan；国頭村宜名真/Ginama 1241；成人/儿童 ¥1200/550；⏲9:30~16:30）。

每年五一黄金周期间，在奥山原之里（奥ヤンバルの里/Oku-yanbaru-no-sato）还有大规模的鲤鱼旗活动，700多面鲤鱼旗在河川上方迎风飘扬，堪称冲绳夏季最有童趣的风物诗。

食宿

在备濑村、今归仁村、本部循环线公路沿线，你都能找到物美价廉的民宿，海洋博公园附近还有大型度假酒店。为了方便就餐购物，可以住在今归仁村役所、本部町役场等当地的中心区域，或直接返回名护市区。

美丽海之宿珊瑚小屋 民宿¥

（美ら海の宿コーラルキャビン/Chura-umi-no-yado Koraru Kyabin；☎098 048 3805；本部町山川/Yamakawa 907-5；www.coralcabin.net；标双 ¥9000；Ⓢ西原/Nishihara）这栋独立的民宿距离海洋博公园的正门仅350米，门口就能望到远处的海面。客房面积不大但井井有条，且一共只有3间，因此使用公共卫浴也不会显得不便。厨灶、冰箱、洗衣机等皆可免费使用；屋外有个小巧的露台，想烧烤也没问题（可向主人租借设备）。民宿主人待客尤其热情，很乐意帮你规划旅程。

AiAi 农场酒店¥¥

（あいあいファーム/Aiai Famu；见130页地图；☎098 051 5111；www.happy-aiaifarm.com；今帰仁村湧川/Wakugawa 369；标双/家庭房 ¥16,000/22,000起；Ⓢ第二湧川/Daini Wakugawa）这个位于今归仁村的农场设施由一座有着70年历史的当地小学改造而来，长长的二层白色建筑、开阔的草坪依然透着浓浓的校园氛围，就连贴着照片的楼梯间都给人一种学校宣传栏的感觉。房间就在“校舍”之中，因此每间客房都显得格外宽敞，高大的玻璃窗也带来了极好的采光。除了住宿，这里还有许多体验项目，包括喂养小羊、手磨豆腐等。农场有餐厅，你也可以直接在农场内设的蔬菜特产店里购买新鲜的食材自行料理。注意，因为处在自然环境之中，房间里难免有小昆虫。

岸本食堂（八重岳店） 冲绳面¥

（きしもと食堂/Kishimoto Shokudo；本部町伊野波/Inoha 350-1；岸本冲绳面/岸本そば/Kishimoto-soba ¥500起；🕘11:00~19:00；Ⓢ八重岳入口/Yaedake-iriguchi）岸本食堂是冲绳面馆中为数不多的百年老字号，它的总店就在本部町。不过相比熙熙攘攘又略显拥挤的总店，我们更喜欢这家2公里外的分店：古民家式的店面更显宽敞，营业时间也更长。一份筋道的手打面，加一碗每天只卖50份的冲绳酱油蒸饭（じゅーしー/Jushi；¥250），就是最经典的搭配。这家店就在八重岳的上山口附近，非常适合樱花季来此赏花时顺路一品。

CHAHAYA BULAN 咖啡馆¥

（チャハヤブラン；本部町備瀬/Bise 429-1；套餐 ¥880起；🕘12:00至日落，周三休息；Ⓢ備瀬入口/Bise-iriguchi）备濑村里首屈一指的观景咖啡馆。穿过福木林，走下台阶，看到一座古民家建筑的时候，你很难想到内部竟是如此开阔明亮。大大的落地窗正对着海面，竹编座椅和装饰绿植透着东南亚风情。室外木板露台上也有餐位，可以毫无阻碍地欣赏大海和对面的伊江岛，尤其适合看日落。供应红烧肉配饭（ラフテー丼/Rafute-don；¥980）之类的简餐，自制果汁也值得一试。

ℹ 到达和离开

公交65和66路是从名护巴士总站开出、绕行本部半岛一周的路线，65路顺时针、66路逆时针行驶，均经过“本部港”（Motobu-ko）、“第二浜崎”（Dainihamasaki；濑底大桥入口）、“記念公園前”“備瀬入口”“今帰仁城跡入口”等站，是旅行者最常利用的公交。70路从名护巴士总站开出，沿着县道84号行驶，经过“名桜大学入口”“八重岳入口”（Yaedake-iriguchi），前往海洋博公园和备濑方向。76路前半段路线与70路相似，但最终开往濑底岛（班次非常少）。

本岛中北部索引地图

1 冲绳市区（见138页）
2 美国村（见139页）
3 读谷村（见140页）
4 恩纳村南部（见142页）
5 名护市区（见143页）

冲绳市区

景点 （见108页）

1 Koza Music Town....C2
2 冲绳市战后文化资料展示室HISTREET....B2
3 胡差运动公园....A3
太鼓舞会馆....（见1）

住宿 （见110页）

4 Arcade Resort Okinawa....C2
5 Tripshot Hotels Koza....C2
6 苦瓜庄....D2

就餐 （见111页）

7 Zazou....B2
8 大众食堂Mickey....C2
9 多幸寿总店....C1

娱乐 （见112页）

10 Alhambra....B3
11 Live Music Bar JET....C2

实用信息 （见114页）

冲绳市观光物产振兴协会....（见1）

美国村

美国村

景点和活动 （见114页）

1 Chula-U..B4
2 摩天轮·SKYMAX60..........................C3
3 睦稔美术馆....................................B3
4 日落海滩.......................................B4

住宿 （见115页）

5 La'gent Hotel.................................B1
6 The Beach Tower Okinawa..................B4

就餐 （见115页）

7 Okinawa Brewing Cafe........................B3
8 金波银波...C3

购物 （见114页）

9 AEON...B4
10 American Depot..............................B3
Carnival Park Mihama...................（见2）
11 Depot Island...................................A3
12 Dragon Palace................................B3
13 Makeman.......................................B3

实用信息 （见116页）

14 北谷町观光信息中心..........................C3

N
0
600 m
A
B
C
D
1
2
3
4
5
1
2
3
4
5
2
14
16
1
5
8
4
7
3
6
12
13
15
11
9
10

读谷村

景点 （见120页）

1 Nirai海滩 A3
2 残波岬 A1
3 陶器里 D3
4 座喜味城迹 C3

活动 （见122页）

5 Gala青海 A3
6 冲绳黑糖 D3
7 琉装一番屋 C3
8 体验王国Murasaki村 A3

住宿 （见123页）

9 Retreat Guesthouse Acha-ne B5
冲绳阿利比拉日航度假酒店 .... （见1）

就餐 （见124页）

10 Teanda B5
11 Yunta市场 C5
12 花织冲绳面 B4
13 豚屋黑将 B4

娱乐 （见124页）

14 残波琉球剧场 A1

实用信息 （见125页）

15 读谷村观光协会 C4

交通 （见125页）

16 读谷村巴士总站 B2

恩纳村南部

景点 （见126页）

1 恩纳村博物馆 C4
2 琉球村 B4
3 真荣田岬 A2

活动 （见125页）

4 Marine Club Nagi A3
5 Seven Ocean Club D2

住宿 （见128页）

6 Ken民宿 D2
7 月亮滩酒店 D2

就餐 （见129页）

8 SEA SIDE DRIVE-IN D3
9 农园炉端岛豚屋 D2

恩纳村南部

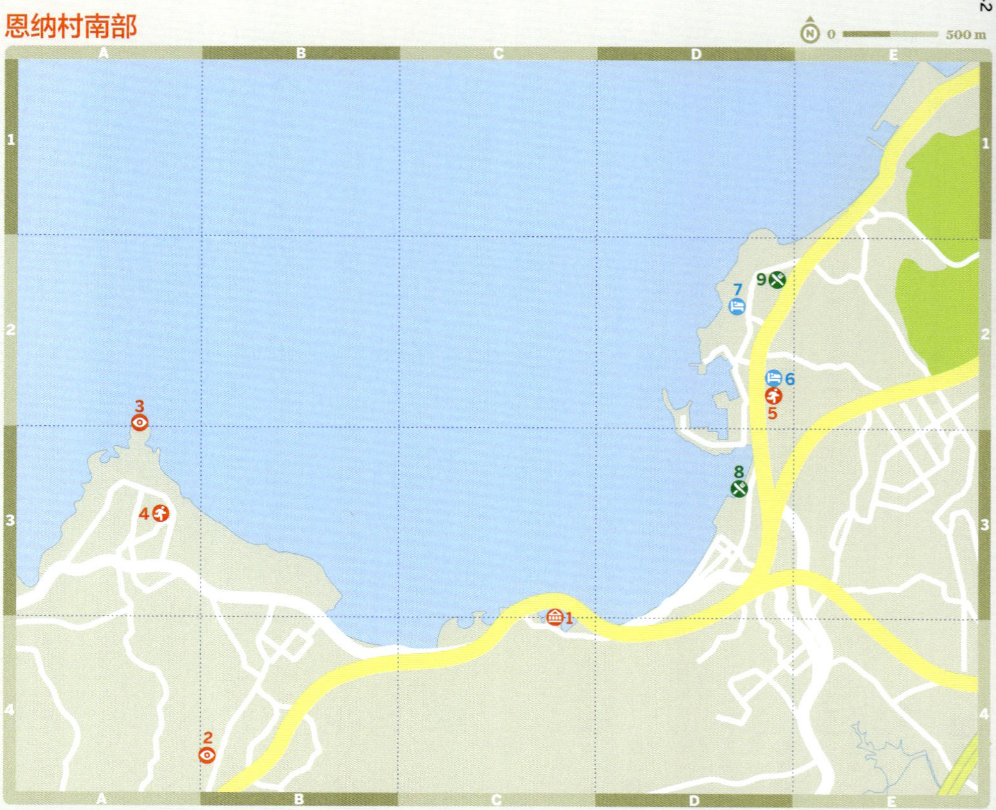

名护市区

景点 （见130页）

1 21世纪之森海滩 A2
2 Orion乐园 E3
3 名护城公园 E3

住宿 （见132页）

4 All Friends C2
5 Hotel Sakurano Familia D4

就餐 （见132页）

6 Higashi食堂 E3
7 名护渔港食堂 D3
8 松之古民家 C2

交通 （见132页）

9 名护巴士总站 A1

名护市区

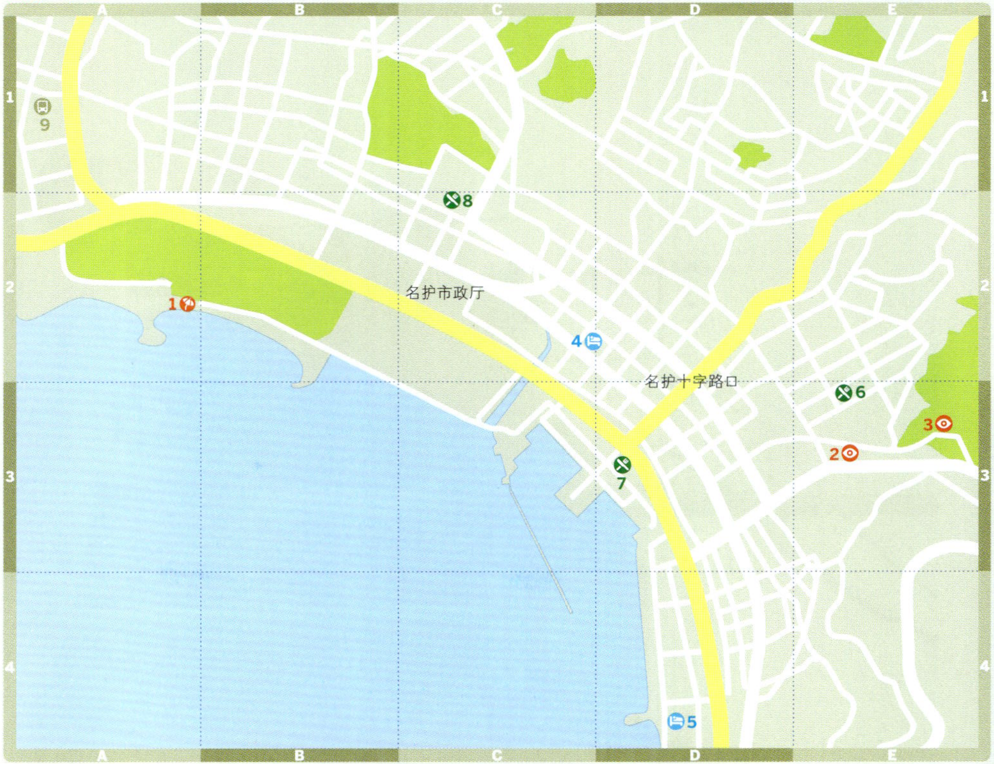

在路上

本书作者 刘子瑄

来到竹富岛的赤瓦房民宿“泉屋”（见189页），躺在榻榻米上、听着窗外传来水牛车师傅弹奏三线的声音，时光好像就此慢了下来。

进一步了解我们的作者，见223页。

来间岛的悠闲街景。

刘子瑄 摄

离岛

冲绳离岛上的人们过着一种"岛时间",比起本岛是慢上加慢,让你有大把时间思考人生、看海发呆。离岛不乏自然质朴的景色,甘蔗原野与蔚蓝海洋是岛屿的标配,赤瓦房与珊瑚矮篱是其转角的风景,但这并不代表它们会千篇一律,这些岛屿可都拥有独特的个性。常有人说冲绳像日本,却又不像日本,这种略带异域文化感的南洋氛围在离岛更甚,因为琉球王朝的经年残影,不少民族传统与古早气息仍零星分布在海岛上,祭典不同、方言皆异,连海都蓝得各有千秋,每跳往另一座岛屿都是一堂新奇的文化体验课。

如果你是被神秘的海底世界、传统古民家村落吸引到冲绳,想要进行深度旅行,来一趟离岛游准没错。竹富岛赤瓦部落的赭红、久米岛终端之滨的雪白、西表岛的丛林幽绿,还有那些"美成名词"的海水之蓝——宫古岛蓝、庆良间蓝以及波照间蓝,就像是一幅色彩地图,全部搜集完,才算集齐了琉球之旅的色谱。当然,在棕榈树丛旁的海滩伞下点一杯彩色果昔,也不失为一种体验最南岛风情的快速方式。

☑精彩呈现

何时去

➡ **6月至8月** 旅游旺季。7月和8月气温不容小觑,注意防晒;6月中下旬是最适合旅游的时期。

➡ **9月至10月** 高温不断,但是比盛夏舒适。需注意夏秋为台风季节,尤其宫古列岛与八重山列岛风袭频繁。

➡ **11月至次年2月** 旅游淡季。许多海域开始关闭,最低温度仅10度左右。

➡ **3月至5月** 海水浴场陆续开放、气温回暖,5月上旬到6月中旬为梅雨季节。

★离岛亮点（见150页）

① 搜集"名词蓝"
② 到竹富岛赤瓦村落住一晚
③ 西表岛热带雨林探险
④ 搭船去绝美无人岛
⑤ 在川平湾把琉璃水色尽收眼底
⑥ 潜水迷的海中天堂

如果你有

一天 直接搭船去庆良间列岛，择一岛玩。

二天 你可以在庆良间列岛住一晚，征服两座岛屿。或是直接从那霸搭飞机到久米岛住一晚。

三天 来一趟美丽的宫古列岛吧，从那霸飞来只需约一小时。

四天 展开八重山列岛跳岛之旅，优先安排石垣岛、西表岛，加上竹富岛，有更多时间再前往其余岛屿。

交通

去庆良间列岛与久米岛，可从那霸泊港搭船，去久米岛搭飞机是更快的途径。（见167页）

去石垣岛与宫古岛可以从那霸搭飞机，两个岛之间也有航班互通。（见179页）

石垣岛的离岛码头是八重山列岛跳岛之旅的起点，每日开出的渡轮让你一天换一个景色。（见179页）

宫古列岛由跨海大桥相互连接，包车出行能将绝美大桥一览无余。（见178页）

与那霸前滨。

刘子瑄摄

当地人推荐

徜徉离岛蓝海

詹景东 移居冲绳，在宫古岛潜水公司打拼数年，现于本岛从事摄影工作。

在冲绳生活数年，对哪方面印象最深刻？

除了海洋很美，冲绳还有许多对中国人而言似曾相识却又独一无二的文化。琉球王国自古同时作为日本和中国的藩属国，文化上也融合了两国的基因，像是著名的琉球红型染布、三线琴、琉球漆器，上面的装饰却常常可看到冲绳没有的动植物花纹以及未生产的原料，反映出一个贸易之国的特色。除此之外，人与人之间也较没有距离感，传统的琉球人婚礼，甚至开放到让不认识的人一起参加庆祝，和气氛拘谨的日本本土十分不同。

如果有朋友拜访宫古岛，你会想带他们体验什么景点或活动？

宫古岛的岛上活动首推浮潜和体验潜水，如果有潜水证可以进行休闲潜水，那更是一定要下水一趟，欣赏宫古岛多变的海底地形。冬季来临时北风很强，在海边待久了容易感到寒冷，推荐泡个罕见的海水温泉，其中黄金温泉是日本最南端温泉，推荐给喜欢搜集各种日本之最的人。

宫古岛上推荐的拍照地点有哪些？

三座弧度优美的跨海大桥，此外还有曾名列日本百景的东平安名岬，和被誉为日本最美

沙滩的与那霸前滨海滩。但个人最喜欢的还是海边的夕阳和星空景观。除此之外，如果有防水相机，海中的风景和丰富的生物也不错。

请推荐一些当地必吃的美食。

必吃的美食大概是宫古手打面，以及岛上的热带水果汁与冰品。如果想吃到地道的当地小吃，首推宫古岛市西里通的各种居酒屋，像是“琉球王国珊瑚家”有贩卖多种以冲绳泡盛为基底的调酒，相当特别。此外，素食者只要事先告知，宫古岛上的店家通常都满愿意配合调整餐点内容。

☑ 不要错过

最美海滩

➡ **终端之滨** 一期一会的梦幻白沙岛。（见163页）

➡ **北滨海滩** 玻璃一般透明的海水，透着奶白与蓝绿色。（见190页）

➡ **阿波连海滩** 庆良间列岛的耀眼潜点。（见157页）

➡ **与那霸前滨** 细沙如雪配上蔚蓝海岸，还有壮观的来间大桥。（见169页）

最佳住宿

➡ **Hotel Locus** 新潮设计与当地工艺的结合之作。（见174页）

➡ **Guesthouse Chura cucule** 谁说青年旅宿没有精致感。（见182页）

➡ **泉屋** 没有奢华享受，却有洋溢幸福感的村落风景。（见189页）

最佳就餐

➡ **そばやん小** 在古民家里来碗热腾腾的久米面。（见166页）

➡ **パニパニ** 脚踩白沙、手拿火龙果冰沙，流连在热带风情小店。（见177页）

➡ **虎一精肉店** 大口品尝石垣牛的鲜美肉质。（见183页）

➡ **はてるま** 日本女作家赞不绝口的预约制料理店。（见187页）

离岛亮点

❶搜集“名词蓝”

宫古蓝是一种怎么样的蓝？波照间蓝为什么闻名八重山列岛？庆良间蓝为何让人去而复返？宫古列岛（见168页）间那三座迤逦的跨海大桥，连接大大小小五座岛屿。庆良间列岛（见156页）的澄净海水是潜水者的心头好。最远的波照间岛（见190页）在国境极南，只在风平浪静时才能登岸看个透彻。哪处海更透明？何者渐层更深邃？亲自来探访，获得自己的答案吧。

❷到竹富岛赤瓦村落住一晚

来到竹富岛（见188页），你的时间将在这八重山古村落里逐渐凝滞。白天探索白沙小径、桃红花丛与珊瑚矮篱的游客散去，入夜后骑自行车的身影也少了，竹富岛的夜晚只剩下星空、几盏橘黄路灯与风铃声，才算真正的安静下来。晚上躺在床铺上，小镇故事于梦中继续上演。

❸西表岛热带雨林探险

融合了山海河川与绿林的西表岛（见185页），就像把冲绳之美浓缩于蕞尔弹丸。浦内川与仲间川丛林游船把旅行者分别送入自然宝库深处，在这座岛屿上无论要山间健行、红树林探险，或是划着独木舟迎接早晨的第一道光，都够你玩上三天三夜不厌倦。如果夜间过境，足够幸运的话还能瞧见西表山猫的踪影。

❹搭船去绝美无人岛

终端之滨（见163页），若是你真的亲眼看

左图：宫古岛的大桥；
右图：石垣岛的浅滩。

见它的美丽身影，就会知道远道而来也是值得的，由前、中、后滨组成的沙岛是久米岛民最引以为傲的景观，随着风势大小、涨退潮汐，总是呈现百变样貌，吸引着人们乘船出海，一路搜寻着海龟的踪迹驶向梦幻沙滨。

❺在川平湾把琉璃水色尽收眼底

在日光照射下的蓝绿珊瑚海，有着堪比琉璃的澄澈水色，水平面上偶有白色游船划过，雪白如粉末的沙滩旁停靠着装上玻璃底的船只，船员们将带领游客于川平湾（见181页）里回绕航行，眼睛就是你最好的影像记录仪，记下船底让人目不暇接的景象，或是窗外让人质疑真实性的碧绿。

❻潜水迷的海中天堂

海水透明度高、珊瑚群集，还有热带鱼自在悠游，说离岛是潜水爱好者的天堂一点也不为过。宫古列岛里名闻潜水界的八重干濑（见174页），是只有在退潮时才会浮现的珊瑚礁岛，被称为幻想大陆。这片由多达八大座珊瑚礁群组成约20公里的海洋宝库，等待游人们来探索其中奥秘。

2

刘子瑄摄

竹富岛，骑自行车的游人。

西表岛，划独木舟。

3

MATT MUNRO/LONELY PLANET©

4

刘子瑄摄

久米岛，终端之滨。

石垣岛，川平湾。

5

刘子瑄摄

冲绳海底的珊瑚和潜水者。

6

©视觉中国

★ 重要景点

八重山星空保护区

仰望八重山列岛的广袤夜空，能观赏到88个星座中的84座，清晰可见的银河自是“常驻嘉宾”，北回归线以南才能目睹的南十字星也在观星范围内。2018年的4月，西表石垣国立公园内的石垣岛北部与竹富町全区，被国际暗夜星空协会（IDA）选定为星空保护区候补，为亚洲继韩国之后第二个被认定的区域。至今离岛之间仍遍布着低光害，甚至是零光害的观赏点，而就算是街灯密集的石垣岛，也有从市区出发、以海陆空不同角度赏星的夜间旅程。

国际暗夜星空协会（International Dark-Sky Association，简称IDA；darksky.org）为1988年于美国成立的非营利组织夜间光害防制倡导协会。2001年发起的**暗夜星空区域计划**（Dark Sky Places，简称IDSP）鼓励各地守护无光害环境，并每年通过审核认定新的夜空保护区。

初次观星指南

观星条件：低光害地区、避开满月、好天气。更保险一点最好先查看星空指数网站（tenki.jp/indexes/starry_sky/10/）。夜间出行时务必预约好司机（详见各岛交通章节），并戴上随身照明设备。

想深入了解八重山的夜空，天文台是个很好的起点。全日本有四座为了绘制银河星系图而设置的射电望远镜，其中一座便是石垣岛的**VERA**（ベラ；登野城嵩田/Tonoshiro Takeda 2389-1；⏲室内参观时间10:00~16:30；参观免费），白天可以入内参观，夜晚点灯后在星空更下显神秘；另一处能免费参观的**石垣岛天文台**（Ishigakijima Temondai；☎098 088 0013；新川/Arakawa 1024-1；⏲室内参观时间10:00~17:00，周一和周二休息）每个周末还有两次预约制的天空观测会。

想要前往野外观星，找一处相对好抵达、有停车场与卫生间的场所，像石垣岛的**玉取崎**（见181页），或是**日落海滩**（见181页）、竹富岛的**西栈桥**（见189页），来这里还能在宁静夜空下听海浪拍打岸边的声音。至于南十字星，在北纬26度以南的地方比较容易观测到，以北纬24度的波照间岛最为知名，你还能在波照间岛**星空观测塔**（见190页）深入一探究竟。

花式观星体验

各岛间有许多观星之旅（多为日文讲解），多可在石垣岛离岛码头柜台报名。如果你跟我们一样喜欢三线与冲绳岛歌，石垣岛上的**美ら星island**（Chura Boshi island；www.churaboshi-island.com；成人/儿童 ¥4500/2000）有岛民现场演奏岛歌，让人在乐声中观览夜空的行程。参加者将被载到岛中央的广阔大地上，搭起躺椅仰视星斗。而从离岛码头出发的**星空巴士之旅**（Soraバス/Sora bus；在码头的石垣岛观光中心直接报名；成人/儿童 ¥3800/2800）

冲绳夜空中的银河。

©视觉中国

使用露天的双层巴士，伴随321的倒数后车内光源全数暗下，像是通往银河的列车。此外，如参与从石垣岛或是西表岛出发的独木舟日出之旅（¥6000起/人），就能抵达光害更低的环境，沉浸于月落之后日出之前的寂静星夜，然后划着独木舟驶向第一道曙光。

祭典与活动

在石垣岛地区，每年8月会展开为期一周的**南岛之星祭典**（南の島の星まつり/Minami no Shima Hoshi Matsuri），在岛上各地举办接连不断的星星主题免费活动，像夜空下岛歌Live音乐会、星空讲座、星座投影，还有歌唱大赛与星空摄影选拔赛等，你能与石垣岛居民一起于热闹气氛中享受星夜。**石垣八重山民俗村**（见182页；夜间入园6岁以上/3～5岁 ¥2000/1000；详细开园时间见网站）于晚间会摇身一变成为星光村落，并开设星座教室、光影游戏等适合亲子同游的项目。最后，如果你喜欢更奢华一点的浪漫体验，可以关注2018年开始举办的**嘉弥真岛七夕星之祭典**（カヤマ島の七夕星まつり/Kayamajima-no-Tanabata Hoshi Matsuri；¥35,000），活动要价不菲，票价包含项目为七夕当日用船只送客人到无人小岛度过两大一夜，以及在观星点旁享用吃到饱的石垣牛烧烤。

亮点速览

➡ **银河**（てぃんーがら/Teingara）全年可见，11月至次年4月是冬季银河、5月至10月为夏季银河。推荐7月下旬至10月上旬观赏。

➡ **南十字星**（はいむるぶし/Haimuru-bushi）每年12月下旬到次年6月上旬，在波照间岛的南十字星观测十分有名。

➡ **昴宿星团**（むりかぶし/Murikabushi）每年10月中旬到次年3月上旬。

➡ **半人马座**（ぱいがぶし/Paigabushi）每年5月至6月上旬为观星周期。

庆良间列岛（慶良間諸島/Kerama-shotō）

人口：1625

庆良间列岛由大大小小三十余座岛屿组成，在2014年被指定为日本第31座国立公园。这里有着被喻为“庆良间蓝”的蔚蓝海域以及种类丰富的珊瑚礁群，更是座头鲸繁衍和海龟觅食的庇护所。群岛的三座主要岛屿——座间味岛（座間味島/Zamami-jima）、阿嘉岛（阿嘉島/Aka-jima）和渡嘉敷岛（渡嘉敷島/Tokashiki-jima），从那霸泊港均能当日往返，就像冲绳本岛人的后花园。若是想真正体会岛上的慢生活，推荐入住海岸民宿，静静享受离岛之夜。

座间味岛（座間味島/Zamami-jima）

小小的座间味岛（绕道一圈约24公里）是潜水者的宝库，这里有超过330种的珊瑚群、透明度极高的海水浴场与林立的潜水店家，新手也能体验潜水的种种乐趣。你可以到两大海滩晒日光浴，或是观赏热带鱼群，每年上旬还有机会观赏座头鲸。

无人岛度假

来到庆良间列岛，除了潜水与日光浴，你还能花上半天体验鲁滨孙式的荒岛生活，走访那些风景如画且空无一人的海滩。距离座间味港乘船短短不到10分钟的航程，便是幽静的嘉比岛（嘉比島/Gahi-jima）以及安庆名敷岛（安庆名敷島/Agenashiku-jima），想一探究竟的旅行者，可以电话预约**无人岛小船游览**（☎090 3795 8467；z-nansei.com/mujinto；成人/儿童 ¥1500/1000；⏲8:30~17:00能指定出航与返航时间；2人以上发船，需日语预约），或者直接请座间味港内的观光服务柜台协助安排行程。由于无人岛上并无任何店家，建议估算好用餐时间，提前与船公司约好返程航班。若无潜水设备，可事先向船上工作人员租借（面罩、救生衣各 ¥500）。

景点和活动

古座间味海滩 海滩

（古座間味ビーチ/Furuzamami Beach；见194页地图；Ⓢ古座間味ビーチ）座间味岛上最具代表性的海滩，距离座间味港约5分钟车程。700米长的雪白海湾旁为清浅海水与缤纷的海底珊瑚礁。海滩旁设置洗手间与简易浴室，你也能在此租到浮潜设备（三件套¥1000起/天）。

阿真海滩 海滩

（阿真ビーチ/Ama Beach；见194页地图；Ⓢ阿真キャンプ場/Ama Kyanpu-jo）阿真海滩位于岛屿西部，以偶能窥见海龟悠游的身影而闻名，亦被喻为岛上最佳日落观赏点之一。阿真海滩旁设有**露营场**（☎098 987 3259；⏲柜台时间9:00~17:00；成人/儿童¥300/150，费用包含入场、宿泊费与卫浴使用费），并有提供行李寄放（¥200/件，17:00前需取回）、帐篷租借（¥1000~2500/1~4人用，押金 ¥1000）等服务。

高月山展望台 观景点

（Takatsukiyama tenboudai；见194页地图）自山脚下步行约20分钟，即可抵达标高近140米的展望台，在这里可以眺望古座间味海滩，一览庆良间内海的群岛，最远甚至能遥望久米岛。如果你在3月下旬至4月上旬来访，还能观赏到盛开的庆良间杜鹃花丛。展望台距离港口约10分钟车程。

冬季赏鲸船 乘船游

（ホエールウォッチングツアー/Whale Watching tour；☎098 896 4141；www.vill.zamami.okinawa.jp/whale；成人/儿童¥6000/3000；⏲上午/下午行程10:00~12:30/12:30~15:00）出没于北半球海域的座头鲸（ザトウクジラ/Zatōkujira）拥有13~15米的巨大身躯，它们每年冬季会回到温暖

的座间味一带准备繁殖。若是在12月下旬至次年4月上旬来到这里，便能参加**座间味村观鲸协会**（座間味村ホエールウォッチング協会/Zamami-mura Whale-Watching Association）组织的出海赏鲸团，寻找这群有“海中智者”之称的美丽生物的倩影。

阿嘉岛（阿嘉島/Aka-jima）

自座间味岛搭船往西南航行约15分钟，就会抵达这直径仅2公里的小岛。阿嘉岛上的**北滨海滩**（北浜ビーチ/Nishibama Beach；见194页地图）有股宁静悠闲的气息，长达1公里的雪白海岸上设有简易卫浴设备，眼前水色清透的“庆良间蓝”让游人瞬间沉浸于美景之中。想要体验登高望远的话，就在港口租自行车，朝岛屿南部骑行约10分钟，到**天城展望台**（Ama-Gusuku tenboudai；见194页地图）俯视形状奇特的**佐久原奇岩群**（佐久原の奇岩/Zakubaru no Kigan）与阿嘉大桥，直到夕阳西下后再返航。

阿嘉岛自然资源丰富多元，从海滩返回港口或民宿的路上，若是曾经注意过阿嘉岛的井盖，会发现上头刻着一只可爱的小鹿，它是岛上濒临绝种的夜行性动物**庆良间鹿**（慶良間シカ/Kerama Shika）；体型比一般日本鹿小且毛色偏暗，白天多活动于山间，入夜时则为了饮水，现身于较低洼的湿地，现今已被日本指定为“天然纪念物”之一。有机会见到的话不妨保持友善距离，以眼睛记录下其优雅可爱的身影。

渡嘉敷岛（渡嘉敷島/Tokashiki-jima）

庆良间列岛中面积最大的离岛，八成区域覆盖着森林，周遭海岸就像是热带鱼的游乐园，以**阿波连海滩**（阿波連ビーチ/Aharen Beach；见194页地图；S阿波連ビーチ）与海龟时常出没的**渡嘉志久海滩**（渡嘉志久ビーチ/

座间味岛，玛丽琳的雕像。

Tokashiku Beach；见194页地图；Ⓢ渡嘉志久ビーチ）最负盛名。一望无际的珊瑚海湾，每到盛夏时节总有潜水客纷至沓来。前者距离渡嘉敷港12分钟车程，距离阿波连港（见交通部分）也仅10分钟步行距离，紧邻阿波连村庄，民宿、餐馆与潜水店家。后者距渡嘉敷港乘车亦不过8分钟路程。

渡嘉敷岛上共有八处景色各具其趣的展望台，自渡嘉志久海滩往阿波连海滩的路途上，**照山展望台**（Teruyama tenboudai；见194页地图）能一览座间味岛、阿嘉岛，以及庆良间列岛，每年1月至3月步道上还会开满庆良间杜鹃。若你喜欢拍摄明信片一般的美景，从阿波连海滩徒步10分钟，即能登上海拔27米的**阿波连展望台**（クバンダキ展望台/Kubandaki tenboudai；见194页地图），带上一枚广角镜便能带回眼前震撼人心的庆良间蓝海景。

住宿

三座主要离岛旅宿规模都不大，每至夏日旅游旺季最好预订。座间味岛为住宿、交通与餐饮最为方便的枢纽点，阿嘉岛与渡嘉敷岛亦有结合潜水服务的民宿能够选择。

Zamamia International Guesthouse 青年旅舍¥

（见195页地图；☎098 987 3626；座間味村座間味/Zamami-son Zamami 126；铺/标单/双 ¥2000/5000/6000起；📶）自座间味港徒步5分钟可达，民宿主人是加拿大侨民，工作人员皆英语流利，时常举办BBQ烧烤活动，整体气氛活泼放松。房内铺位宽敞、公共区域设有投币式洗衣机与烘衣机能洗涤下海后的衣物，卫浴间为男女共用。

Cha Villa 民宿¥¥

（チャーヴィラ；见195页地图；☎098 987 3737；www.miniyon3737.sakura.ne.jp；座間味村座間味/Zamami-son Zamami 90；标单/双 ¥8000/12,000；📶）从座间味港口走3

渡嘉敷岛的海滩。

分钟，便能抵达这座自带小院的民宿。房型分为和式与洋式，面积虽不算大，但全附有独立卫浴与简易小厨房，可以自行购买食材进行简易烹调，需提前向柜台租借餐具与锅具（全套 ¥500）。民宿有附设咖啡馆，房客能在此加购西式早餐（¥1000）。

Hanamuro Inter-Islander's Hotel 民宿 ¥¥

（ハナムロインターアイランダーズホテル；见194页地图；098 987 2301；www.geocities.jp/hanamuroint/hanamurohotel.html；座間味村阿嘉/Zamami-son Aka 179；标双一泊二食 ¥9100起；）离阿嘉岛港口步行约7分钟，民宿房间宽敞舒适，从露台就能欣赏阿嘉岛海岸的日出景致，早晚两餐以当地食材料理和洋混搭风菜式。房客能以优惠价格租浮潜装备（¥1000），并向柜台预约前往北滨海滩的免费接驳车。部分房型位于四楼且无电梯设备，有大件行李的话要格外注意。

Sea Friend 民宿 ¥¥

（シーフレンド；见194页地图；098 987 2836；www.seafriend.jp；渡嘉敷村阿波連/Tokashiki -son Aharen 155；标双含早洋馆/木屋/民宿 ¥6300/5300/4300起；）同时经营民宿和餐厅的潜水公司。民宿分洋馆、木屋与和风民宿房三栋，木屋有提供能住6人的家庭房。注意木屋二楼的房型与和风民宿均为共享卫浴。入住者不仅能用半价租借到潜水设备，报名海上活动也有优惠。民宿提供免费接泊车前往渡嘉敷港，车程约10分钟。

就餐

离岛的餐馆多数有不定休的情形，开放时间较固定，最好计划好在11:30~14:00之间吃午餐，或者提前买好便当。三座离岛的民宿多数提供晚餐的服务（需另付费），让你免去夜间于岛上觅食的烦恼。

まるみや 冲绳料理 ¥¥

（Marumiya；见195页地图；098 987 3166；座間味村座間味/Zamami-son Zamami 432-2；午餐定食 ¥750起；11:00~14:30/18:00~22:30，周三休息；）这间位于村落北侧的冲绳食堂网罗了离岛的新鲜食材，午间提供实惠的定食套餐，到了晚餐时段则加入居酒屋的点餐模式，可以单点各式当地小菜。因其便宜的价格与充足之分量，十分受当地人与旅行者的欢迎。

かふーし堂 冲绳料理 ¥

（Kafushi-dō；见195页地图；090 4346 6286；座間味村座間味/Zamami-son Zamami 71；人均 ¥700起；12:00~22:30，不定休；）由屋龄百年的民宅改建而成的食堂，紧邻民宿あかばな（Akabana），店内装修乱中有序，带有离岛独特的随兴氛围，除了室内座席，入夜后也能在露天桌位观赏星空，享用塔可饭（¥700）。餐点提供外带服务，从座间味港口走路约4分钟可达。

ヨナミネハウス 面条 ¥

（Yonamine hausu；见194页地图；098 896 4786；座間味村阿嘉/Zamami-son Aka 144；人均 ¥2000起；周一至周六 18:30~24:00；）从阿嘉港步行10分钟左右，你便会看到这弥漫和洋混搭风格的古民家酒吧，略为昏黄的灯光营造出令人放松的气氛，除了受到观光客欢迎，还能时常见到当地居民啜饮泡盛调酒（¥500）的身影，为阿嘉岛上为数不多的夜间餐馆。

实用信息

旅游信息中心（観光案内所/Zamami Village Tourist Information Center；见195页地图；098 987 2277；zamamitouristinfo.wordpress.com；9:00~17:00；）座间味港内的旅游咨询柜台提供中英文地图、各式旅游信息。

座间味邮局（座間味郵便局/Zamamiyuubin-kyoku；见195页地图；座間味村座間味/Zamami-son Zamami 371-1；邮局营业时间/自动柜员机周一至周五 8:45~17:30，周末9:00~17:00）座间味港附近最大的邮局，设有ATM。

座间味诊所（座間味診療所/Zamami-Shinryojo；见195页地图；☎098 987 2024；座間味村座間味/Zamami-son Zamami 441-1；⏰周一至周五 9:00~11:30/14:00~16:30，周四下午不看诊）位于座间味岛的诊疗所，在营业时间外若需紧急伤病协助需打119。

ℹ 到达和离开

庆良间列岛是距离冲绳本岛最近的离岛群之一，根据远近不同，从那霸泊港搭乘船班30分钟至2小时便能抵达三大离岛的港口：座间味港、阿嘉港与渡嘉敷港，船班时间随季节会有些微变动，建议事先查询网站公告班次。此外，若于台风季来访，只要有风浪超过4米的情形便会停航，务必提前询问往返船班的最新动态，船班网站每日早晨8点也会公告今日出航情形。

座间味岛和阿嘉岛

目前有两种船型前往座间味岛，分别是**座间味渡轮**（フェリーざまみ/Ferry Zamami；☎098 868 4567；www.vill.zamami.okinawa.jp/ship/；成人单程/往返 ¥2120/4030，儿童单程/往返 ¥1060/2020；单程约120分钟），以及**高速船Queen座间味**（クィーンざまみ/Queen Zamami；电话和网站同渡轮；成人单程/往返 ¥3140/5970，儿童单程/往返 ¥1570/2990；单程50~70分钟），在出发日前23天便可网上预约。其中，渡轮多会经停阿嘉岛（航程90分钟）再前往座间味岛，高速船一天只有两班会停靠阿嘉岛（航程50分钟）。需要注意的是，泊港分为南岸与北岸船舶大楼，相隔10分钟步行距离。高速船乘船处在北岸，但南北岸皆能购买到船票，渡轮则只能在南岸购票与乘船。

➡ **去程** 高速船通常一日有两班：9:00/15:00（下午班次15:50停靠阿嘉岛）。渡轮则为每日10:00出航（11:30停靠阿嘉岛）。

➡ **回程** 高速船返航的时间为10:00/16:20（上午班10:10停靠阿嘉岛）。渡轮返航时间为14:00（14:15停靠阿嘉岛）。

琉球染织工艺

在冲绳，你可能已经发现各地景点列表上，总有几间 “绸艺馆”或“染布坊”。冲绳有丰富悠久的布工艺史，部分源自琉球王朝时期离岛一带“布匹纳税”这种不平等的税收制度，当年曾经规定女性一旦满15岁便须上缴精致的布匹作为年贡，用以进献给萨摩藩。不论平等与否，这个税征收了长达300年，岛上妇女也因此不断精进当地纺织技术，发展出质量上等的“岛屿上布”。除此之外，由于古琉球王国的转口贸易背景，长年引入外来文化洗礼，也使得冲绳布艺品具有“混搭感”的独特风格。

在布工艺品中，最具代表性的当属风格华美的红型染布（紅型/Bingata），它不仅是古琉球王朝的皇族、贵族服饰，也曾为琉球王献给中国的贡品之一，至今已有600余年历史，古时只有王都首里能够开坊制作。红型图样结合了中国古典元素与琉球文化元

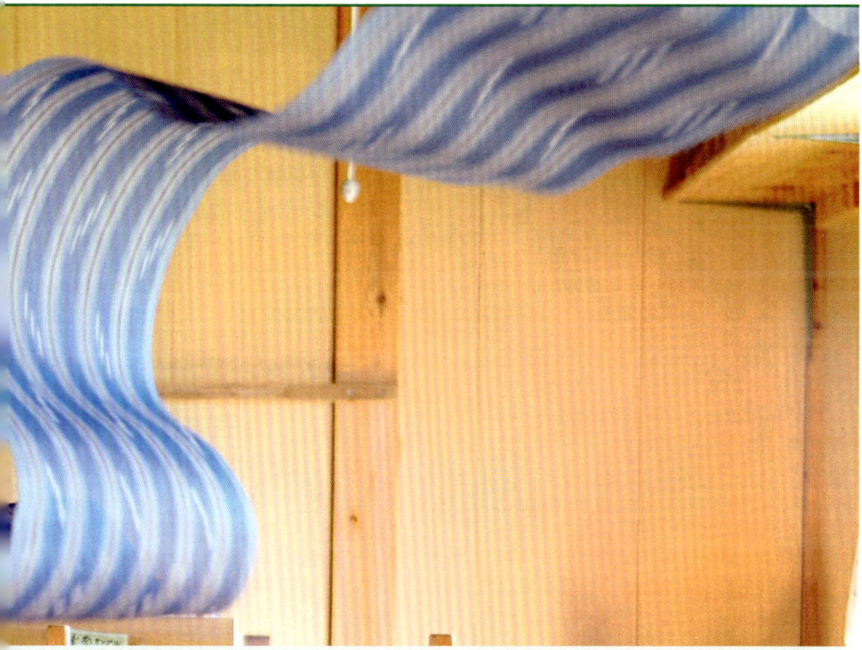

MATT MUNRO/LONELY PLANET©

以八重山上布制衣的当地人。

素，牡丹、凤凰、蝙蝠与宝珠纷呈于布面之上，相较于日本和服样式普遍的淡雅素净感，红型就像冲绳予人的第一印象，色彩饱和、鲜艳热情，让人过目不忘。

20世纪60年代的经典冲绳民谣《芭蕉布》中，有一段歌词如此写道："编织好即将上贡的芭蕉布（Bashōfu），那浅蓝深蓝的布纹就像我们的冲绳岛。"这种布艺品曾为琉球岛民最常穿着的衣料，最早出现于13世纪的古书文献里。然而历史发展至今，绝大多数芭蕉布制品来自本岛北部的大宜味村喜如嘉（Kijoka），当地居民长年种植名为"线芭蕉"（又称丝芭蕉）的作物，每过三年至熟成期，他们会将芭蕉纤维拔成丝、捻成细线、染上颜色，然后编织成布。由于芭蕉布质地轻便且带有强韧张力，特别适合冲绳湿热多变的气候，近年"喜如嘉的芭蕉布"也被指定为日本的国家重要文化财产。

至于离岛地区的染织布工艺，最有名的当属久米岛绸（久米島紬/Kumejima-tsumugi）、八重山上布（Yaeyama-jyōfu）和宫古上布（Miyako-jyōfu）。久米岛绸以黄槿、月桃、杨梅等天然草木，染出棕、黄、灰、绿褐与黑褐色，朴质图案与温润质感是它最大的特色。而八重山上布则是采用苎麻中质量最好的纤维制成细线，再通过自然染法上色，由于通风性极佳，常被当作夏季衣物的面料，最常见的图腾为飞鸟纹、拳纹，以及具有长寿求福寓意的龟甲纹等。

日本曾流传一句话："东有越后、西有宫古"，用以赞叹关东的越后地区与西南方的宫古岛拥有非凡的纺织技术。宫古上布与八重山上布材质大致相同，一样采集苎麻制的丝线进行编织，比远洋海水更深沉的湛蓝色和十字织纹为其两大特征。史书上曾经记载，在1583年贡献给琉球国王的"绫锖布"便是出自宫古岛。至今少数维持古法的工坊技师，若要织出一反（日本布织品单位，一反约11米）上布，最少需要花费近2个月的时间，可见宫古上布的费工程度。➡

⬅ 离岛最“浪漫”的布艺品就是“ミンサー布（Minsaa）”了，它源于八重山列岛，以石垣岛、竹富岛与小滨岛为大宗。“ミンサー”原意为“棉狭”，即木棉制的细腰带，每匹布上都有织纹三大元素：格纹、条纹与锯齿纹（又称蜈蚣纹），其中皆隐藏着纺织女对心上人的思念之情。格纹的样式以四个及五个白色小方格轮流排列而成，借日文的谐音（五的日文为いつ/Itsu，四为よ/yo），暗喻“想与你永远在一起”（いつのよまでも）。白色条纹为“期望爱侣能顺遂地走在正道（条纹）上”之意，至于蜈蚣纹则是祈求心上人“加紧脚步来到自己身边”。布面上蕴藏的满满爱意，也使之被视为当地男女的求婚信物。

渡嘉敷岛

你可以在泊港南岸码头搭乘**渡嘉敷渡轮**（フェリーとかしき/Ferry Tokashiki；tokashiki-ferry.jp/Senpaku/portal?locale=zh_cn；成人单程/往返 ¥1660/3160，儿童单程/往返 ¥830/1580；单程70分钟），或是乘坐泊港北岸出发的**高速船Marine Liner**（マリンライナーとかしき/Marine Liner Tokashiki；成人单程/往返 ¥2490/4740，儿童单程/往返 ¥1250/2380；单程35分钟）。不论船型，入岛皆加收 ¥100/人的环境协力税。

➡ **去程** 高速船通常一日两班：3月初至9月底 9:00/16:30、10月初至次年2月底 9:00/16:00。7月初至8月底以及9月的周五至周日各加开1班 13:00。渡轮则为每日10:00出航。

➡ **回程** 自渡嘉敷港返航的时间：高速船3月初至9月底 10:00/17:30、10月初至次年2月底 10:00/17:00；7月初至8月底、9月的周五至周日加开1班 14:00。渡轮3月初至9月底于16:00返航，10月初至次年2月底则为15:30。

岛间交通

三座离岛间以座间味岛为枢纽，如果有在庆良间列岛留宿与来场跳岛之旅的打算，不妨善加利用岛间船班みつしま（Mitsushima）。除了座间味与阿嘉岛的航线，亦有自座间味岛往返渡嘉敷岛的船班，一天只有2班，停靠的港口为阿波连港（非渡嘉敷港），且必须要预订。

座间味港—阿嘉港（单程/往返 ¥150/300，儿童单程/往返 ¥70/150；时刻表：www.vill.zamami.okinawa.jp/info/trans.html）航程需时15分，一天往返各4班。去程最早7:45，最晚17:30。

座间味港—阿波连港（单程 ¥800；☎098 987 2614）航程需时35分，一天只有2班船班。去程8:30/15:30，回程9:40/16:40，此船班大多也会中途停靠阿嘉港，可以提前询问船班柜台。必须要在搭船前一天下午5点前预订，有人预约才会开船。

岛内交通

三座主要离岛中**阿嘉岛**总面积较小，适合骑行自行车与电动单车游览。而面积较大的座间味岛与渡嘉敷岛，则更推荐搭配班次不多的公交车、租车或是请观光柜台或是民宿预约出租车、接驳车服务。座间味港口即有村营巴士（村営バス/Sonei bus；成人/儿童 ¥300/150；一天5~7班）行经古座味间海滩和阿真海滩（站名：阿真キャンプ場/Ama Kyanpu-jo）。而渡嘉敷港口有配合船只抵达时间的**渡嘉敷观光巴士**（とかしき観光バス/Tokashiki kankō bus；☎098 987 2232；成人/儿童 ¥400/200；出发时间为船班抵达后15分钟，一日3~4班）能往返阿波连海滩，如欲在渡嘉志久海滩下车，则须在发车前30分钟预约。

座间味村营巴士（村営バス；时刻表：www.vill.zamami.okinawa.jp/info/trans.html）

渡嘉敷观光巴士（とかしき観光バス；时刻表：www.tokashikibus.jp/timetable/）

各岛皆有多家租车行能租借单车，像是座间味岛上的**レンタルバイクかにく**（Rental bike Kaniku；见195页地图；☎098 987 2334；kaniku.info/dish.html；座間味村座間味/

Zamami-son Zamami 1908-1; ⌚8:00~21:00; 电动自行车租1小时/当日还 ¥800/3300），渡嘉敷島的**かりゆしレンタサービス渡嘉敷島**（Kariyushi Renta Service Tokashikijima; 见194页地图; ☎098 987 3311; www.kariyushi-kerama.com/rent/; 渡嘉敷村渡嘉敷/Tokashiki-son Tokashiki 1779-10; ⌚9:00~18:00; 普通单车租3小时/当日还 ¥700/1000），以及阿嘉岛上的**レンタルショップしよう**[Rental Shop Shiyō; 见194页地图; ☎090 11792839; www.oki-zamami.jp/~yoshinori-k/; 座間味村阿嘉/Zamami-son Aka 3; ⌚4月至9月 9:00~19:00，10月至次年3月 9:00~18:00; 普通单车租2小时以内/4小时以上（营业时间内归还）¥500/1000，可以加装幼儿座椅]。此外，入住的民宿若有租车服务，通常还有优惠。

久米岛（久米島/Kume-jima）

人口：8410

久米岛是冲绳县内的第五大岛，环岛绕一圈大约50公里。这里有着绝美的海中沙洲**终端之滨**，从久米岛乘船约20分钟便能见到它优美雪白的身影，就像是一段遗落在海上的丝绢，来这里的人多是为探索其神秘面纱。然而久米的美景并不只限于海上，这座纯朴的岛屿本身也拥有细沙如雪的海滩，以及火山岩质的几何海岸奇景。逛累了，先享受一下海洋深层水打造的SPA，晚上在居酒屋大街还能品尝到名产海葡萄、久米岛赤鸡（赤鶏/Akadori）与车虾（車海老/Kuruma-ebi），口福十足。

景点和活动

终端之滨　海滩

（はての浜/Hate-no-hama; 见196页地图）久米岛最具名气的景点，雪白的沙滨自海中央浮现而出，漫延出7公里长的沙岛，与绿松石般的蓝绿海色交织出如梦似幻的景致。旺季（6月至8月）时，沙滨上会有小摊贩租借潜水面罩（¥1000/天）与沙滩椅（¥2500/天）。自久米岛搭船前来需要20分钟，多数船班公司备有透明玻璃底的游船，行驶过程中还有机会欣赏到海龟与珊瑚礁群。你可以选择当地船班公司，像是**终端之滨观光服务**（はての浜観光サービス/Hatenohama Kankō Service; ☎098 985 8814; ⌚7:30~17:00; 成人/儿童 ¥3500/2500起），预约3小时或半日的行程。推荐直接请住宿柜台协助预约，还能有免费接驳车到酒店接送。

比屋定绝崖　自然景观

（比屋定バンタ/Hiyajyou banta; 见196页地图; Ⓢ一周线至比屋定バンタ）“バンタ（banta）”意指断崖绝壁，位于北部的比屋定断崖只有海拔200米高，但它周遭无山遮蔽，景色开阔一览无余。来到这里你可以爬上一座两层楼高的观景台，若赶上晴空万里，不仅能观赏到久米岛无边无际的蓝海，还能远眺到终端之滨，甚至是更远的庆良间列岛。距离机场开车约20分钟，亦有町营巴士停靠。

宇江城城迹　遗迹

（宇江城城跡/Uegusukujyō-ato; 见196页地图）位于标高310米的宇江城岳上的古城遗址，为冲绳县内海拔最高的城迹，就像一座位于天空上的城池，此处曾经挖出古时琉球王朝与中国贸易而残存下来的陶瓷碎片，挖掘作业目前仍在进行中。天气晴朗时你将能观览到久米岛的360度全景，坐在青天蓝海的美色中任思古情怀肆意。从机场包车前往约需30分钟路程，距离比屋定绝崖约13分钟车程。

迭石　海滩

[畳石/Tatami-ishi; 见196页地图; Ⓢ空港线至奥武島（バーデハウス久米島）前/Ōjima（Bade Haus Kumejima）mae]久米岛东侧有一个以桥相接的小小离岛，被称为奥武岛（奥武島/Ōjima），进入岛上便能见到一处

久米岛的“绿色鱼子酱”

在冲绳人的餐桌上，少不了一个绿得晶莹剔透的小菜“醋拌海葡萄”。而久米岛正是以盛产海葡萄（海ぶどう/Umi butō）出名。海葡萄属于绿藻植物，细小的叶片像一粒粒冰珠，摘取下来的样子就像缩小版的绿葡萄，因其独特的口感故又被称为“绿色鱼子酱”。来到久米岛，你不但能于居酒屋中品尝到它哔啵作响的口感，还可以到培育海葡萄的**久米岛海洋深层水开发公司**（久米島海洋深層水開発/KumejimaKaiyoshinsosui kaihatu；见196页地图；☎098 985 7822；email: info@kumejima-kaiyoshinsosui.co.jp；真謝/Maja 486-11；成人/儿童 ¥1080/760；⏲9:00～16:00，周末休息；须预约，体验大约40分钟）的工厂体验参观，亲手摘取海葡萄。Ⓛ

久米岛，迭石海滩。

熔岩地形自然形成的岩石海岸，状似近千块平坦五边形石面组成的几何图腾，若是海水退潮时行走于其中，就像是漫步在无比巨大的龟壳上面，故又被称为“龟甲岩海岸”。距离机场开车约30分钟，自バーデハウス久米島（Bade Haus Kumejima）门口步行1分钟即抵。

久米岛水疗馆 水疗

[バーデハウス久米島/Bade Haus Kumejima；见196页地图；奥武/Ō170-1；☎098 985 8600；www.bade-kumejima.co.jp；成人/儿童 ¥2000/1000，17:00后入场 ¥1,800/900；⏲10:00～21:00（最晚入馆时间20:00）；Ⓢ奥武島（バーデハウス久米島）前]这间水疗馆的温水浴池采用久米岛的海洋深层水，馆内虽不大，设施却颇为齐全，除了各式SPA区，还有能身着泳衣泡汤的室内大浴场与半露天的室外裸汤，在各处均能尽情欣赏奥武海岸的景色。馆内另设有休息区与餐饮区，如果忘记带毛巾的话，柜台也提供毛巾与泳衣租用服务（¥300/400）。距离机场约30分钟车程，水疗馆本身有免费接驳车（时刻表：bade-kumejima.co.jp/about/access/），虽然班次不算多，但主要度假村均有经过，路线还算方便，也能搭乘町营巴士前往。

久米岛海龟馆 水族馆

[久米島ウミガメ館/Kumejima Umigame-kan；见196页地图；奥武/Ō 170；成人/儿童 ¥300/200；⏲9:00～17:00，周二休息；Ⓢ奥武島（バーデハウス久米島）前]奥武岛上的海龟保护宣导展示馆，馆内可近距离欣赏大海龟与海龟宝宝游泳的姿态，每年4月底到5月初还有喂食海龟的活动。现场展示了能触摸的久米海洋贝类，还设有具有警世意义的净滩垃圾专区等。馆内并无簇新的装修，也没有像大型水族馆一样华丽宽敞的水箱，而是用相对质朴的方式展示海龟的危机与现状，也能引发人们对环保的思考。此处距离迭石海滩与水疗馆皆只有1分钟步行距离，可以安排同日游览。

久米岛的海龟。

住宿

久米岛伊芙海滩酒店 度假酒店 ¥¥

[久米島イーフビーチホテル/Kumejima Eef Beach Hotel; 见196页地图; ☎098 985 7111; www.courthotels.co.jp/kumejima; 謝名堂/Janadō 548; 标双/多人间(最多4位)含早餐¥10,600/18,000起; Ⓢ空港线至イーフビーチホテル; 📶]距离机场需要25分钟车程的伊芙海滩酒店就坐落在长达2公里的久米岛人气海岸白沙海滩(イーフビーチ/Ifu Beach)旁,步行便可以抵达汇集居酒屋与餐馆的县道89号海滨路段。酒店内装修虽然不算崭新,但你要的基本都有了,公共区域也设置了海洋深层水浴池、健身房、游戏间与游泳池。你可以从港口或是机场搭乘町营巴士空港线(往港口/机场车程为20/30分钟),抵达酒店门口。

久米岛赛普拉斯度假酒店 度假酒店 ¥¥

[サイプレスリゾート/Cypress Resort; 见196页地图; ☎098 985 3700; www.cypresshotels.jp/kumejima/; 大原/Ohara 803-1; 标双/多人间(最多4位)含早餐 ¥12,000/15,900起; Ⓢ搭乘空港线至サイプレスリゾート久米島; 📶]离久米岛机场仅5分钟车程的度假酒店,面对西海岸的真理海滩(シンリ浜/Shinri-hama),坐享久米岛最知名的夕阳美景。所有房型皆面对大海,景色宜人且采光充足,房间宽敞舒适,酒店设有男女分开的泡汤大浴场与无边际游泳池。前台可提供旅游信息,协助订前往终端之滨的行程。自久米岛机场与港口两地有免费接驳车前往酒店,来往久米岛机场的接驳车无须预约,兼城港口则需要在前一天的18:00前预约。

就餐

来到久米岛,可不要错过品尝一下当地名产:海葡萄、赤鸡与车虾(一种斑节虾),喜好小酌的话,再配一杯久米岛的久米仙(久米岛产的泡盛),便是完美的一餐。岛上的餐饮主要聚集于两处：兼城港附近的仲泊地区有美味的岛屿荞麦名店，另一处在久米岛东南角的白沙海滩（イーフビーチ/Ifu Beach）附近的县道89号海滨路段上，各式居酒屋和餐馆鳞次栉比，适合夜晚觅食的旅行者。

そばやん小 面条￥

[Soba Yangwa；见196页地图；☎080 3226 3130；仲泊/Nakadomari 509；荞麦面￥550~800；⏲周一至周六 12:00~15:00（售完即止）；Ⓢ空港线或一周线至仲泊；📄]这间古民宅里的荞麦面店自2007年开业以来，已然成为久米岛最有名气的餐馆。客人可以在露天的前院用餐，或是脱鞋走进榻榻米座席，一边吹风扇一边吃一碗用当地食材制作的热腾腾的荞麦面。两种用餐环境都令人感觉放松惬意。荞麦面有大中小三种选择，中碗对于饭量一般的人恰到好处，这里不仅时常需要排队，当日卖完也会提早收工，要吃趁早。

南岛食乐园 居酒屋￥￥

[南島食楽園/Nantou shyokurakuen；见196页地图；☎098 985 8801；比嘉/Higa 160-81；人均￥1000起；⏲17:30~23:30，周四休息；Ⓢ空港线至久米アイランドホテル（Kume-Airando-hoteru）；📄]以近海渔获、久米岛野菜等食材料理菜式的居酒屋，在此能吃到以不同方法烹制的久米岛名产，海葡萄煎蛋（海ぶどうの卵焼き/Umibudou-no-tamagoyaki；￥600）以及久米赤鸡刺身（赤鶏のお刺身/Akadori-no-osashimi；￥850）都是招牌菜。用餐人数多的话最好预订。

笑岛 家常菜￥

[笑島/Washima；见196页地图；☎090 3790 4518；西銘/Nishime 1372-1；午餐￥350起；⏲11:00~15:00（周日延长营业至18:00），周四休息；Ⓢ搭乘空港线或一周线至久米島西中前（Kumejima-nishichuu mae）]由一对年轻夫妇共同经营的家常餐馆，店主

海葡萄。

曾经在京都料理老铺研习5年后回到家乡久米岛开店，贩卖汤面、咖喱饭、丼饭与简单刨冰饮品。若是热爱海鲜的人，不能错过虾味浓郁的**车虾汤面**（車海老そば/Kuruma-ebi soba; ¥1000）。它地处高处，让顾客用餐时能欣赏久米岛的海色，因此是一间当地人也时常造访的小餐馆。距久米岛机场8分钟车程。

实用信息

旅游信息中心（観光案内所；098 985 5288；8:00~19:00）抵达机场入境大厅便有旅游咨询柜台，可以取得町营公共汽车时刻表、久米岛地图等各式旅游信息，并有协助预订包车的服务。

久米岛邮局（久米島郵便局/Kumejima yuu-binkyoku；见196页地图；儀間/Gima 171-3；邮局营业时间/自动柜员机周一至周五9:00~17:00/8:45~17:30，周六 9:00~12:30）久米岛最大的邮局，提供国际提款服务。

公立久米岛医院（公立久米島病院/Kōritsu Kumejima Byoin；见196页地图；098 985 5555；嘉手苅/Kadekaru 572-3）位于岛屿中央的公立医院，能够提供紧急伤病协助。

到达和离开

欲前往久米岛，你可以从那霸国内机场搭乘飞机至久米岛机场，或是于那霸泊港乘坐渡轮抵达久米岛的**兼城港**（kanegusuku kou）。平时虽然船班略为便宜，但淡季时飞机与船班价差并不太大，却可以节省大半的交通时间。

飞机

你可搭乘**日本航空**（JTA/RAC；www.cn.jal.co.jp/cnl/zhcn/；淡季/旺季 ¥4600/7000起），一天约有7个班次，航程约35分，提前购买能买到优惠的早鸟票。

船

由**久米商船**（久米商船/Kume Shōsen；www.kumeline.com；成人单程/往返 ¥3390/6450，儿童单程/往返 ¥1700/3060）营运来往那霸与久米岛的航班，中途会停靠**渡名喜岛**（渡名喜島/Tonakijima），目前有フェリー琉球（Feri-Ryuukyuu）与ニューくめしま（Niukumeshima）两种渡轮轮流航行，因停靠时间的不同，后者的航程较长；两班随机发船，欲掌握详细的航行时间，建议先上网查询或是直接向船公司柜台询问。

➡ **去程** 早上与下午各有1班渡轮从那霸前往久米岛，分别为8:30与14:00，航程大约3小时（除了8月之外，每个周一仅有上午航班）：**フェリー琉球** 8:30~11:50/14:00~16:50；**ニューくめしま** 8:30~12:30/14:00~17:15。

➡ **回程** 船班时间与去程相同，仅方向不同（久米岛至那霸）；然而每年4月至10月底下午班次会略为更动：**フェリー琉球** 周二至周四、周末14:00~16:50 /周五 14:00~17:20；**ニューくめしま** 周二至周四、周末14:00~17:15/周五14:00~18:20。

当地交通

久米岛面积仅约60平方公里，但最高海拔有310米。除了主要干道，多数道路属于乡间小路且较有起伏，推荐以公交车或结合包车方式进行游览。

公共汽车

久米岛町营巴士起步价为 ¥120，目前开设了5条路线，但旅行者最常运用到的为**空港线**（空港線/Kuukō-sen）与环岛用的**一周线**（一周線/Isshuu-sen），两者路线略有重叠。一周线几乎涵盖了所有主要景点，然而两条线班次皆不多，最好谨慎安排搭乘计划，以免错过班次。时刻表与路线图请见：www.town.kumejima.okinawa.jp/docs/bus/timeline.html。

空港线 的班次时间会随着飞机抵达时间变化，发车时间约为飞机降落后的20分钟；每天约有6个班次，行经多数大型度假村，若要前往**奥武岛**（奥武島/Ōjima；单程 ¥390；车程约30分钟）上的景点，便需要搭乘这条路线。

环岛一周线 分为左回与右回，两者路线大致相同，一天各只有5班，由巴士总站开出的最早班次为7:30，最晚则是18:30。不过选择搭船来久米岛的人须注意，仅有左回路线会行经兼城港。

出租车和包车

久米岛内出租车起步价为 ¥460。观光包车价格则为2小时 ¥7600起，往后算每加30分钟多加¥1900，以此类推。以全程包车的方式重点式游览的话，约3小时可以环岛玩一周。你可以直接在机场内的观光服务柜台现场叫车。

共栄タクシー（Kyōei Taxi；☎098 985 2634）

久米島相互タクシー（Kumejima Sogo Taxi；☎098 985 2095）

自行车

如果想要以自行车环岛一周，电动自行车是一个比较适合的选择，酒店与民宿通常会提供一般自行车租借服务，且多有房客折扣。在租车行则能选择电动或变速单车，使游览更不费力。

よんなーサイクル（Yonna Saikuru Kumejima；见196页地图；☎080 6485 0265；yonna-cycle@kmh.biglobe.ne.jp；www.yonna-cycle.com；谢名堂/Janadō 583；⏲10:00~18:00；电动自行车¥800/小时，预约的话¥1600/4小时）

宫古列岛（宫古列島/Miyako Rettō）

人口：55,522

一踏出宫古岛机场，头顶的艳阳就能让人们感受到这座珊瑚礁岛的热情。三座跨海大桥将宫古岛、下地岛与伊良部岛、来间岛、池间岛连接成一座潜水者天堂。其中紧紧相连的伊良部岛与下地岛上，有着流传人鱼传说的湛蓝海水池、仿佛小说中奇幻场景的岩石海滨，以及近百种热带鱼悠游的天然水族馆，无不使人沉浸在南国美景中。在这里连海洋都要标榜自己的与众不同，层次分明的透蓝海色有一个属于它的代名词——“宫古蓝”。据说宫古岛还有自己的“白”，至于那是海岸的细白沙滩还是闻名冲绳的宫古雪盐的颜色，就留给你自己定义。注意啦，在旅程中别错过岛上各式主题的冰品店，点杯火龙果、杧果与香蕉打成的热带水果冰沙，沁凉一下五感，这样才挡得住宫古列岛的热力。

伊良部岛，牧山展望台。

宫古岛（宫古島/Miyako-Jima）

宫古本岛是机场的所在地，也是连接另外四座主要离岛的枢纽。前往离岛前，先在这里绕上一圈，北部尝雪盐，南部泡温泉，再去东西两岸看一眼细白沙滩以及惊心动魄的海岸岬角。入夜了，平良市中心还能啜饮泡盛配上名产宫古牛饱餐一顿。

景点和活动

东平安名岬 海岬

（東平安名岬/Higashi-Hennazaki；见197页地图）宫古岛最东端的壮观岬角，尾端矗立着一座白色灯塔。在驶入东平安名岬的路

池间大桥。

上就像进入360度的断崖观景大道，蛰伏而起的石灰岩错落岬角两旁，海浪惊心动魄地拍打在石块上，这幅雄伟的景致被选入“日本百景”。距离宫古机场约需半小时车程，可以顺路游览新城海岸。

新城海岸 海滩

（Aragusuku-kaigan；见197页地图）位于距离机场约25分钟车程的岛屿东部，这片海滩以能观赏到珊瑚礁群与鲜艳热带鱼而闻名，天气佳时特别适合浮潜。停车场入口处设有淋浴间与厕所供人使用，此外岸旁亦有租借潜水道具的摊贩，基本配备三件组（¥1500/日）包含潜水面罩、呼吸管、蛙鞋，初学者可以再加 ¥500租借救生衣，店家会一一讲解使用方法。

与那霸前滨 海滩

（与那覇前浜ビーチ/Yonaha-Maehama；见197页地图）雪白沙滩上，整齐的彩色阳伞与映衬着宝石般的蓝绿海色，仿佛将夏季的美好全部浓缩在这6公里的海岸线上。前滨海滩为许多日本人心中的宫古第一美沙滩，不仅有众多水上活动体验、浮潜道具租借（潜水衣、孩童用救生衣；各¥1000/日），这里也是欣赏来间大桥与日落的人气场所，夏初更有铁人三项大会让旅行者共襄盛举。喜好清静的人建议平日早晨前往。

砂山海滩 海滩

（砂山ビーチ/Sunayama Beach；见197页地图）砂山虽然面积不广，却网罗了多元景色；欲一览这里的海岸风光，随着前人的脚印登上细白的沙丘，便能在丘顶俯视砂山蓝得醉心的海色，以及天然风蚀而成的岩石拱门。这里距离平良市区仅4公里车程，离机场也仅15分钟，地理位置较为便利亦是它受欢迎的原因之一。海边能租借海滩椅（¥1000/日）等用具，并提供贵重物品保管服务（¥1000/日）。

宫古岛乌托邦农场 农场

（ユートピアファーム 宮古島/Utopia farm Miyako-Jima；见197页地图；餐饮处免费入场，参观果园全区 ¥350；☎098 076 2949；上野宮国/Ueno Miyaguni 1714-2；⏲10:00~17:00，最终入场时间16:30）距离机场仅6公里处的观光农园，种植着五花八门的热带水果与花卉，并且开放种植杧果、火龙果、香蕉等多达六种热带果园供人参观。餐饮处贩卖用园内新鲜水果当日现榨的果昔（¥550起）与冰激凌（¥400起）等甜点，口味繁多且十分解暑，单纯为了享用甜点而来的也大有人在。

雪盐制盐所 观光工厂

（雪塩ミュージアム/Yukishio Museum；见197页地图；免费参观；☎098 072 5667；平良字狩俣/Hirara Karimata 191；⏲4月至9月 9:00~18:30 /10月至次年3月 9:00~17:00）在那霸市区常见的宫古岛雪盐店铺，本店正位于距离机场30分钟车程的宫古岛北端。来到这里你不仅能进入工厂区亲眼见到雪盐的制造过程，也可以在导览员的介绍下了解这种雪白色的海盐的多元料理方法。除了工厂限定的盐制商品之外，在本岛十分受欢迎的雪盐冰激凌也不缺席。工厂见学无须预约，然而偶有临时休息的情况，想参观的话建议先行致电确认。

多良川酒造 酒厂

（Taragawa Shuzo；见197页地图；☎098 077 4108；城辺砂川/Gusukube Suna gawa-85；⏲周一至周六 9:00~17:30，参观酒窖10:00~16:00）自昭和时代开业的多良川，以宫古岛南部的砂川地下河为制酒的基底，生产出得奖无数的泡胜古酒。来到这里不仅可以免费试喝所有酒类，还可以免费参观洞窟内的古代藏酒空间。洞窟内多为当地人请多良川帮忙代管的藏酒，准备在特殊纪念日取回饮用。酒窖中，多数架子上的藏酒为5年期限，而放置在地板的酒坛则多在20年以上，被称为古酒。首先向柜台表达参观意愿后，先看一段15分钟左右的工厂介绍影片（可要求英文版），之后跟随日语导览员行走约5分钟野外道路，便能来到地道中的独家酒窖。

宫古岛市体验工艺村 课程

（宮古島市体験工芸村/Miyakojima Taiken Kougei Mura；见197页地图；☎098 073 4111；www.miyakotaiken.com；平良

水上体验课——深入宫古蓝

来到海岸风光明媚的宫古岛，不能错过这里多样的海洋体验行程，不论是浮潜、水肺潜水、冲浪或是独木舟，都值得尝试一番，你可以在众多体验课中选择最适合自己的行程。自备泳衣就能一探那宫古之蓝！

Penguin Divers

（ペンギンダイバーズ；☎090 8231 7161；www.diving-penguin.com；penguindivers@hotmail.com）这里的潜水之旅提供全英语服务，并有初学者也能参与的浮潜（¥6000起/人）与水肺潜水（¥10,000起/人）等活动，另有防水相机租借（¥3500/台）。电话或邮件提前报名。

Ecco tour café

（エコガイドカフェ；☎098 075 6050；ecodive.okinawa；ecoguide.diving@gmail.com）有会说中文的工作人员，潜水区域包括伊良部岛地区（2小时 ¥6300）、下地岛地区（4小时 ¥12,800），可以选择全面式潜水面罩。此外，亦有观赏海龟的行程（2小时 ¥7500），听从教练的指示保持友好距离，能与海龟合影。

東仲宗根添/Hirara Hagashi-nakasone 1166-286；入场免费，体验课 ¥1500起；⏲10:00~18:00，各工作坊休息时间不同，详见官网）这是位于宫古热带植物园内的小型工艺村落，园区内除了自然植物与休憩区之外，也网罗了多达九种不同的工作坊，且大部分皆适合亲子共同参与：穿传统服饰拍照、骑马体验、陶艺制作、染布与拖鞋绘制课程。虽然多数课程能于当日临时报名，但需要注意如T-shirt染布课程需要3日前预约、石狮子陶艺课需一个月的烘干期才能以包裹寄送成品。如有心仪的课程建议先在网站上询问详细内容，再行预约报名。你也可以在入口询问处直接领取免费园区地图与课程价目表。

シギラ黄金温泉　温泉

（Shigira Ougon Onsen；见197页地图；成人/11岁以下/3岁以下 ¥1500/800/免费；☎098 074 7340；上野新里/Ueno Shinzato 1405-223；⏲12:00~22:00，最终入馆时间21:30）在宫古岛南端的Shigira度假村中，能一次体验到露天温泉、展望温泉、岩盘浴和洞窟温泉。这里采用地下1250米的涌泉，水呈现浅金黄色；搭配岛屿地区气氛浓厚的南国植物，在暖阳下泡汤别具趣味。除了传统的裸汤以外，如果不习惯日本泡汤文化，也可以到露天的丛林泳池（ジャングルプール/

宫古方言

“んみゃーくふつ”（n-mya-kufutu；欢迎你），来到宫古岛，你会发现这里有着与日本本州，甚至是冲绳本岛大不相同的传统方言，此种方言被称为宫古语，以平良地区的平良方言为标准。随着时代的演进，现在普遍只剩下长辈一代使用，不过你仍可在传统祭典仪式与歌谣中接触到它。宫古方言许多以鼻音ん（n音）开头，说起话来别具风味，踏入宫古畅游之前，就让我们从简入难地来学上几句。

太阳：ていだ（tida）

海：いん（in）

星星：ぷす（pusu）

好吃：んまむぬ（n-mamunu）

开心：んむっし（n-musshi）

再见：とになし（toninashi）

谢谢你：だんでぃがぁーたんでぃ（dan-deigaa-tandei）ⓛⓟ

Seven Seas

（セブンシーズ；☎080 5659 4189；ayantsu.com/7seas；7seas@ayantsu.com）提供小团制的独木舟、浮潜、史迹步行之旅、丛林探险之旅。并有英语导游带领的一日环保之旅（¥10,000/人；9:30~16:30），行程包含参观史迹、天然洞穴与红树林等，含旅馆接送服务。

Swell

（スウェル；☎098 079 9900；swell.shopinfo.jp/；swell.shopinfo@gmail.com）主打立式桨板（Sup/サップ；60分/90分 ¥5000/9000）和一般冲浪体验课程（サーフィン；3小时 ¥11,000），工作人员能讲简单的英语，最后也有导游跟拍的照片奉上。

Aquabase

（アクアベース；☎098 073 3003；ms-aquabase.com/tours；info@ms-aquabase.com）位于池间岛的活动公司，提供前往八重干濑的潜水行程，如浮潜（3小时 ¥7800）与水肺潜水（3小时 ¥13,800）等，可以事先利用邮件询问当地涨退潮情形，再行预约。ⓛⓟ

宫古岛谜之祭——パーントゥ·プナハ(Panto·Punaha)

若将宫古岛上所有祭典分类做个排行榜的话，最"奇葩"榜单中绝对是岛尻(島尻/Shimajiri)地区的パーントゥ·プナハ祭典拔得头筹。"パーントゥ"(Panto)在古琉球方言中有鬼神之意，"プナハ"(Punaha)则是祈愿的意思。每年农历九月的吉日中，岛尻居民会选两天傍晚举办奇祭，并选出三位年轻人装扮成能驱除恶灵、带来丰收的"烏黑パーントゥ神"。他们会戴上自古流传下来的木制面具，身体覆满有异味的污泥后在大街小巷里穿梭，"逢人涂泥巴"以进行除恶招福。大人小孩无一幸免，路边的房子与车辆也都是涂泥招福的对象。

如此奇特的传统在1993年被选为"冲绳重要无形民俗文化财"，不过需要注意的是，由于曾经发生过某路人被涂个措手不及而起争执的情形，当地观光单位特地声明，要来体验此祭的旅行者，务必身着脏了也不心疼的衣物，避免穿着凉鞋等不好逃跑的鞋；最重要的是，被招满一身福也别太怨怼。简而言之，有洁癖的话别轻易尝试！lp

Jungle Pool)穿着泳衣游玩，现场有泳衣租借服务(¥500)。距离宫古岛机场约15分钟车程可抵。

节日和活动

铁人三项大会　体育节

(トライアスロン/Triathlon；宫古岛全域)于4月举办的铁人三项大会，吸引了国内外的运动爱好者与专业选手，挑战包括游泳3公里、自行车157公里、竞跑42.195公里，届时岛民们也将加入欢腾呐喊的队伍，替挑战者加油打气。

开海祭典　庆祝活动

(海開き/Umibiraki；宫古岛全域)4月的第一个周日，为了祈求初春之后海域开放一切平安顺利的活动，将于美丽的与那霸前滨举行。现场将会举行音乐演奏、寻宝活动、扔沙滩鞋与宫古岛猜谜比赛等活动，参加初泳活动(海域开放后第一泳)，还能拿到初泳证明书。每年到前滨海滩参加活动的约有3000人次，十分盛大。

环宫古岛自行车大赛　体育节

(Tour de 宮古島/Tour de Miyakojima；宫古岛全域)每年6月举办，为冲绳知名公路自行车环岛比赛之一，参加者将于宫古岛全域骑行，穿越多处知名景点，在爽快的疾驶中完成比赛。

宫古岛摇滚音乐节　音乐节

(Miyakojima Rock Festival；预售票/现场售票 ¥6000/7000；平良市区近郊)每年6月仅限一日的摇滚音乐节，以摇滚、海洋与大自然为主题，自2005年起由当地年轻艺术家们发起，活动当日不仅会邀请到多组日本音乐团体共襄盛举，现场也会举办野外市集等相关活动。

宫古岛夏季祭典　庆祝活动

(宮古島夏まつり/Miyakojima Natsu-matsuri；平良市区)每年7月底8月初时，为期两天的盛大夏季祭典，首日将会从涨水御岳(漲水御嶽/Harimizu utaki；宫古岛传统宗教圣域)与宫古神社两处举行的丰年祈愿祭开始；这两日会展开队伍游行、传统技艺演出与庙会等相关活动，届时将全面封街禁行车辆。

Orion啤酒节　啤酒节

(オリオンビアフェスト/Orion Beer Fest；平良市区近郊)每年8月的其中一个周末，冲绳闻名的夏季盛事——Orion啤酒节也将在宫古岛热闹展开，可以在宫古岛引以为傲的海岸边欣赏Live音乐表演、焰火活动，还有啤酒试饮摊位与市集可以免费参观。

宫古岛传统足舞祭　庆祝活动

(クイチャーフェスティバル/Kuichya Festival；平良市区)每年11月的第一个周日上

演，舞蹈“クイチャー”（Kuichya）在古语中原有和声之意，自古以来宫古岛的人们便以这种舞蹈形式，祈求风调雨顺五谷丰登。当日不仅会有从宫古岛各地聚集而来的市民、舞蹈团体于市区中表演传统足舞，其中也有让旅行者自由加入舞蹈之的环节，非常受欢迎。

到达和离开

多数人会在游览冲绳本岛同时，换飞机去宫古岛。从那霸飞往宫古岛的航班因时段不同数量会有变化，目前运营商以日本航空与全日空两家公司为主。

日本航空（JTA/RAC；www.cn.jal.co.jp/cnl/zhcn/）的那霸往返宫古岛航班，一天约9班，航程约45分，价格￥7000起。

全日空航空（ANA；www.ana.co.jp/zh/cn/）也有同样的航班，一天约5班。航程约55分，价格￥7000起。

下地岛机场于2019年翻新完毕，便利性不及宫古机场，现在每日仅6班往返香港。日本国内线有Jetstar往返东京、大阪，每天2班。

伊良部岛和下地岛（伊良部島·下地島/Irabu-jima · Shimoji-jima）

2015年开通的跨海大桥，连接起宫古岛最美丽的离岛伊良部和下地岛。驶入伊良部大桥，一片沁心水蓝在眼前豁然展开，你将逐渐沉浸在无边的海色当中。包车绕两岛一圈约需要50分钟，若是打算放慢脚步游览或是到海景餐厅用餐，不妨预留3小时，慢下来。

景点和活动

伊良部大桥　桥

（伊良部大橋/Irabu-Ōhashi；见197页地图）在2015年开通的日本最长免收费大桥，全长3.5公里，行驶在高低起伏的桥面上，你将因一望无际的美景惊叹不已。大桥开通前，前往伊良部岛与下地岛必须乘船，如今伊良部大桥已然成为岛间来往的必经之路，甚至是该地区最著名的拍照点之一。摄影爱好者请注意桥面上不能随意停车，仅有少数道路拓宽处可以短暂停一下，别被美景吸引了眼球而违反交通规则。距宫古机场约15分钟车程。

牧山展望台　观景台

（Makiyama-tenboudai；见197页地图；伊良部字池间添/Irabu Ikemazoe 923-1）下了伊良部大桥，2公里外的和缓山坡上有一座纯白色展望台，建筑造型就像一只迎着海风展翅飞去的灰面鹫。踏上二楼，你将可以饱览伊良部岛最壮阔的海洋景色，把宫古蓝尽收眼底。天气晴朗时，除了能登高远眺右方的伊良部大桥，也能清晰看见宫古本岛与来间、池间两座大桥。

中之岛海滩　海滩

（中の島ビーチ/Nakanoshima Beach；见197页地图）位于下地岛西南海岸的人气海滩，因可以观赏到壮观的珊瑚礁与近百种热带鱼，被称为天然水族馆。由于地理位置处于自然海湾内，海浪相对平静和缓，也是许多入门浮潜者的首选之一，当地也提供水肺行程（￥5000起/人），避开假日午后热门时段将更能感受海滩的宁静悠闲氛围。距伊良部大桥约12分钟车程。

通池　自然景观

（通り池/Tōri-ike；见197页地图）被选定为国定自然景观的通池，为湛蓝的海水池，由石灰岩自然侵蚀而成，中间一道天然石灰岩陆桥将水池一分为二，水色格外沉静深邃，因此得名“龙之眼”；而曾有人鱼现身的传闻也给这里添增了神秘气息。通池底部其实与海相连，可以从外部潜入通池，故也是许多潜水客口中的宫古岛潜水胜地之一。距离中之岛海滩约3分钟车程。

佐和田之滨　自然景观

（佐和田の浜/Swada-no-hama；见197页地图）入选“日本海滨百选”，透蓝清澈的浅滩里大大小小的岩石高低错落，涨退潮之间的景色变换具有奇幻魅力。据闻水中石块为两百多年前（1771年）一次大海啸冲刷而来，遗留至今。岩、海、日的相辅相成，使这里也成为宫古岛数一数二的日落美景观赏地点。距伊良部大

宫古岛最熟悉的面孔：道路守护君

来到宫古岛，不论是包车、租车还是搭公车，在大路上都会遇到这位尽忠职守、全年无休的"交通警察"——**宫古岛守护君**（宮古島まもる君/Miyakojima Mamoru-kun），这些24小时坚守在道路上的"警官"其实是宫古岛在1996年建起的人像，他们的全名为"宫古岛警察署交通课职员"。为了倡导交通安全，从当年的5尊已增加到现在的19尊。

初次登岛的人们在不知情时偶尔会被他们的雪白面容与严肃正装吓一跳，然而在岛上游览几天之后，人们大多会对这些守护君产生莫名的亲近感，他们也成了拍照热点。如今他们是宫古岛的吉祥物之一，甚至出现了真人演出的"Real守护君"（www.realmamorukun.com），偶尔现身于宫古岛的大小活动中。守护君们常见于乡间道路或十字路口，由于每一尊都是手工上色、表情也有微妙的不同，不妨在路上寻找看看他们的身影，但可别因他而停在马路中间拍照，反而违反了守护君的交通规则！

桥约15分钟车程，距通池约7分钟车程。

池间岛和来间岛（池間島·來間島/Ikema-jima·Kurima-jima）

两座岛分别坐落在宫古的南北两端。南方的来间岛距离机场25分钟车程，岛上将传说中的海底龙宫化作实体，打造成如同宫殿精简版的**龙宫城展望台**（竜宮城展望台/Ryuuguujyou-Tenboudai；见197页地图；距来间大桥1公里），你可以在此遥望对岸与那霸前滨与连接两岸的来间大桥。观赏完海天一色，你还可以逛逛岛上各式手工艺品店与弥漫热带风情的冰沙饮品店，紧邻龙宫城展望台的**乐园果实**（楽園の果実/Rakuen-no-kajitsu；见197页地图；☎098 076 2991；下地字來間/Shimoji Kurima 476-1；人均¥300起；⏰3月至10月 11:00~18:30/11月至次年2月 11:00~18:00，11月至次年5月 周二休息）便是其中之一。果园内栽培有机蔬果，并在小卖部贩卖创意杧果甜点。来到这座小岛，放慢脚步感受午后阳光、品尝当季水果消消暑，就是最有南国风情的体验。

前往宫古岛北角参观完雪盐制盐所后，5分钟的路程之外就是宫古的第一座跨海大桥——池间大桥。人口仅有600多的池间岛属于鸟兽保护区，自然静谧的氛围曾吸引日剧《纯与爱》（純と愛/Junto Ai）来此取景。喜好珊瑚礁群的人就不能错过在池间岛北方的**八重干濑**（やびじ/Yabiji），这是一座仅在退潮时才会浮现的珊瑚礁岛，有人称之为"幻想大陆"，在2013年被选为日本国定天然纪念物。长达17公里的岛群几乎等于三分之一座宫古岛，由八大座百余个珊瑚礁组成，像是隐藏在海底的缤纷宝库。想要一探究竟的话，可以参加当地经营的一日潜水行程，自池间岛坐船15~30分钟便能饱览八重干濑的神秘风采。

住宿

宫古岛住宿以平良市区及港口附近最为便利，不仅多数公交车可抵，用餐与采买生活用品也较方便。如果想要寻一处海景尽情放松，就选择离知名海滩更近或是离岛上的住宿，早晨趁着游客纷至前，尽情漫步踏浪，享受真正无纷扰的南岛假期。若是酒店交通不便，别忘了事前先询问机场接送服务，让行程更省心自在。

Hotel Locus 设计酒店 ¥¥

（ホテルローカス；见198页地图；☎098 079 0240；www.hotellocus.com；平良下里/Hirara Shimozato 338-40；标单/双，含早：旺季 ¥10,200/16,400起，淡季 ¥7500/13,000起，午餐套餐 ¥1350起；Ⓢ平良港；📶）这间2018年开业的设计旅店，以"宫古手工艺"为设计概念，打造出时髦清新的室内风格，从每个房间都能看到港口景致。地下一楼设置了公共阅读空间，三楼有投币式洗衣间。住宿者可在前台报名多种户外运动或手作体验课（费用另计）。店内自行车（¥1000/3小时）与电动自行车(¥1500/3小时)出租。餐厅采用当地食材烹饪异国风格料理，值得一试。酒店距离机场约12分钟车程，从机场搭乘西里宫国线公交车到平良港站下车，步行2分钟即达。

宫古岛旭日饭店 商务酒店 ¥¥

(ホテルライジングサン/Hotel Rising Sun; 见198页地图; ☎098 943 2557; www.hotel-risingsun.com; 平良字久貝/Hirara-Kugai 1063; 标单/双含早：旺季 ¥9500/16,000起，淡季 ¥7500/13,000起，家庭房含早 ¥31,000起; Ⓢイオンタウン南店/Iontaun-Minamiten; 📶)位于平良市区的旭日饭店，房间内以木色调为主，整体空间干净清爽。酒店设有24小时投币式洗衣机，也提供不同软硬度的枕头，并免费出借婴儿车、轮椅、烫衣板等用品。所在位置便利，距离排队名店荞麦面**古谢そば屋**(Kojasobaya)很近，商超、连锁餐饮店街在步行距离内，对面还有Aeon购物中心。从机场乘坐出租车10分钟可达，公交车则需要先搭到平良站，再换乘4号公交车。

Hostel Gecca 青年旅舍 ¥

[ホステルゲッカ; 见198页地图; ☎080 6908 7708; http://hostelgecca.com; info@hostelgecca.com; 平良西里/Hirara Nishizato 182-3; 床位/标双 ¥2800/5000起; Ⓢ宫古市役所(Miyako Shiyakusho); 📶]平良市区小斜坡上的青年旅舍，从建筑改造到室内规划，甚至柜台与清洁都由老板一手包办。白色系装潢稍有设计感，空间规划巧妙，麻雀虽小五脏俱全，包含公用厨房与卫浴，以及两处陈列着冲绳离岛旅游书籍的休息区。多人房的床位宽大且别出心裁，各自拥有独立的小区域。房间使用密码锁并附上小型钥匙柜。囿于人力，房间的清洁还有进步空间。老板本身是行走的美食地图，想品尝当地佳肴的话，友善的询问将会获得丰富的回复。房间位于二楼，有大型行李者需注意。

Soraniwa 精品酒店 ¥¥¥

(そらにわ; 见197页地图; ☎098 074 5528; www.soraniwa.org; 伊良部/Irabu 721-1; Side A含两餐，淡季 ¥19,500/旺季 ¥27,000起，Side B含两餐，淡季 ¥61,000/旺季 ¥84,000起)这里适合想到大海旁放空、享受夜晚静谧的人。老板是一对本州岛移居而来的夫妇，民宿使用再生木材作装饰，共两栋建筑。Side A位于咖啡馆二楼，面海且享有独立阳台，最多可以入住3人；住宿者可以预约屋顶上的按摩浴缸(每房可预约1小时)，享受夕阳西下或漫天星空。Side B则分为Sora与Niwa两大间，最多可以入住5人。宽敞的住宿空间设有厨房料理台，适合大家庭住宿。附属咖啡馆内贩卖着具有当地特色的甜点饮品，也十分受过路客欢迎。距伊良部大桥约2公里，离宫古岛机场约20分钟车程。

宫古岛东急度假酒店 度假村 ¥¥¥

(東急ホテル&リゾーツ/Tokyu Hotel& Resorts; 见197页地图; ☎098 076 2109; www.tokyuhotels.co.jp/miyakojima-h; 下地字与那覇/Shimoji Yonaha 91; 标双/家庭房，含早 ¥20,000/28,500起; 📶)紧邻知名海滩与那霸前滨的度假酒店，海景壮丽且地理位置便于亲水。房型宽敞舒适，酒店内设有户外泳池、儿童泳池，并免费出借儿童游泳圈。亲子游的旅行者也可以致电柜台预约婴儿床、婴儿座椅与孩童拖鞋、牙刷等用品。前往酒店可以打车，也可以提前至少三天预约机场免费接送。周遭不比市区的酒店便利，但就远离喧嚣的度假氛围与早晨可以到前滨海滩享受宁静漫步的两大优点，也让这里成为全家出行的首选之一。

就餐

平良市区聚集了各具传统特色的居酒屋与餐馆，当地海鲜、宫古牛都可在此品尝。西里与下里一带入夜后一反白日静谧，居酒屋纷纷挂上暖帘，奏起热闹的三线待你入席；白天前往海滨景点时则不妨多多关注周遭的景观咖啡厅，大饱口福的同时还能坐享风景。需要注意的是岛上的餐馆，跟岛民一样过着随兴的“岛时间”，偶尔会有不定休的情况。

Subako　　创意菜 ¥

（见198页地图；☎080 5203 2156；平良下里/Hirara Shimozato 615；人均 ¥800起；⏲周四至周一 15:00~24:00，周三 18:00~24:00，周二休息）隐身在下里通巷街内的Subako是一间结合宫古岛食材与多国创意料理的小餐酒馆，店名意指鸟巢，店内也以原木、树枝打造出舒适的氛围。店内提供日本酒，每天料理会随着当天推荐食材而变化，如当日特色米饭（本日のライスボウル/Honjitsu-no-Rice bowl；¥800）、当日冲绳风杂炒（本日のちゃんぷるー/Honjitsu-no-Chanpurū；¥600）等，虽然目前还没有外文菜单，但店员可以用英语简单沟通，不妨直接询问当日推荐菜色。

南乐　　居酒屋 ¥¥

（南楽/Nanraku；见198页地图；☎098 073 1855；平良西里/Hirara Nishizato 568；人均 ¥1000起；⏲18:00~23:50，不定休）朴实热闹而具有当地氛围的居酒屋，每日用现捕的鲜鱼、当地蔬菜料理出自然风味小菜，人气菜品除了宫古牛相关料理，还有"猫饭"（ねこまんま/Nekomanma；¥750；原指日本一种将残羹或酱油、柴鱼片等调味料浇淋在米饭上，快速饱腹用的菜式）海鲜丼——米饭上铺满伊良部岛产的鲣鱼刺身、宫古岛的海葡萄与自家产的调味醋，让人在一碗之中饱尝岛产海味。如果有选择困难症的话，也能依照预算请老板用 ¥1000或 ¥2000等定价帮忙搭配出无菜单料理，你将能品尝到意想不到的"南乐式"调味惊喜。

島cafe とぅんからや　　咖啡馆 ¥

（Shima Café Tonkaraya；见197页地图；☎098 076 2674；上野字新里/Ueno Shinzato 1214；午间套餐 ¥800起；⏲周一至周六 11:00~17:00；📋）店名为宫古方言中"朋友相聚的场所"之意，坐落在宫古岛南端，因为能欣赏到辽阔海景而大受欢迎。11:00~14:00有午间定食，

伊良部岛，Botta。

可以享用以宫古牛制成的汉堡排套餐(宫古牛ハンバーグ/Miyakogyu Hambāgu; ¥1500), 但由于限量贩卖, 最好早点来排队。距离宫古机场约20分钟车程, 咖啡馆旁也设有手工杂货选品店南国雑貨Tida(Nangoku Zakka Tida)与太陽が窯(Tida ga gama; ☎098 076 2266), 在等待用餐之前可以先去逛一逛, 或是预约陶艺课程。

Café Irayoi 面条 ¥

(カフェIrayoi; 见197页地图; ☎080 8573 0387; 平良字狩俣/Hirara Karimata-186-2; 荞麦面 ¥680起; ⏲8:00~17:00, 不定休; 🅟) 位于宫古岛北端的古民家小餐馆, 与雪盐制作所仅数步之遥, 店中却是一种全然不同的静谧温馨氛围。这里出售采用来间岛产的有机小麦制作的宫古面。冲绳地区的荞麦面多采用小麦制作, 而Irayoi的荞麦面更循着古法, 利用木灰滤过的碱水作为揉面的基底, 被称为"木灰そば"(Kibai Soba)。用完餐之后还能顺道至附近的西滨海滩逛一逛。

リッコジェラート 甜品 ¥

(Ricco gelato; 见198页地图; ☎098 073 8513; 平良下里/Hirara Shimozato 550; 冰激凌 ¥420起; ⏲夏季 10:30~19:00, 冬季 10:30~18:00; 🅟) 平良市区下里通的冰激凌店, 每天早上制作新鲜的冰激凌, 使用低温杀菌的宫古牧场鲜乳, 加入岛上种植的蔬果, 紫芋、岛香蕉、海盐与泡盛等风味, 口味多元且富有岛屿特色, 店里自家产的酸奶等乳制品也值得一试。

Botta 各国风味 ¥

(ボッタ; 见197页地图; ☎098 078 5010; 伊良部佐和田/Irabu Sawada 1726-4; Pizza ¥1200起; ⏲11:30~16:00, 周二休息; 🅟) 在伊良部岛与下地岛的交界处, 佐和田海滨旁的一幢白色小屋, 每天制作薄皮香脆的窑烤比萨; 若是幸运能坐到靠窗的座位, 便能将美丽的海滨与下地岛空港尽收眼底。除了朴实而美味的薄皮综合菇比萨(ボスカイオーラ/Boscaioloa; ¥1400), 现场也有甜味比萨与蛋糕。开店时刻容易客满, 建议预约, 或是尽早前往登记座位。

パニパニ 甜品 ¥

(Pani pani; 见197页地图; ☎098 076 2165; 下地字来間/Shimoji Kurima 105-1; 咖啡 ¥380起, 冰品 ¥250起; ⏲10:00~17:00, 冬季休息) 来间岛上的冰品咖啡店, 店铺四周被热带植物包围, 地面铺着白色细沙, 开放式空间有着让人自然而然放松身心的独特魅力。这里的甜点饮品具有浓厚热带风情, 特别是招牌火龙果香蕉果昔(ドラコンバナナシェイク/Dorakon-banana-sheiku; ¥550), 不早些来还有售罄的风险。偶有闭店休息的情形, 不想扑空可以先打电话询问。

ℹ 实用信息

旅游信息中心(観光案内所; ☎098 072 0899; ⏲9:00~18:00)就在宫古机场到达大厅内。你可以先去拿一本《宫古岛观光指南》(*Miyakojima Sightseeing Guide*)。懂日语的旅行者也能拿一份详细的日文版《宫古岛导游地图》(*Guide Map Miyako*)与各式简章。柜台能帮助订车、包车、叫出租车与联络住宿。

平良西里邮局(平良西里郵便局/Hirara-Nishizato yuubinkyoku; 见198页地图; 平良西里/Hirara Nishizato 142; ⏲周一至周五 9:00~17:00, 自动柜员机至19:00)位于宫古岛市中心, 当中有可使用国际银行卡的ATM。

冲绳县立宫古医院(沖縄県立宮古病院/Okinawa-kenritsu Miyako Byoin; 见198页地图; ☎098 072 3151; 平良下里/Shimozato 427-1)位于市中心的县立医院, 可以提供紧急伤病协助。

抵离机场

从宫古机场到平良(Hirara)市区搭出租车为 ¥1300~1500, 路程约15分钟。如搭公交车, 出机场之后即有协荣的路线巴士站牌, 你可以搭乘"新里宫國線"前往平良港/平良市区[平良港前站(Hirara-kō mae)

单程 ¥230/公設市場前站（Kosetsu-Ichiba mae）单程 ¥220]，一天约7班，最早的班次为9:35，最晚则为16:56，路程约20分钟。须注意从平良港回机场目前仅有3班，时间分别为11:05/13:25/16:05。

岛间交通

三座跨海大桥分别连接起主要离岛：伊良部岛、下地岛、来间岛与池间岛，无须乘船，你可以通过观光包车或是公共交通等方式前往上述离岛。

当地交通

宫古岛上公共交通观光路线并不发达，除了往来机场的巴士之外，公交车线路多以平良市街、港口为中心运行。若是单日往返宫古岛，建议善用出租车或包车服务，提前筛选规划好游览点。如果时间充裕，重点区域亦可租借自行车观览。如有打算住宿一晚，除了选择相对方便的平良市区与平良港附近，市区之外的住宿地也多提供机场接送服务，不妨事先询问。

公共汽车

目前宫古岛的公交车主要由平良的两间公司运营，班次不多，有部分路线前往主要景点，例如，**八千代**（Yachiyo）公司有从平良开往池间岛的“漁港前站”（Gyokou mae；¥500；约40分钟）的路线。而**協栄**（Kyoei）公司则有从平良开往与那霸前滨的“上地南”站（Uechi Minami；¥290；约25分钟，再步行15分钟到海滩）、来间岛的“来間”站（Kurima-jima；¥450；约35分钟）的公交车。如有打算搭乘公共交通工具，务必事前仔细安排时间。

八千代バス（Yachiyo Bus；时刻表：yachiyo-bus-taxi.jp/rosenbus.html）

協栄バス（Kyoei Bus；时刻表：www.miyako-net.ne.jp/kyoeibus/top.html）

出租车和包车

宫古岛内出租车起步价 ¥460。观光包车四人座 ¥3800/小时、九人座车 ¥6620/小时。如想全程包车在宫古岛本岛快速看重点的话，约4小时可以环岛玩一周。想加上伊良部岛、下地岛等相连的离岛区域的行程，建议至少预约6小时。可在机场内的观光服务柜台现场叫车。

まるちくタクシー（Maruchiku Taxi；☎0120 178 625；www.maruchiku.jp）

協栄タクシー（Kyoei Taxi；☎0120 223 091；www.miyako-net.ne.jp/kyoeibus/top.html）

自行车

虽说宫古岛地形较冲绳本岛平缓，最高的山丘约113米，但仍有不少起伏。体力不太好的旅行者可先以近距离景点或是市区为主规划骑车路线；风较大的跨海大桥区域，则用公共交通或出租车等交通工具前往。岛内多数民宿酒店提供自行车租借服务，且多有房客折扣。一般租车行则多备有变速自行车或电动单车可供选择，骑起来更轻松。

富浜モータース（Tomihama mo-ta-su；见198页地图；☎098 0723031；平良西里/Hirara Nishizato 288；⏲9:00~18:00；自行车 ¥1000/日，登山自行车 ¥1500/日）

ビーショップ（B-Shop；见198页地图；☎098 073 9311；平良下里/Hirara Shimozato 937；bshopmiyako.web.fc2.com；⏲9:00~18:00；自行车 ¥1500/日，电动自行车 ¥2000/日）

八重山列岛（八重山列島/Yaeyama Rettō）

人口：53,405

包含无人岛在内，八重山列岛共有19座岛屿，它们远观皆相似，细看却蕴含着各具魅力的独特元素，不妨拼贴一幅跳岛蓝图，一一踩过去体验。繁荣的石垣岛是前往离岛跳岛之旅的大本营。西表岛面积较大，九成以上的面积被亚热带丛林覆盖，像是得天独厚的自然宝库。竹富岛把古琉球风情留在一间间赤瓦屋里，岛歌悠扬，最适合放空一下午。想要深度旅行，不能错过波照间岛的南十字星、牛比人多的黑岛，以及富有乡野气息的小滨岛。在选择困难症发作之前，赶紧出发吧，去写下属于你的离岛风情诗。

ℹ 到达和离开

首先你需要搭飞机前往石垣岛机场。冲绳那霸机场有直飞班机，航程约一小时，目前以日本航空与全日空两家航空公司为主。另外，日本航空每天也有两个班次从宫古岛直飞石垣岛，航程约半个小时。

日本航空（JTA/RAC；www.cn.jal.co.jp/cnl/zhcn/）那霸往返石垣岛，一天8~9班，航程约65分，价格 ¥5100起。石垣岛往返宫古岛，一天约2班，航程约35分，价格 ¥7000起。

全日空航空（ANA；www.ana.co.jp/zh/cn/）那霸往返石垣岛，一天8~9班，航程约60分，价格5100起。

岛间交通

石垣岛离岛码头（石垣港離島ターミナル/Ishigaki-jima Rittō Ferry Terminal；抵离交通详见184页石垣岛）是前往所有八重山主要离岛的交通枢纽。虽然少数离岛之间有互通船班，但多数仍是要回到石垣岛换乘。码头中心内设有船班公司柜台，最大的两家船公司为**八重山观光渡轮**（八重山観光フェリー/Yaeyama Kankō Ferry；☎098 082 5010；www.yaeyama.co.jp）和**安荣观光**（安栄観光/Anei Kankō；☎098 083 0055；www.aneikankou.co.jp），两者船班价格相同、出发时间经常写在一起，而且同一航段的船票能够互通使用。一般而言，船票直接到以上柜台现场购买就好，若是在暑假旺季出游时，不妨提前询问船公司该日是否满客。淡旺季船班时刻会微调，建议先上网或至柜台查询。

以下是从石垣岛出发前往各离岛的渡轮信息：

西表岛（大原港：单程/往返 ¥1800/3440，儿童单程/往返 ¥910/1740；上原港：单程/往返 ¥2360/4510，儿童单程/往返 ¥1180/2260）有两处主要港口——上原港与大原港，每日各有10~12班船来往返石垣岛。去大原港的渡轮为35~40分航程，去上原港为40~45

八重山列岛

分。多数前往大原港的船班到港后有免费接驳车可以送游客抵达上原港（约30分钟车程），如需接驳车服务，不妨事先询问柜台。

竹富岛（单程/往返 ¥690/1330，儿童单程/往返 ¥360/690）的航程需时10~15分，一天往返各有21班船班，每班间隔30分钟。

小滨岛（单程/往返 ¥1220/2340，儿童单程/往返 ¥620/1180）的航程需时25~30分，一天往返各有12班。

黑岛（单程/往返 ¥1320/2530，儿童单程/往返 ¥670/1280）的航程需时25~30分，一天往返各有5~6班。

波照间岛（单程/往返 ¥3550/6790，儿童单程/往返 ¥1770/3390）的高速船航程60~80分钟，大型轮船则约100分钟。须注意仅安荣观光有前往波照间岛的船班，一日往返各3班。航班之中，11:50自石垣岛出发与13:35从波照间岛出发的船班会不定期停靠西表岛大原港，故航程需80分钟。此外，由于比较容易因风浪而停驶，搭乘当日建议提早与船公司确认出航情况。

如果你打算在短时间内多跑几个离岛，那么由**八重山观光渡轮**推出的**Kariyushi周遊券**（かりゆし周遊券/Kariyushi shuuyuuken；三日券 成人/儿童 ¥5800/2900，四日券成人/儿童 ¥6800/3400）就是个不错的选择，只是必须在连续天数内使用完毕。你可以在柜台直接购买或是上官网预约；使用此券一样能够搭乘安荣观光的船班。

各岛内当地交通

石垣岛与西表岛有公共汽车，也能利用包车、出租车，或是公交车搭配自行车的方式游览，其余小岛则多能利用自行车或电动自行车绕岛。此外，事先查询住宿酒店有没有接送服务、观光点接驳车也是不错的方法。最后，你也能在石垣岛港口柜台向旅行社直接报名前往各岛观光的团一日或半日游，它们也推出一日跑遍多座岛的行程，不过

石垣岛，底地海滩。

旅游时间较仓促，仅推荐给时间紧张的旅行者，需注意这些旅行社基本上仅提供日文服务。详细岛内交通方式见各章节。

石垣岛（石垣島/Ishigaki-jima）

登陆石垣岛，你已然抵达八重山列岛的关口，这里是日本最南端的城市所在，也是一座兼具繁荣街景与自然景观的美丽岛屿，开始跳岛之旅前不妨先好好探索石垣之美。早晨出发在玉取崎展望台一览岛屿全景，午间回市区吃一碗地道的八重山面线，下午正是川平湾最美丽的时刻。天色暗了，市区里的石垣牛烧烤店能让你大快朵颐，喜好浪漫的人还能来趟观星之旅。

景点和活动

川平湾 自然景观

（Kabira-wan；见199页地图；Ⓢ川平公園/Kabira Koen）川平湾是全日本唯二的黑珍珠养殖地之一。海底多达250种珊瑚使其海色像清透的翡翠一般，随着阳光照射的角度不同，呈现千变万化的蓝绿色调。川平湾全面禁止下水游泳，然而你可以在这里搭乘透明玻璃底的小型船只（¥1000/30分钟），船员将带领你在海湾中四处游览，观赏美丽的海底珊瑚群与缤纷热带鱼。

底地海滩 海滩

（底地ビーチ/Sukuji Beach；见199页地图；川平/Kabira 185；⏲3月下旬至10月下旬开放游泳）长达1公里的白沙、平静而碧蓝的浅海与广阔的水域，使得这里成为石垣岛上最受欢迎的浮潜海滩之一。底地距川平湾仅5分钟车程，7月至9月时近海会加设防止水母进入的特殊渔网，除此之外的时间须注意水母出没。海滩旁有简易更衣室、置物柜与淋浴间可以使用。

日落海滩 海滩

（サンセットビーチ/Sunset Beach；见199页地图；平久保/Hirakubo 234-323；⏲9:30~18:00，5月至10月中旬开放游泳；成人/儿童 ¥500/250；Ⓢ久宇良/Kuura，再步行10分钟）位于岛屿北端的西海岸上，景如其名，日落时夕阳缓缓沉入东海，橙红橘黄的云彩格外动人，曾被日本团体南方之星写入《神の島遥か国》的歌词。虽然需要付费进入，但海滩规划也相对完善，除了游泳区域长期设置防水母的保护网，海滩旁也有干净的淋浴间、更衣室与洗手间，并且提供潜水道具（¥1500起）出租服务。

白保珊瑚村的周日市集

白保海滩以能够观赏到120多种珊瑚礁而闻名，位于海滩旁的白保居民村落中，还有一处由自然环境保护团体WWF（世界自然基金会）所设立的**白保珊瑚村中心**（Shiraho Coral Village；白保/Shiraho 118；⏲9:00~17:00，周三休息；免费；Ⓢ白保小学校前/Shirahosho gakkou-mae，再步行10分钟），这里展示了白保的珊瑚现状、海洋生态，游客在这里还可以亲自体验渔民的捕鱼道具，颇具教育意义。

每到周日，珊瑚村内便会举办**白保日曜市**（Shiraho Nichiyoi chi；⏲10:00~13:00，各摊位时间不一），邀请当地农家与艺术家来摆摊，现场贩卖香草茶、月桃点心、岛味噌、手染工艺品等自制产品，有机会周末来访，不妨来此散散步，感受白保居民的待客之道。

玉取崎 观景台

（Tamatorizaki；见199页地图；伊原间/Ibaruma；Ⓢ玉取崎，再步行15分钟）自石垣岛市区开车约40分钟，便能抵达这座景色壮阔的观景台，在此你将能够远眺石垣岛以北的平久保半岛，饱览海角景色与一望无际的东洋和太平洋。观景步道两旁盛开的朱槿花也是游人争相拍照的对象。

石垣市立八重山博物馆 博物馆

（石垣市立八重山博物館/Ishigaki-shi

与魔鬼鱼共游

魔鬼鱼（Manta Ray；又称为蝠鲼）为一种身形扁平的大型肉食性软骨鱼，通常只会在固定海域中出没。位于石垣岛川平湾的石崎（Ishizaki）海岸附近名为"Manta Scramble"的海域，这是一处常年能观赏到魔鬼鱼的知名潜点，每年6月至10月的暑期旺季是它们最频繁现身的季节。想要出海与石垣岛魔鬼鱼共游海底世界，可以选择以下两间少数精通英语的潜水公司。

海讲座（海講座/Umicoza；☎098 088 2434；www.umicoza.com；contact@umicoza.com；魔鬼鱼之旅含水肺装备¥25,000；⊙9:00~17:00）

プライムスクーバ石垣（Prime Scuba Ishigaki；☎098 087 5980；www.primescuba-isg.com；info@primescuba-ishigaki.com；魔鬼鱼之旅含水肺装备 ¥24,000；⊙8:00~18:00）Ⓛ

Yaeyama Hakubutsukan；见200页地图；登野城/Tonoshiro4-1；¥200；⊙周二至周日9:00~17:00）馆内常年举办岛上文化和历史展览，且多数附有英文讲解牌。八重山地区现在仍持续开采出古代文物，如2011年石垣岛建设新机场时出土的古代居民文书（根据测定已有2.4万年历史），如今便展示于这间博物馆中，历史迷们不要错过。

石垣八重山民俗村 景区

（石垣やいま村/Ishigaki Yaima mura；见199页地图；名蔵/Nagura 967-1；www.yaimamura.com；成人/儿童 ¥1000/500；⊙9:00~17:30；Ⓢやいま村入口/Yaima mura iriguchi）以八重山地区的传统文化为主题的文化民俗村，村落中有着农民之家、海人之家等6栋复刻出来的古民居，与一座仿古造型的瞭望台。民居中4栋为分别于1980~2008年间自石垣岛市区迁移而来的"原装"民居。这里也有彩绘石狮子课程（¥1300/只；60分钟）、琉装拍照体验（¥500/人；10分钟）、岛拖鞋DIY（¥2200/双；3小时）等活动。园中还有松鼠猴园林，可以体验喂食互动，适合亲子同游。

食宿

石垣岛上便利度最高的地方，当属离岛码头附近的市区大街，不仅住处繁多，用餐选择丰富到使人眼花缭乱，你能于此享用平实美味的八重山面线，或是入口即化的石垣牛定食。如果对你而言旅行的意义便是放空度假，除了知名度高的Club Med酒店之外，也有其他"相对"实惠的度假村，在那里同样能享受石垣岛的海岸风情。

Guesthouse Chura cucule 青年旅舍¥

（ゲストハウスちゅらククル；见200页地图；新川/Arakawa 23；☎098 087 5558；https://global.chura-cucule.jp/zh-cn；单人床位 ¥3050起；📶）规划良好、设计清新的青年旅馆。以性别划分成两间多人房，房内禁止喧哗，且各床位之间用厚实木板隔出独立空间，寝室设计让人有身处森林般的安静舒适。共享空间包含厨房、聊天区域、阅读区与电视区，还有投币式洗衣机（¥300起）。青旅离码头步行11分钟，你可以向柜台租借自行车（¥100/小时，¥700/日），柜台人员英语不错，且乐意提供餐饮建议。

Ishigaki Hotel Culule 旅馆¥

（石垣島ホテルククル；见200页地图；美崎町/Misakichō 8-1；☎098 082 3380；www.cucule.jp；标双/家庭间 含早餐 ¥9250/13,300起；📶）地理位置绝佳，距离乘船码头走路仅需3分钟，一出旅馆便是热闹的市街。房内有原木家具，清爽干净且颇具质感。柜台旁可以免费取用刮胡刀、面膜、方巾等日用品，旅馆供自行车免费出借服务（须当日23:00前归还）。提早预订有早鸟优惠。

石垣岛全日空洲际度假村 度假酒店¥¥¥

[ANAインターコンチネンタル石垣リゾート/ANA Intercontinental Ishigaki Resort；见200页地图；☎098 088 7111；www.anaintercon

tinental-ishigaki.com；眞栄里/Maezato 354-1；标双/家庭间（最多5人）含早 ¥17,100/27,150起；[]石垣岛占地最广（近90,000平方米）的度假村，紧邻真荣里海滩，客房宽敞且有种开放感，窗户全数面向大海。如果你想要更宽广的房间，还能选择低楼层的"珊瑚楼"，每间房面积达50平方米。酒店的水上活动选择很多，海滩现场还有救生员驻守。你也能直接向柜台报名观星、独木舟等户外活动。走路10分钟左右可达超市。

来夏世 面条 ¥

（Kunatsuyu；见200页地图；098 082 7646；石垣/Ishigaki 203；荞麦面 ¥350起；周一到周六11:00~14:00，售完即关门）这间八重山老面店坐落于安静街区之中，店中座位不多，午餐时段常大排长龙。店内招牌为八重山面（八重山そば/Yaeyama Soba；大/中/小 ¥550/450/350）汤头清澈口味偏淡，可以随喜好加入泡盛辣椒调味。食量大一些的人也可以选择配饭的八重山そばセット（Yaeyama Soba Set；¥600）。从离岛码头乘出租车（车资约 ¥600）可达。

具志堅くわっちぃー 海鲜 ¥

（Gushiken Kuwacchi；见200页地图；098 082 0781；离岛码头建筑内；丼饭 ¥500起；周一到周六 11:00~17:00，周三和周日休息，每日售完即关门）离岛码头里的海鲜专卖店，窄小的店面里，到了用餐时刻总坐满回头客。最开始这里只有鲔鱼丼，现在仅鲔鱼菜单就有30多道，点菜时只要在贴满照片的墙上指你喜欢的就行。

虎一精肉店 烧烤 ¥¥

（虎壱精肉店/Toraichi Seinikuten；见200页地图；098 087 6029；眞栄里/Maezato 185-5；人均 ¥2500起；11:00~21:30，周二和周三休息）肉品贩卖店兼烧肉餐厅，老板每周都去肉市精心挑选，竞拍一

石垣牛肉。

整头牛回店里现切现卖，因此你不仅可以吃到鲜美的石垣牛，还能买一整块牛肉回民宿自己烹饪。烧烤肉价根据部位、等级不同，价格在 ¥980~2780不等。不妨来一份中等价位的特上牛里脊（特上ロース/Tokujyo Rosu；¥1880），享受仿佛入口即化的幸福感。

旬家ばんちゃん 早午餐¥

（Shunka Banchyan；见199页地图；098 087 0813，建议预约；白保/Shiraho 13-1；午餐套餐 ¥1500起；8:30~15:00，不定休）白保村落里的人气早午餐店，采用当地自然食材烹调菜品，特别推荐早餐定食（¥1080），除了像是迷你被褥一样蓬松可爱的鸡蛋卷，还附上紫米饭、汤品与三样配菜，再加¥200便能有一块蛋糕。走出店后门便是白保海滩，用完餐可以顺便看海消消食。

ミルミル本舗 本店 冰品¥

（Mirumiru Hompo Honten；见199页地图；098 087 0885；新川/Arakawa 1583-74；冰激凌 ¥350；10:00~18:30）出售包括香蕉、紫薯、豆腐、牛乳口味的数十种冰激凌，然而店外辽阔的海岸风景才是吸引人们纷纷前来的主因。在柜台选完冰品后，便能至户外座位细细享受冰凉滋味与眼前美景。

购物

从石垣岛码头步行7分钟，便能抵达商店街ユーグレナモール（Euglena Mall），这里除了鳞次栉比的餐馆、咖啡店和土产店，还有许多当地年轻人开设的饰品店、买手店和手工艺品店，选购纪念品来这里相当合适。另外，**石垣市公设市場**（Ishigaki Kousetsulchiba；8:00~20:00，每月第2、4个周日休息）也位于商店街中，在这里能够买到石垣岛出产的食材蔬果，每天傍晚打烊之前1小时，摊位老板们还会陆续降价清货。

如要添购生活用品，岛上还有两间大型超市，**MaxValu石垣店**（8:00至次日1:00；登野城/Tonoshiro 1157）与**MaxValu八重山店**（24小时；真栄里/Maezato 292-1），但由于货品运往离岛的航运成本高，商品未必比本岛便宜。

当地交通

有两家巴士公司提供从石垣岛机场到**离岛码头**（石垣港離島ターミナル/Ishigaki-jima Rittō Ferry Terminal）的巴士服务。一个是**カリー観光バス**的直达车（Kari kankou bus；成人/儿童 ¥500/250），单程30分钟，每日往返各21班。另一个是岛上最大的公共汽车公司**東バス**（Azuma Bus；成人/儿童 ¥540/270）的4号与10号线，每日往返各有近30班，因停靠的站点较多，车程需40分钟。

岛上交通则以東バス的路线覆盖最广，例如川平リゾート線（Kabira Resort line）能前往川平湾、米原海岸等景点。购买一日乘车券（成人/儿童 ¥1000/500）便能当日无限次搭乘所有路线的巴士。

カリー観光バス（Kari kankou bus；时刻表：karrykanko.com/ishigaki/）

東バス（Azuma Bus；時刻表：www.azumabus.co.jp）

出租车和包车

岛上出租车起步价为 ¥430，从机场到市区约¥2700。许多出租车公司也提供观光包车服务，像是石垣岛绕岛之旅（5小时/¥19,000起，最多5人/车）、川平湾观光之旅（2小时/¥7600起，最多4人/车）等，请酒店柜台帮忙询问与预订是最保险的方式。或者你也可以在石垣岛机场或是码头的观光柜台获得最新信息，并直接预订。

石垣タクシー（Ishigaki Taxi；098 082 3088）

かびら観光（Kabira kankou；098 088 2660）

自行车

石垣岛面积较大，自行车建议用于市区内移动。多数民宿与酒店会提供自行车出租服务（甚至免费出借），你也可以在码头附近的租车行租借。

南国屋（Nangokuya；见200页地图；9:00~

18:30，周三休息；¥200/小时，¥1000/日）

实用信息

旅游信息

机场抵达大厅内有小型的**观光询问处**（☎098 083 0468；⏲7:30~21:00），市中心也有**石垣市观光协会**（石垣市観光協会/Ishigaki Kankou Kyoukai；见200页地图；浜崎町/Hamasakichō 1-1-4；☎098 082 2809；⏲周一至周五 8:30~17:30）能协助订车、包车、呼叫出租车以及联络住宿等相关事宜。出发前，可以浏览石垣岛观光交流协会网站（www.yaeyama.or.jp）获得当地旅游信息。在石垣岛离岛码头内备有行李寄放柜（大件/小件 ¥500/300；⏲6:00~21:00），你也能在此能取得英文或中文的旅游手册和免费地图等材料。

现金

在机场一楼的到达大厅，中央出口旁有可取日元的ATM（⏲9:00~21:00）。石垣岛市区中心也有一间**全家便利店-730纪念碑前分店**（ファミリーマート 石垣730紀念碑前店/Family Mart 730 Kinenhi-mae；大川/Ōkawa 245；⏲ATM9:00~21:00），里面的ATM也能够提取日元。

医疗

县立八重山医院（県立八重山病院/Kenritsu Yaeyama Byoin；见199页地图；☎098 083 2525；大川/Ōkawa 732）位于市中心，可以提供紧急伤病协助。

西表岛（西表島/Iriomote-jima）

西表岛是冲绳县内仅次于本岛的第二大岛，岛上九成地表都被绿意覆盖，细长的河川深入茂密雨林，瀑布水势奔腾，碧波蜿蜒流过红树林沼泽，西部海滩上散布着细致的星形沙粒。如果你足够幸运，夜间说不定能见到稀有的野生动物——西表山猫（Yama-neko）。西表岛上有雨林独木舟之旅、长河游船、山谷健行等户外活动，对于大自然爱好者，这里无非是八重山列岛中最好的去处。

景点和活动

西表野生动物保护中心 博物馆

（西表野生生物保護センター/Iriomote Wildlife Conservation Center；见201页地图；古见/Komi；免费；⏲周二至周日 10:00~16:00；Ⓢ野生生物保護センター）除了展示西表岛丰富的地理资料和动物情报，在资料室还可以借阅西表岛的野生动物照片集。对西表山猫有兴趣的人更是不能错过这里。展品有英文解说，还会放映有关当今动物保护议题的日语纪录短片。

星沙之滨 海滩

（星砂の浜/Hoshisuna no hamah；见201页地图；Ⓢ星砂の浜）位于西表岛的西北角，因布满星形沙粒而得名，虽然形状十分浪漫，但这些星形细沙实际上是由微型海洋原生动物的骨骼干燥后自然形成的。这里同样也是能观赏珊瑚礁群、七彩热带鱼的浮潜点，注意需自备潜水用具。

长髯瀑布 瀑布

（ピナイサーラの滝/Pinaisara-no-taki；见201页地图）从上原港（Uehara）往东数公里的船浮湾（Funaura-wan）支流深处，隐藏着冲绳县内高度落差（54米）最大的美丽瀑布。船浮湾涨潮时，可以划行独木舟沿着小河ヒナイ川（Hinai-gawa）前行至瀑布下方。退潮时则能改为徒步至瀑布底部，首次徒步建议与当地向导一起前往。

浦内川丛林游船 户外

[浦内川ジャングルクルーズ/Urauchi-gawa jungle cruise；见201页地图；☎098 085 6154；www.urauchigawa.com/taki.html；⏲9:00~15:30共7~8班，无须预约；成人/儿童 ¥1800/900；Ⓢ浦内川（Urauchigawa）下车，步行至乘船处]乘坐观光游船至浦内川的丛林深处，单程约8公里（30分钟）。你可以在船靠岸后，先与船员确定回程船班时间，然后自己展开一段约2公里的徒步（往返约90分钟）观赏两座瀑布：ンピレー

西表岛的户外活动

西表岛有不少很棒的徒步路线，然而并非每一条都像浦内川观瀑道路一样标示清晰且路线简单。因此建议不熟悉路况的旅行者最好请一位向导，或是跟随当地旅行团。岛上的旅行社推出的游览行程大多会结合登山、观瀑、独木舟与徒步等活动，行程颇为多元，不妨多做比较再下决定。

南風見ぱぴよん（Haemi Papiyon；☎098 085 5538；www.haimipapillon.com；瀑布健行之旅 成人/儿童 ¥10,000/5000起）开业20年以上的当地旅行社，从独木舟、丛林探险、徒步到潜水活动都有提供，你可以在网页上登记时尝试预约一位会说英文的向导。

海歩人（Haemi Papiyon；☎090 9785 8587；umiacchar.jp；洞窟探险之旅 成人/儿童 ¥15,000/12,000起）皆是小团，以包含洞窟探险的徒步行程最受欢迎，导览员以日语为主，均需通过网页报名。

の滝（Kanpire-no-taki）与マリユドゥの滝（Mariyudō-no-taki）。徒步线全程规划明确且路线单一，不过路面偶有石头与树根，务必要穿一双好走路的鞋。

仲间川红树林游船 户外

（仲間川マングローブクルーズ/Nakama-gawa Mangrove cruise；见201页地图；☎098 085 5304；www.iriomote.com/web/mangrove/；⏲8:45～15:30共5～6班，无须预约；成人/儿童 ¥1800/900；Ⓢ大原港，港边即为售票处）游船将进入西表岛上最大面积的红树林中，航程6.5公里，你能观察泥地间的特有植物与栖息生物。航线分为观赏杯萼海桑路线（マヤプシキコース/Mayapushiki Course），以及观赏百年银叶树路线（サキシマスオウノキコース/Akishimasuounoki Course），两者都约需1小时。

西表岛，长髯瀑布。

食宿

西表岛上的食宿分别集中在上原与大原两座港口旁。上原港附近相对热闹，住宿、餐馆与土产店选择比较多；大原港则少了一点商业气息，入夜后比较静谧，餐馆选择相对有限，适合喜欢静静体验当地生活氛围的人。

なみ荘 民宿¥

（Namisou；见201页地图；南风见/Haemi 201-60；☎098 085 5257；住宿一晚成人/小学生/幼儿 ¥4200/1000/免费；Ⓢ大原；📶）风格清新的民宿，室内有小型的儿童阅读区，庭院中也设置了公共游戏区。距离大原港走路仅6分钟，民宿对面就是一间开到21:00的小超市。房间分为和式与洋式两种，和式房最多可以5人入住。办理入住手续时可以加购由民宿女主人亲手料理的家常早餐（成人/儿童 ¥1000/500）。你可以通过各订房网站或直接电话预订。

竹富岛，西栈桥。

ホテルニラカナイ西表島 度假酒店 ¥¥¥

（Hotel Nirakanai Iriomotejima；见201页地图；上原/Uehara 2-2；098 085 7111；标双含早一人 ¥27,000起，每房最多住3人；；ホテルニラカナイ西表島）前身为星野度假村；距离上原港约10分钟车程，提供免费接驳车（无须预约）到港口接送。酒店紧邻海滩，附有露天泳池、SPA与按摩服务，房间都是海景房，景色宜人而宽敞舒适。柜台有种类繁多的户外活动行程可报名，住宿客人参加活动多有优惠。需注意的是出于环保考量，房内未放置牙刷、牙膏等盥洗用具，需要的话请到前台索取。

Kitchen稻叶 混搭料理 ¥¥

（キッチンイナバ；Kitchen Inaba；见201页地图；上原/Uehara 742-6；098 084 8164；午餐/晚餐套餐 ¥900/1300起；周二至周日 11:30-14:30，18:00~22:30；浦内；）离上原港5分钟车程的乡土料理餐厅，选用岛上的食材烹调出和洋混搭风料理，午晚餐都有定食可以选择。晚上时段则有炸物等小菜（¥600起），能单点配酒，晚间20:00（7月至10月为晚间19:00）会不定期举行30分钟的三线表演，演出时段常常客满，建议预约。

猪狩家 冲绳料理 ¥

（Kamaitōya；见201页地图；南風見/Haemi 201-112；098 085 5890；人均 ¥1000起；18:00~23:00，周三和周日休息；大原；）主打西表岛猪肉料理的居酒屋，共有两家店面，其中一家便在大原港附近步行10分钟处，为港边少数可以用餐的地方之一。菜单中以猪下水料理尤受欢迎，招牌冲绳炒猪肉（カマイちゃんぷるー/Kamaichyanpuru；カマイ即“猪”之意）可谓每桌必点。

はてるま 冲绳料理 ¥¥¥

（Hateruma；见201页地图；南風見/

Haemi 201-101；☎098 085 5623；人均¥4000起；⏰18:00～23:00，不定休；Ⓢ大原）位于大原港附近的古民家餐馆，就餐必须预约，店名源自母亲的出生地——波照间岛（Hateruma-jima）。每天店主会根据预约人数，亲自出海带回新鲜渔获，搭配当日野菜、海藻等食材，创造作出¥4000～5000的即兴料理，就连作家吉本芭娜娜（吉本ばなな）也在游记中提及这里的美味。不定期会闭店休息，想就餐务必提早预约。

当地交通

西表岛上有路线巴士每天往返于大原港与浦内川之间（时刻表见：www.iriomote.com/web/access/bus/），上行与下行路线每天各4班，虽说班次不算多，但是岛上主要景点皆有停站。从大原港往上原港约¥1030，上原港至星沙之滨约¥160、上原港到浦内川则¥330。你可以视行程安排需求，购买巴士一日券（成人/儿童¥1030/510）或三日券（成人/儿童¥1540/770）。再搭配住宿地点的免费接驳与各种体验行程的接送服务。

岛上也有如**やまねこタクシー**（Yamaneko Taxi；☎098 085 5303）以及**いりおもてタクシー**（Iriomote Taxi；☎098 085 5333）这样的出租车公司。起步价为¥460，包车以3小时起算¥11,400，每半小时加收¥1900。

竹富岛（竹富島/Taketomi-jima）

从石垣岛乘船出发，只要15分钟就能到达竹富岛。这里是日本的“国定重要传统建筑物保存区”。岛中央的赤瓦（屋）村落，在居民共同维持之下，仍然保有当年的老琉球样貌，满地白沙铺出的街道，两旁是赭红色的低矮瓦片房、用珊瑚堆砌成的屋墙。家家户户庭院绿意盎然，朱槿花艳红，而冲绳具代表性的“石狮子”在这里也各有特色，有的张牙舞爪，有的呆萌逗趣，光是寻找近百只各异其趣的石狮，就能耗去半日时光。

水牛车之旅。

景点

西栈桥 海滩

（西栈橋/Nishisanbashi；见202页地图）1938年建造的船舶用栈桥，至今已无船只停靠。你可以踏上往海中延伸近104米的桥身，置身蓝天碧海之中，仿佛要走向海平面的尽头。这里同时也是竹富岛上知名的夕阳美景地，从村庄往西半部步行约500米可达。

Kondoi 海滩 海滩

（コンドイビーチ/Kondoi Beach；见202页地图）白沙细如砂糖，覆盖在绵延一公里的海岸线上，衬着海洋的靛青与亮蓝。这里除了简易的更衣间与盥洗室之外，并没有摊贩的纷扰，避开艳阳与午后人群，早晨是最适合安静游览的时刻。从村落步行1.5公里便能抵达。

喜宝院收集馆 博物馆

（喜宝院搜集館/Kihōin Shūshūkan；见202页地图；竹富/Taketomi 108；9:00~17:00；成人/儿童 ¥300/150）这间私人博物馆坐落在村庄内，整体空间并不大，却展示了将近4000件有关于竹富岛的历史文物、古代婚丧嫁娶用具与生活用品。顺带一提，这是日本最南端的民俗展示馆。

食宿

泉屋 民宿 ¥

（Izumiya；见202页地图；竹富/Taketomi 377；izumiyataketomi.wixsite.com/taketomijima；090 5943 5165；住宿含早晚餐 ¥6300/人）由赤瓦民房改建的民宿，目前由姐弟二人共同经营。客房位于小院落里头，院中有让人乘凉的纳凉座席，屋内仍保留着传统的榻榻米、纸拉门与木造廊道，浓厚的复古风情能弥补隔音不足的短处。注意泡澡间与洗手间是共享的。覆满三角梅的拱门入口十分美丽，女性在退房前还可以向民宿主人借冲绳传统服饰拍照纪念。目前仅开放电话订房。

乘水牛车游村庄

竹富岛上最流行的游览方式，除了骑车之外便是搭乘水牛车观光。岛上有两间公司运营这项业务，**新田观光**（新田観光/Nitta kankou）绕行西村庄，**竹富观光中心**（竹富観光センター/Taketomi kankou senta）绕东村庄，两条线路全程均为30分钟，价格相同（成人/儿童 ¥1200/600），内容也很像。一般来说每台水牛车会配一位日文导游，沿途讲解村庄历史，还会弹奏三线哼唱岛歌。从竹富岛港口出来后就能看到两家公司的接驳车，想参加的话择一上即可，无须预约。

そば処 竹の子 面条 ¥

（Soba-dokoro Takenoko；见202页地图；098 085 2251；竹富/Taketomi 101-1；荞麦面 ¥550起；10:30~16:00，19:00~21:00，不定休；）这间村落西北边的餐馆从1975年便已开店，菜品有八重山面（Yaeyama soba；大/小 ¥650/550），还有软骨猪肉面（sōki-soba；¥850）等家常美食，味道简单实在。除了午餐时段，晚餐时段也会不定期营业。

愿寿屋 冰品 ¥

（願寿屋/Ganjuya；见202页地图；竹富/Taketomi 2279-1；098 085 2211；圣代 ¥600；11:00~16:30）主打各式冰品的咖啡馆，店中招牌为三种口味的圣代：椰子口味的南国圣代（南国パフェ/Nangoku Parfait）、混搭咖啡冻与甘蔗冰的成熟风圣代（大人のパフェ/Otona no Parfait），还有紫芋口味的自家圣代（うちなーサンデー/Uchina Sundae）。店家同时经营中价位的民宿（ganjuya.com）。

当地交通

港口与赤瓦村落仅距离1公里，绕行竹富岛一圈也只有9.2公里，最自由的游览方式就是骑自行车。出港口便会有许多自行车出租行的接驳车，可以免费将人送到村内的租车处，岛上单车出租的均价为1小时¥300起算，租1日则视车况而定，一般为¥1000~1500。竹富岛没有出租车与公交系统，仅有1班小型巡回巴士（☎098 085 2154，单程¥200）可以从港口搭乘到Kondoi海滩。如果单绕行赤瓦村落一圈约是3.2公里，骑自行车约半日便绰绰有余，烈日当下还须注意防晒。

波照间岛（波照間島/Hateruma-jima）

这座国境之南的珊瑚礁岛，方圆只有15公里，这里是日本知名的南十字星观赏点，也是日本最南的“有人居住岛屿”。北滨海滩的美拂获无数旅人的心，产量稀少的泡波（Awanami，波照间泡盛）是日本酒爱好者的目标之一，临走前不要忘记到邮局寄一封盖着“日本最南端”的邮戳的明信片。

景点和活动

北滨海滩 海滩

（ニシ浜/Nishihama；见205页地图）自港口往右手边步行不过7分钟可抵的海滩，绵延超过一公里的沙滩旁是蓝得沁心的海洋；“北”在八重山方言中发音为ニシ（Nishi），故名北滨海岸。由于海水透明度高，水下的珊瑚产生色彩渐层，这般透亮的海色被称为“波照间蓝”；海滩边设有简易冲澡间与盥洗室。

日本最南端纪念碑 纪念碑

（日本最南端の碑/Japan's Southern-most Point；见205页地图）这座1972年设立的纪念碑，就在波照间岛东部的高那崎海岸旁，眼前是广阔的汪洋，面朝着菲律宾群岛。从港口骑行30分钟，穿过甘蔗田间纵横交错的公路便能抵达。与这座碑一起的，还有日本最南端和平之碑，及波照间之碑，对于想“打卡”的人来说，可谓一举三得。

星空观测塔 天文台

（星空観測タワー/Hoshi kasoku tawa；见205页地图；波照間/Hateruma 9305-1；⏲周二至周日 10:00~12:00，13:00~17:00，夏季晚间20:00~22:00/冬季晚间19:00~21:00；成人/儿童¥400/300，晚间成人/儿童¥500/400）日本最南端的天文观测台，附设一座200mm的天文望远镜。附近光害极低，在4月下旬到6月中旬天气状况良好的时候，可以清晰观测到南十字星。你可以在这里购买到日本最南端证书（¥500），此外夜间夏季20:20、冬季20:10还开设星空讲解活动，参加者须提前10分钟报到。

食宿

ペンション最南端 民宿¥

（Pension Sainantan；见205页地图；波照間/Hateruma 886-1；☎098 085 8686；一晚含两餐，成人/小学生/幼儿¥8800/4400/免费；📶）位于距离港口步行约10分钟的北滨海滩旁，所有房间阳台都正对着海滩，坐享波照间岛最美丽的海岸景色。除了免费提供港口接送之外，还能向老板预约夜间去观星塔的接送服务，馆内有投币式洗衣机，住宿房客租自行车有优惠（¥500/天）。

あやふふぁみ 创意菜¥

（Ayafufuami；见205页地图；波照間/Hateruma 475；☎098 085 8187；午餐¥700起；⏲11:30~15:00，不定休）结合手染工艺品店的创意料理食堂，店内摆放着书籍与木桌椅，像是一间复古的小学教室。岛产蔬菜咖喱（島野菜カレーライス/Shima yasai Karei raisu；¥700）加入了岛上的豆类与南瓜，还有波照间岛的黑糖。也有软骨猪肉定食、塔可饭、盐烤猪肉等主餐可作选择。从北滨海滩骑3分钟自行车可达。

海畑 食堂¥

（Ino；见205页地图；☎098 085 8325；人均¥500起；⏲周二至周日 10:30~20:00）位于波照间岛港口建筑里的小食堂，传统吧台座位窄小而温馨，价格实惠，口味实在。食堂内提供八重山的软骨猪肉面（ソーキそば/Sōki soba；大/中/小¥1000/700/500），以及

波照间岛，日本最南端纪念碑旁的日本最南端和平之碑。

岛产泡波酒（¥400），算是等待船班时最方便的用餐地点。

当地交通

波照间岛绕一圈仅14.8公里，完全可以租自行车游览。在ペンション最南端前的租车柜台**クマノミ**（Kumanomi；7:30～18:00；自行车/电动自行车24小时 ¥1000/2000）可以租到自行车。此外，安荣观光也提供自由行的行程（成人/儿童 ¥8000/5000），价格包含石垣岛往返波照间岛的船票与岛上自行车的使用。亦有观光巴士半日游（成人/儿童 ¥9700/6500），参观如最南端纪念碑与北滨海滩等，请在石垣岛码头柜台先行预约。

小滨岛和黑岛（小浜島·黒島/Kohamajima·Kuroshima）

石垣岛与西表岛之间，有两座充满田园风情的小岛。距离西表岛更近的是仅600多人居住的**小滨岛**，岛屿面积不大、气氛悠闲，有着广阔的甘蔗田与海岸风光，吸引了星野度假村进驻。在小滨岛的主要干道上，有一段近2公里微微起伏的笔直道路**Surgar Road**（シュガーロード；见203页地图），两侧是绿意盎然的田野与整齐的电线杆，偶尔有几只不怕人的山羊散步而过，这一切形成了小滨岛最经典的明信片风景。若要一览岛屿全景，就要到最高峰**大岳**（Ufudaki；见203页地图），山高约海拔99米，花费10分钟爬上300多阶楼梯后，会到一处有凉亭的360度全景观览台，万里无云时最远甚至能眺望波照间岛。

黑岛因鸟瞰时形似一颗心，被称为爱心之岛。岛屿的特色是"牛比人多"，相对于只有200多人的居民，却有近3000头牛遍布各处。距离港口往左手边骑自行车15分钟左右，会看到海边1935年建立的**伊古栈桥**（伊古桟橋/Ikosanbashi；见204页地图），这是日本"国定文化财产"，特别推荐满潮时来访，体验被海包围的感觉。岛上的**西之滨**（西の浜/

与那国岛的海底宫殿之谜

八重山列岛中最西端的是与那国岛（Yonaguni-jima），距离石垣岛将近125公里。这里像是与世隔绝一般，有着与本州岛甚至是冲绳本岛都截然不同的氛围，以及一座让世人好奇不已的神秘海底遗迹。

海洋探险家新嵩喜八郎（Kihachirō Aratake）于20世纪80年代偶然发现的这片壮观的阶梯状废墟，它看起来就像一座沉入水中的宫殿基座，有学者推断此处曾有人为雕琢过的痕迹，然而也有说法认为这仅是地质运动造成的偶然结果。无论如何，至今仍未揭开的神秘面纱，也使得与那国岛遗迹成为经验丰富的潜水者最想一探究竟的潜点。想要到与那国岛一探究竟，可以搭乘**日本航空**（RAC；www.cn.jal.co.jp/cnl/zhcn/）的航班，每天有一趟往返与那国和那霸之间，另外还有每天3趟与那国往返石垣岛的飞机班次。

Nishinohama；见204页地图）曾有赤蠵龟、绿蠵龟等年年在夏季登岸产卵，然而近年因为环境问题海龟数目大幅减少。在**黑岛研究所**（黒島研究所/Kuroshima Kenkyusho；见204页地图；黒島 136；入馆 ¥500；⏲9:00~18:00）可以了解海龟相关信息，以及借取免费的救生衣。

当地交通

两座岛内基本没有公共交通与出租车服务，若你并非参加观光团或搭乘观光巴士，就还是租自行车吧。需要注意两岛路上都不太有遮蔽，防晒务必做好。

在小滨岛租借电动自行车会比较省力，港口旁的**小浜岛综合信息中心**（小浜島総合案内所；见203页地图；小浜/Kohama 3400-38；⏲7:00~19:00；电动单车 ¥550/小时）有车租借。当日有计划入住岛上度假村的话，则大多有免费接送服务。熟悉日语的话，也能预岛上的1小时**观光巴士**（コハマ交通/Kohama Kōtsuu；☎098 085 3830；成人/儿童/幼儿 ¥1500/750/免费；⏲每日4班从小滨港出发，9:45/11:05/14:35/15:35；全日语），巴士绕一圈小滨岛主要景点，结束后可以把客人送至港口或下榻的酒店。

相比之下，黑岛的地形平缓得多，一出港口便有出租车行，**Heart Land**（ハートらんど；见204页地图；⏲11:00~18:00；一般自行车 ¥200/小时）除了租借单车，还出售简单的餐食；另外在**黑岛观光**（黒島観光/Kuroshima Kankou；☎098 085 4808；港口到岛上聚落 ¥300/1小时，周游 ¥1500）也能预约观光巴士行程。

离岛索引地图

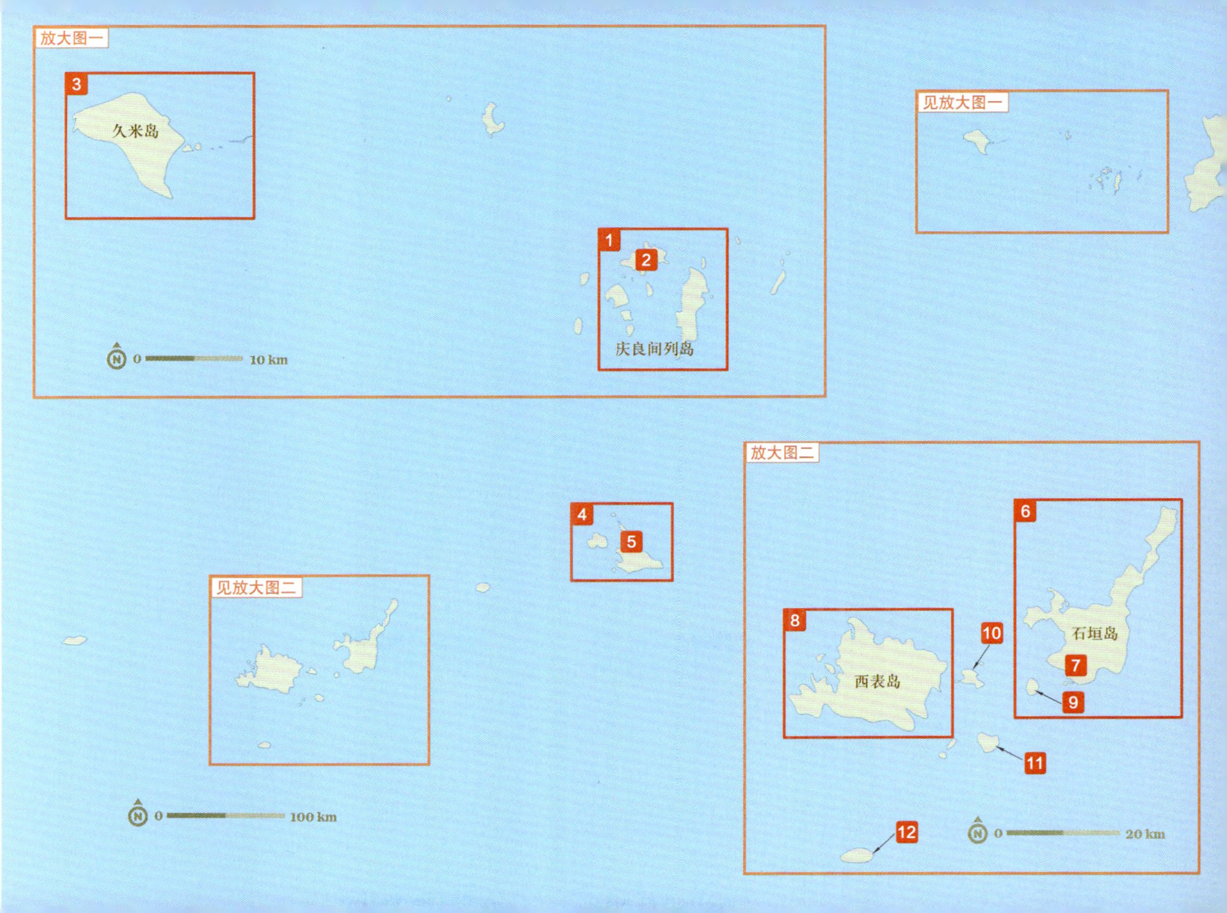

庆良间列岛

景点 (见156页)

1 阿波连海滩 D1
2 阿波连展望台 C1
3 阿真海滩 B1
4 北滨海滩 B2
5 渡嘉志久海滩 C3
6 高月山展望台 B1
7 古座间味海滩 B2
8 天城展望台 A3
9 照山展望台 C3

住宿 (见158页)

10 Hanamuro Inter-Islander' s Hotel A4
11 Sea Friend D1

就餐 (见159页)

12 ヨナミネハウス A4

交通 (见160页)

13 かりゆしレンタサービス渡嘉敷岛 D2
14 レンタルショップしょう B4

座间味港周边

座间味港周边

住宿 （见158页）
1 Cha Villa......B3
2 Zamamia International Guesthouse......B2

就餐 （见159页）
3 かふーし堂......C2
4 まるみや......B2

实用信息 （见159页）
5 旅游信息中心......B4
6 座间味邮局......B1
7 座间味诊所......B2
8 レンタルバイクかにく......C3

久米岛

久米岛

0 2 km
A B C D E
1 2 3 4
见放大图一
见放大图二
オーハ岛
奥武岛
放大图二
白沙海滩
0 500 m
放大图一
去久米岛机场(4km)
那霸警察署久米岛交番
久米岛博物馆
去奥武岛(1.7km)
0 1 km

宫古列岛

景点 （见168页）

1 シギラ黄金温泉......D4
2 东平安名岬......E4
3 多良川酒造......D4
4 宫古岛市体验工艺村......C3
5 宫古岛乌托邦农场......C4
6 乐园果实......D1
7 龙宫城展望台......D1
8 牧山展望台......B2
9 砂山海滩......C2
10 通池......A2
11 新城海岸......E3
12 雪盐制盐所......C1
13 与那霸前滨......C4
14 中之岛海滩......A3
15 佐和田之滨......A2

住宿 （见174页）

16 Soraniwa......B3
17 宫古岛东急度假酒店......C4

就餐 （见175页）

18 Café Irayoi......C1
19 パニパニ......E1
20 Botta......A2
21 島cafe とぅんからや......D4

平良市区

住宿 （见174页）

1 Hostel Gecca......B1
2 Hotel Locus......A1
3 宫古岛旭日饭店......B4

就餐 （见175页）

4 Subako......B2
5 リッコ ジェラート......B2
6 南乐......C2

购物

7 Aeon购物中心（宫古南店）......B4
8 San-A超市......D2

实用信息 （见177页）

9 ビーショップ......B2
10 冲绳县立宫古医院......B2
11 富浜モータース......C1
12 平良西里邮局......B1

石垣岛

石垣岛

景点 （见181页）

1 白保珊瑚村中心......B2
2 川平湾......B3
3 底地海滩......B2
4 日落海滩......C1
5 石垣八重山民俗村......B3
6 玉取崎......C2

食宿 （见182页）

7 ミルミル本舗 本店......B4
8 旬家ばんちゃん......B1

实用信息 （见185页）

9 白保邮局......A1
10 县立八重山医院......B4

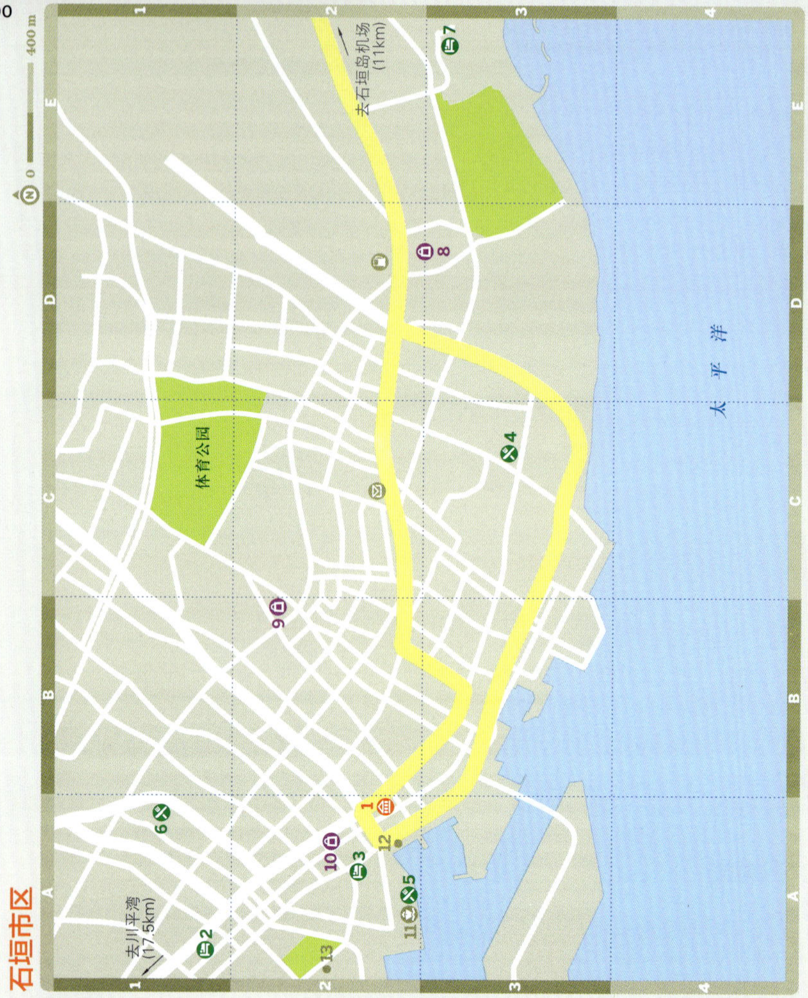

石垣市区

景点 （见181页）

1 石垣市立八重山博物馆……A2

食宿 （见182页）

2 Guesthouse Chura cucule……A1
3 Ishigaki Hotel Culule……A2
4 虎一精肉店……C3
5 具志堅くわっちいー……A2
6 来夏世……A1
7 石垣岛全日空洲际度假村……E3

购物 （见184页）

8 MaxValu八重山店……D3
9 MaxValu石垣店……B2
10 ユーグレナモール……A2

实用信息和交通 （见184页）

11 离岛码头……A2
12 南国屋……A2
13 石垣市观光协会……A2

西表岛

西表岛

景点 （见185页）

食宿 （见186页）

实用信息 （见188页）

竹富岛

景点 （见189页）

1 Kondoi 海滩……A2
2 西栈桥……A2
3 喜宝院收集馆……C3
4 新田观光（水牛车）……C4
5 竹富观光中心（水牛车）……D4

食宿 （见189页）

6 そば处 竹の子……C4
7 泉屋……C4
8 愿寿屋……D4

小滨岛

小滨岛

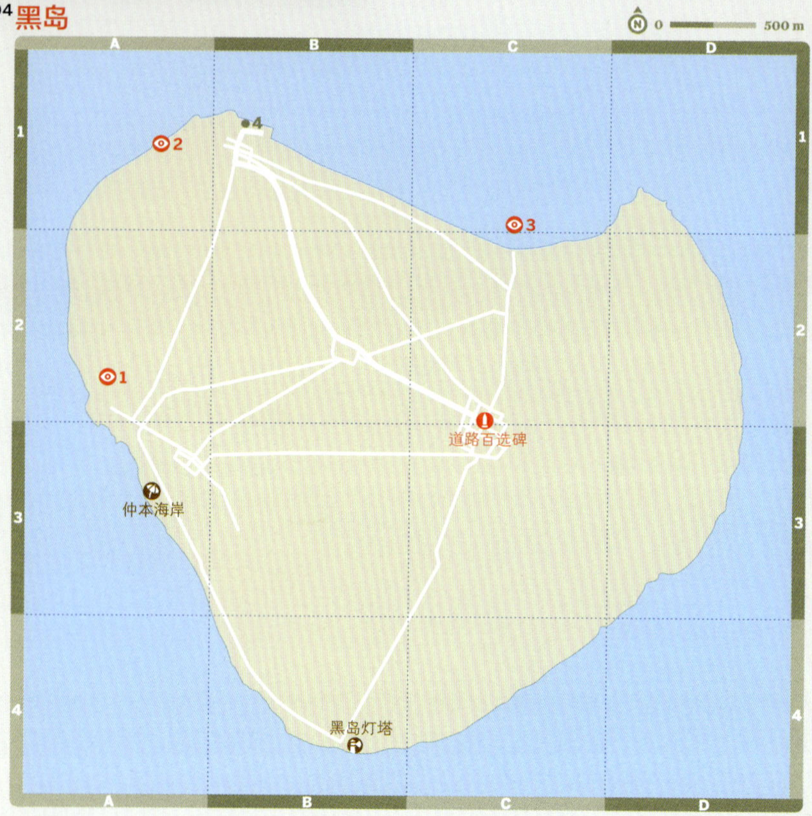

黑岛

景点 （见191页）

1 黑岛研究所 A2
2 西之滨 A1
3 伊古栈桥 C1

实用信息 .... （见192页）

4 Heart Land B1

波照间岛

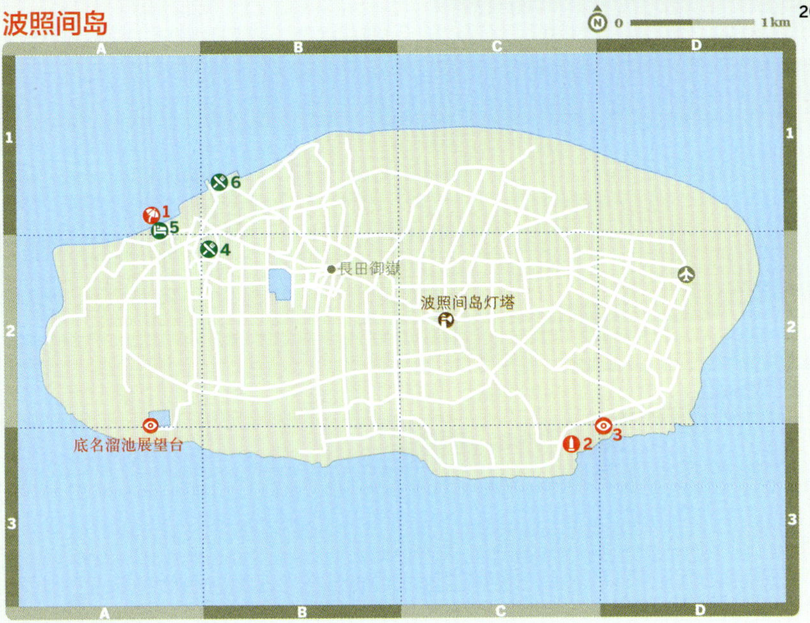

波照间岛

景点 （见190页）

食宿 （见190页）

石垣岛川平湾。

生存指南

出行指南

签证

日本对中国公民开放了自由行，但需要通过指定的旅行社来代办签证，非指定的旅行社则委托这些有资质的旅行社进行日本签证办理，使领馆不受理个人送签。注意，即使是同样的申请条件，各旅行社的要求和报价也可能略有不同，你不妨多比对几家，找到所需材料简洁、收费合理的代办方。一般通过飞猪等网站搜索即可。

办理日本签证时，应当按照申请人生活和工作的常住地（一般是护照签发地），向所属领区的使领馆申请，跨领区办理则需提供居住证等材料。各领区的收费和办理方式也存在差异，详情请咨询你认为靠谱的旅行社。

近年来日本不断对中国公民放宽签证申请条件，请以出行前的最新政策为准。目前主要有以下几种个人旅游签证：

➡ **个人单次旅游签证** 最容易申请的签证，签发后90天有效，只可单次赴日，停留期限15天（根据情况有时也会给予30天的停留期）。通常需提交证明经济能力的资料，例如纳税证明、银行流水等。如果此前有入境日本或其他发达国家记录的，材料也可简化。另外，针对中国教育部所属的1243所大学的本科、研究生、毕业3年以内的学生，只要有在学证明或毕业证，无须经济证明，也可申请，且最多停留30天。

➡ **冲绳县及东北六县多次旅游签证** 首次赴日必须由冲绳县或东北六县（青森县、岩手县、宫城县、秋田县、山形县、福岛县）进入日本，并至少住宿一晚。签证有效期3年，每次停留最多30天。主申请人需要提供证明足够经济能力的材料（同前，但确保能证明年收入10万元以上），直系亲属可成为副申请人。副申请人首次必须与主申请人共同进出，之后即可单独赴日。

➡ **具有足够经济能力人士的多次旅游签证** 与前者类似，签证有效期3年，每次最多停留30天，但不限首次到访地点。需提供能够证明年收入20万元以上的材料，直系亲属可成为副申请人。此外，如果三年内有过两次个人赴日旅游，也可免除经济能力证明。

➡ **高收入人士的多次旅游签证** 针对高收入人士的签证类型，有效期5年，每次最多停留90天，不限首次到访地点。需提供能够证明年收入50万元以上的材料，同样可有直系亲属作为副申请人。

日本法律要求持“短期滞在”（短期停留）签证的入境者拥有离境的机票、船票或相关凭证。虽然实际上几乎没人被要求出示这些文件，但有备而来总是好的。

进入日本时，所有短期停留的外国入境者都会被拍照并按指印。

保险

请一定带上保险卡或其他保险凭证去日本。日本的医院有过拒绝收治没有医疗保险凭证的外国患者的先例。一份能覆盖各种情况的旅游保险在任何时候都是个令人安心的选择，**慧择网**（www.hzins.com）有各种保险比较，可网上购买。如打算参与户外活动如滑雪、登山，请仔细查看是否在保险范围，搜寻时可选择“高风险运动”。

货币

日本的货币是日元(yen)，“yen”发音为“en”，“y”不发音。Yen的汉字是“円”。出发前最好在国内的银行兑换一定的日元。

信用卡

现金在日本仍然是最主流的支付方式，部分民宿、青年旅舍、小餐馆不能刷卡。有些酒店的优惠价也只针对现金付款者。银联卡在日本的接受度正在快速提高，但持有一张外币信用卡（维萨卡最佳）会更保险。确定无疑可以刷卡支付的地方是百货公司、大酒店和轻轨、离岛船班售票处。

电子支付

目前支付宝已将电子支付系统引入日本，它的蓝色标志在那霸机场、唐吉诃德、优衣库、便利商店等各种中国旅行者频繁光顾的场所已并不罕见，而微信支付也正快速普及，特别是在大型百货商场中。

自动取款机

最方便的取现方式是便利店或邮储银行自动取款机。一般设在邮局（郵便局/Yubinkyoku）内，大部分便利店（如Lawson、Family-Mart和7-11）也已设有网点，那霸的轻轨站内也设有可用银联卡取现的自动取款机。接受属于下列国际联盟的卡：维萨卡（Visa）、万事达卡（Master Card）和中国银联卡（Union Pay）。不接受任何形式的信用卡取现。主要城市的中心邮局几乎每天都24小时开放。

除此之外，分布较广且支持银联卡取款的还有三井住友银行、三菱东京UFJ银行、AEON银行（イオン銀行）、瑞穗银行（MIZUHO）。

税

日本有8%的消费税（shōhizei；预计在2019年10月提高至10%）。如果在豪华餐厅进餐或是住顶级酒店，还会被收取10%~15%的服务费。

大多数电器店、部分百货商店和药妆店都有退税政策，并且当场结算。2018年7月开始实施新的退税办法后，不再像以前一样限制品类，无论是“一般物品”还是“消耗品”，只要总金额达到5000日元便可办理免税。注意有些商场可能会收取一小笔手续费（1%左右）。

不是所有商店都可以退税，你可以留意店铺是否有贴出“Japan Tax-free Shop”的贴纸，也可在购买前询问（只要说“Tax-Free”店员基本都懂），当然一定要记得带上护照。

使领馆

以下为中国驻日本使领馆部分信息，冲绳县事务属于福冈总领事馆的范围。中国公民在日本期间遇上特殊情况（如遗失证件等）可向使领馆求助。

中国驻福冈总领事馆（☎092 753 6483；www.chn-consulate-fukuoka.or.jp/chn/；福冈市中央区地行浜1-3-3；Ⓜ空港线唐人町站，1出口或空港线西新站，7出口）

海关条例

日本海关允许免税携带入境：

➡ 酒类3瓶，每瓶容量不超过760毫升。礼品/纪念品，总价不超过200,000日元。香水，容量不超过2盎司（约60毫升）。卷烟不超过400支（雪茄则为100支，若携带多种烟草制品，总量不能超过500克）。酒类和烟草规定只适用于20周岁以上旅行者。

➡ 假冒名牌商品、盗版等侵害知识产权的物品，毒品药物、色情杂志和DVD、儿童色情物品等都禁止携带入境。肉类产品（包括香肠和牛肉干）、蔬菜、水果、大米等入境可能有所限制。

➡ 出入境时携带现金不要超过100万日元，若超过则需办理申报手续。

海关政策随时有可能变化，请务必登录**日本海关网站**（Japan Customs；www.customs.go.jp/english/index.htm）查看最新的海关规定。

旅游信息

基本上，即使你不做任何准备，在到达任何一个稍具规模的城镇时，都不难找到旅游信息中心（観光案内所/Kankou Annai Sho）。大多分布在国内线机场、主要车站或港口附近，有些热门区域的门店甚至需要排队问询。你可以找到该区的景点、食宿、活动等旅游信息（虽然有很多是广告），通常都有中文信息和地图，但可能不如日文和英文来得全面。工作人员一般都能以简单英语沟通，而且乐于为你解答问题。近年华人游客增加，大型的信息中心还增加了中文工作人员。

日本国家旅游局（Japan National Tourism Organization，简称JNTO；www.jnto.go.jp）是日本向外国旅行者提供信息服务的主要机构。大部分印刷品都有英文版，有些有中文版。计划日本游行程时，该组织的网站会很有帮助。

工作时间

日本的工作时间相当规范。新年假期期间（12月30/31日至次年1月3/4日）依照惯例，博物馆等各类景点及商家都会安排调整休息，每年冲绳慰灵日（6月23日）也是当地的法定节假日，但具体歇业情况仍需以官方公告为准。多数日本博物馆在周一或周二闭馆，但若闭馆日适逢法定假期，则会改为次日休息。

以下是一些典型的营业时间：

银行 周一至周五 9:00~15:00。

酒吧 18:00至午夜或更晚营业，每周歇业一天。

百货公司 10:00~19:30营业，每月歇业1~2天。新年假期期间通常每天营业或部分时间营业（因此在新年假期期间，百货公司是个购买食物的理想去处）。

博物馆 9:00/10:00~17:00开放，周一闭馆。

办公室 周一至周五 9:00~17:00/18:00。

邮局 地方邮局周一至周五9:00~17:00营业；中心邮局周一至周五 9:00~19:00、周六9:00~15:00营业（大城市可能有应急窗口全天候服务）。

餐馆 11:00~14:00及17:30~23:00营业，通常每周歇业一天（多在周日）。

电源

冲绳的电压为100V，额定频率为60Hz。

100V/50Hz/60Hz

住宿

冲绳拥有各种价位的住宿选择，从便宜的客栈到一流的酒店。除了西方风格的酒店，还能找到度假小屋和民宿这样有着鲜明海岸风格的住处。注意不少住宿的入住时间都在15:00之后，退房则须在10:00之前。

预订

节假日等旺季（如暑假、黄金周和盂兰盆节期间）寻找住宿可能会很困难。如果打算这期间内在日本旅行，越早预订越好。

大型酒店和经常接待外国人的日式旅馆一般可以接受英语电话预订。表达清晰简洁的话，基本上都有人能够明白你的主要意图。不过比起英文对话，日本人更擅长阅读，通过邮件咨询预订常常更受欢迎，特别是离岛上的民宿，通过订房网或是邮件询问空房，较容易得到详细回复。如果已经在冲绳，请所在的旅店工作人员或旅游信息中心帮忙预订，也是十分有效的方法。

除了常见的国际订房网Agoda与Booking之外，じゃらん（Jalan；www.jalan.net）和乐天（楽天；travel.

住宿价格区间

《冲绳》全书中，将住宿按价格高低归类。考虑到周末和节假日的价格波动，本书标注的均为平季价格。

以下价格区间指一间酒店标间的价格，或者是民宿每人每晚的费用（不含餐）。若无特别说明，价格中都已含税（例如国家征收的8%~10%消费税），但注意有些酒店的网上报价不含税。

¥ 低于8,000日元

¥¥ 8,000~15,000日元

¥¥¥ 高于15,000日元

各地区住宿旺季略有不同，但普遍集中在暑假、黄金周等时段。如逢重大节日（例如那霸马拉松、首里城祭、那霸大拔河），最好提前1~3个月预订。

就餐价格区间

如无特别说明，本指南中的价格区间指的是一顿正餐中每个人的消费。

¥ 低于2000日元

¥¥ 2000~5000日元

¥¥¥ 高于5000日元

rakuten.co.jp）是日本最大的两个订房网站。虽然有中文版，但选择范围少很多，华人旅行者可以利用汉字试着在日文界面订房。e路东瀛（www.japanican.com/cn/）则是针对游客的预订网站，中文版网站能找到各类型住宿和旅游信息。

事实上，考虑到日本人待人接客的习惯，任何时候我们都建议预订，以免突然到达让对方难以应对，带来不便。入住提供餐食的民宿、海滩度假小屋等尤其需要注意这一点。即使临时不能入住，也请一定要告知对方取消。你可以尝试拜托当下入住地的工作人员帮你取消预约，只要客气询问，一般他们都很乐于帮你这个忙。

酒店

绝大多数海岸城市和度假区都有各种档次的西式酒店。商务酒店和连锁酒店是针对差旅人士开设的高效实用型酒店，房间是典型的"麻雀虽小，五脏俱全"，很适合对预算敏感的旅行者；冲绳的豪华酒店通常主打紧邻海滩、美景宜人等特色，泳池是基本配备，多数还会有可以简单盥洗的海滨小屋。至于住房室内装修则基本上与世界上其他任何地方的没两样，日本所有的住宿都要征收8%消费税（2019年10月后可能改为10%），在豪华酒店可能还需要支付更多的服务费。

入乡随俗

虽然冲绳民风比起日本本岛更为自由奔放，但总体而言，日本人还是会遵守"不能给他人带来不便和麻烦"的行为准则。出发前了解一下日本人的习惯，旅行时可避免不必要的尴尬。

➡ **吸烟** 日本室外很多地方禁烟（甚至有些路段全面禁烟），通常餐厅或居酒屋会设有吸烟区（喫烟席），部分便利店和商场也设置吸烟室。总之，记得留心禁烟和"喫烟"（表示不禁烟）标志。

➡ **入浴** 在澡堂或温泉，都要先洗净身体才进入浴槽，泡汤时应尽量避免将头发和毛巾泡到水里。

➡ **在车上** 在公交和轻轨车厢内，禁止饮食，不可接听电话，且手机要调至静音，部分靠近老弱病残的区域会要求关闭手机。

➡ **在路上** 不要随地吐痰、乱穿马路。在各处遵守排队秩序，且保持适当距离。注意，便利店的结账队伍需要在收银台前留出通道。

➡ **垃圾** 日本丢垃圾需要仔细分类，可根据每处的分类提示进行丢弃。在无法丢弃的情况下用塑料袋装起来，在便利店门外投进分类回收桶。需要注意的是，日本默认需要将洗手间的手纸直接扔进马桶。

民宿

民宿（Minshuku）通常指家庭开设的私人住宿。一些极为简单的民宿真的就是指住在日本人家中空余房间改成的客房里，但现在专门为接待客人打造的客栈也越来越多。民宿中不少日式住宅的房间使用榻榻米地板和床垫。和传统日式旅馆不同，住民宿通常需要客人自己铺设和收拾床具。此外也有以公寓形式整套短租的民宿。

如果不懂日语，靠自己找到民宿有点难。找民宿最好的办法是到当地的旅游信息中心去询问，他们通常都会提前打电话帮你安排好。

青年旅舍

青年旅舍通常都集中在旅行者感兴趣的区域，对于冲绳本岛来讲，那霸的数量较多，美国村区域也有少量青旅；在离岛地区的主要城镇、港口也能找到几间。其他地方几乎没有青旅的存在。房间以多人床位房为主，有些也配有少量的标间。部分旅舍还会按照楼层区分性别入住，也有越来越多的旅舍将开放式床位改为封闭式的胶囊格局，私密性和安全度都较以往提高了不少。一般在青年旅舍能够轻松获得较多的旅行相关资讯。

胶囊旅馆

胶囊旅馆（Capsule Hotel）可以说是日本最出名的一种住宿形式。正如它的名字所示，胶囊旅馆的"房间"是一排排整齐的双层隔间。每个胶囊的大小基本也就是比一人平躺再宽敞一点，里面有一张床、一台小电视，床头的操作板可以控制灯光、收音机和闹钟。个人物品通常存放在公共储物间内。大多数胶囊旅馆还附带一间公共大浴室。

在日本本岛，最开始时，相对廉价的胶囊旅馆是错过末班车的工薪族的过夜处，因此有不少只接待男性顾客。但如今胶囊旅馆的形态已有很大变化，出现了许多干净整洁、设备考究、公共环境雅致的胶囊旅馆，甚至还有更令人安心的女性限定旅馆。有些地段上佳、品质优异的胶囊旅馆除了就寝空间较小，可以享受到的服务几乎与商务酒店无异，价格自然也有所上涨。

冲绳的地址

在日本，即使是当地人，根据地址来找一个地点也有可能比较困难。麻烦来自两个方面：首先，地址经常只注明某个片区而非具体道路；其次，由于20世纪50年代中期前都是根据建造时间指定门牌号码的，因此门牌号码并不一定是连贯的。

要找到一个地点，通常步骤是先问方向，众多警亭存在主要就是为了这个。商家的宣传页或者他们的名片上经常会附上一幅小地图说明他们的位置。

现在大多数出租车和许多租借车上都有卫星导航系统，只要往系统里输入地址或是电话号码，找到目的地就会变得易如反掌。当然，你得会读日文才能输入地址，但输入电话号码应该没有问题。

地图

在冲绳本岛，以及离岛主要城镇、港口、国内线机场航站楼，不难找到琳琅满目的英文、日文甚至中文版的详细地图。主要观光区的游客服务中心常有提供免费地图。

邮政

日本的邮政系统极其高效可靠，普通明信片和航空信的价格也不会比其他发达国家贵多少。

邮资

寄往海外任何国家的明信片的航空件邮资都是70日元，重量不足25克的信件寄往其他亚洲国家的邮资为90日元。

电话

日本的电话号码由地区号加上号码组成。拨打本地区电话时不需要拨区号。从境外拨打日本电话时，先拨国家区号☎81，接下来是地区号（去掉前面的"0"）和电话号码。

在日本国内用手机拨打电话回中国，先拨中国的国家区号☎86。打中国固话的话，拨去掉第一个0的区号再接电话号码（比如北京的区号是010，这里就要拨0086-10-电话号码）；如果要打中国的手机，则是国家区号直接连手机号码（0086-手机号码）。注意手机往中国回拨电话，有时可不加国家区号前面的那两个0。

移动电话

在日本可以购买到短期使用的预付费电话卡，一般会包含数据流量，但比较划算的电话卡最长有效时间只有15天左右，如果想停留更长时间并且需要保证随时随地能够拨打电话，除非已提前办理国际漫游，不然仍然只能通过租借日本手机来实现。Softbank、Docomo等电信公司一般在机场都设有服务台。

只要你开通了国际漫游业务，中国主流的三大移动运营商的用户均可以在日本漫游通话以及使用数据流量。漫游资费请咨询你的运营商，作为热门目的地的日本，运营商们常会有数据流量包天的优惠。需要注意的是，数据漫游用户在当地访问如Google Map之类的网站可能会受到一定限制，所以购买当地SIM卡综合来讲可能是最方便的选择。

如果网络就可以解决你的一切问题，那么购买只有上网功能的SIM卡显然是性价比更高的做法。建议提前购买此类上网卡或移动Wi-Fi热点，抵达日本境内后使用。日本国内也有售（如BIC CAMERA等电器店），但收费要高很多。

时间

日本全部国土都在同一时区：比格林尼治标准时间早9小时，即比中国早1小时。

上网

冲绳的无线网络应用已经十分普及。通常住宿地都有免费Wi-Fi覆盖，有些民宿还提供移动Wi-Fi的免费借用。在很多旅游信息中心、咖啡馆等公共场所，你也能轻松找到无线热点。但须注意，离岛地区的部分山区、无人海滨沿岸信号较差。

如需使用电脑上网，可以利用旅店的公共电脑，或者去按小时计费的漫画咖啡馆。

常用日语

你好。	こんにちは	kon·ni·chi·wa或者你可以说冲绳方言，はいさい（ha·i·sa·i，男生用）/はいたい（ha·i·ta·i，女生用）
再见。	さようなら	sa·yō·na·ra
是的。	はい	hai
不是。	いいえ	ī·e
谢谢。	ありがとう	a·ri·ga·tō
抱歉。	すみません	su·mi·ma·sen（提请注意、打扰时使用）
哪里？	どこ	do·ko
拜托	おねがいします	o·ne·ga·yi·shi·ma·su（点菜、购物时表示需要）
厕所	トイレ	to·yi·re
酒店	ホテル	ho·te·ru
餐馆	レストラン	re·su·to·ran

行李寄存

旅店通常提供入住日和离店日的免费寄存，一些热门景点、大型商场也设有寄存点，其中车站寄存最为普遍。一般人工寄存处仅在大站才有，更多的是自动寄存柜（Coin Locker/コインロッカー；一般是300~700日元/天）。寄存柜可以一直用到当天午夜，如果第二天去取，只要再投入一天的费用即可。一般来说不能存放超过3天，如有需要则应与工作人员联系。

如果行李太大塞不进柜子，可以找人询问人工寄存处在哪："Tenimotsu azukari wa doko desu ka?"（手荷物預かりはどこです？）

近年来兴起一种"ecbo cloak"（cloak.ecbo.io/zh-CN），以共享式寄存的概念，邀请各地商家、景点提供行李寄放空间，大型行李也能寄存。旅行者可以先在网络上查询当日可存场所，并预约。

厕所

大多数地方都有厕纸，注意，日本的厕纸是可溶性的，因此用完必须丢进马桶。另外日本企业常常会在街头一边派发免费纸巾一边做宣传广告，这些纸巾可比宣传单实用多了，还能应不时之需。

许多洗手间会提供如厕时使用的拖鞋（传统旅馆或料理店经常会有此情况）。拖鞋一般都放置在厕所门后，仅在厕所内使用，千万记得在离开时换掉。

“厕所”一词的片假名是“トイレ”（Toire），汉字是“お手洗い”（Otearai）。

便利店内一般都设有向公众开放的厕所，虽然免费，但在使用之后最好买点儿什么以示感谢。

法律事宜

日本警方的权力很大，可以将嫌疑人拘留最多3天而不被起诉，之后检察官还可以决定将拘留期再延长，最长至20天。警方也可以决定是否允许嫌疑人打电话联系他们的大使馆或律师，但如果被警方拘留，应该坚持要求拨打这样的电话，否则不予合作。只要有机会，首先应该致电大使馆。

在需要沟通、陈述的情况下，应该坚持要求找翻译（通訳者/Tsuyakusha）。在开始质询前，警方在法律上有义务提供一名翻译。即使会说日语，最好也拒绝使用，而坚持使用母语。

有任何疑问，可致电**日本求助热线**（Japan Helpline；☎0120 46 1997），这是全国紧急救助电话。

在冲绳潜水

到冲绳的美丽海岸潜水是许多旅行者的目标，除了带上泳衣与盥洗用品，潜水三件组也必要的法宝，包含：面罩、呼吸管与蛙鞋，若是不谙水性则最好再加上一件救生衣。一般而言，只要是有名气的海滩旁边都会有小摊贩租借潜水用具（シュノーケル3点セット；三件组租一日为1000~1500日元），价格公道透明。各大城镇也不乏潜水用品店，让你可以添购下水装备。然而如果潜水是你的主要行程，你也可以考虑购买属于自己的三件组，免去每次租借的麻烦——特别是呼吸管与面罩这种需要近距离接触口鼻的配备。

冲绳虽然是潜水天堂，但建议初学者在没有教练与指导者的陪伴下，不要在不熟悉的海域独自潜泳，特别是那些架设有警告标志的无人海域。事实上就算在名气大的珊瑚礁海滩，也有可能遭遇水母、海葵或海蛇等生物，下水前观察周遭环境是否有水母防护网会是比较好的判断方法。最好是在有人陪伴的情况下进行潜水。

独自旅行者

日本是独自旅行者极佳的目的地：安全、便利而且友好。日式旅馆通常按人头收费，而不是房间，这对独自旅行者来说更加合适。唯一的缺点是旺季时有些旅馆老板不太想接待单身旅行者，因为本可以将房间租给两个人。

许多餐馆都有适合一个人的小桌或餐台。居酒屋（Izakaya；酒吧式简餐馆）通常也很欢迎单身游客，尤其是坐在餐台边时，不需要花太多时间就会有人请你喝点东西，攀谈起来。

但如果是户外活动，例如，在西表岛登山健行，或无人岛划独木舟，我们更加建议结伴而行（尤其是女性）。

残障旅行者

残障旅行者对日本旅行的方便程度反映不一。一方面，市区许多新建筑都修有无障碍通道，交通灯有扬声器在安全通行时播放音乐，车站月台有盲道为盲人提供指引，但另一方面，由于狭窄的街道上人行道不够宽，有时仍会影响到残障人士的通行。另外，大部分日式旅馆及民宿都只有楼梯没有电梯。但是到了离岛地区，由于道路建设没有像那霸周边一样完备，街道起伏较多，有同行者协助或是当地包车旅游会是更好的选择。

大部分线路的公交车、单轨电车为轮椅人士留出了位置。轮椅人士和其他肢体残疾的人士可以使用车门旁的优先座席（yūsen-zaseki）。公共汽车内也有这样的座席，通常漆成与普通座席不同的颜色。租车或包车旅游的话，多数停车场也有规划残障者优先的停车格。

女性旅行者

女性旅行者在冲绳旅游

相对安全，但不要因为日本是世界上最安全的国度之一这种形象带来的错误印象而放松警惕，而要和在自己国家一样采取常见的预防措施。尤其要小心在列车等公共交通上出没的痴汉（Chikan）。到海边玩水后更换衣物或是到人烟稀少的野外健行时，也要特别注意自身安全。

不过总体来说还是比较乐观。一些旅店也设有女性专用层，还出现了只接受女性入住的胶囊旅馆。

如果遇到问题，而且当地警察也无法提供帮助，可以拨打**日本求救热线**（Japan Helpline; ☎0120 46 1997），这是全国紧急求救电话，全天候提供服务。

同性恋旅行者

日本可能是亚洲除泰国以外对外国人的性取向最开明的国家。日本对两性的同性性行为都没有法律约束。一般来说在城市里没什么关系，若去乡村，可能会有人面露诧异，但也仅此而已。

冲绳那霸市为日本少数接受同志伴侣登记的地方，虽然在街上仍不免好奇的眼光，但总体而言对同性恋人群十分友好。

交通指南

到达和离开

飞机

所有赴冲绳旅游的人，第一站通常是冲绳本岛的那霸。欲前往久米岛、宫古列岛或八重山列岛，也多在那霸的国内线航站楼转机。

机场和航空公司

目前主要进出冲绳的国际航班都在**那霸机场**（那覇空港/Naha Kukou，OKA）起降，现在有国际航班直航往返北京、上海、南京、杭州、天津、香港等多座城市；除此之外，那霸机场与东京、大阪、名古屋、福冈等日本主要城市均有直航。

从机场到那霸市区，可以乘坐轻轨（モノレール/Monoreru）至国际通商业街区和那霸新都心站，全程为15~20分钟，票价¥230~300之间。此外，乘坐公交车23、25、26、120路亦能前往国际通附近（15分钟，¥230）。乘坐出租车至国际通一带约12分钟（¥1500）。

那霸机场有国内线班机[日本航空（JAL）或全日空航空（ANA）]可以前往离岛的各大机场，如久米岛机场（航程约35分）、宫古岛机场（航程约45分），以及八重山列岛的新石垣机场（航程约60分）。其中，宫古岛机场和新石垣机场之间也有两班日本航空的国内线班机互通，航程时约为35分钟。

机票

运营从中国各城市往返那霸的航空公司包括：

- 中国国际航空（www.airchina.com.cn）
- 中国东方航空（www.ceair.com）
- 吉祥航空（www.juneyaoair.com）
- 首都航空（www.jdair.net）

一般来说，中国旅行者到日本旅游的旺季在9月底至10月初（十一长假）、4月至5月初（中国的小长假，恰逢日本的黄金周），以及春节前后。如果一定要在这期间飞往日本，尽量提早订票。

在日本国内乘坐航班，可以带液体上飞机，饮料也只要过一下专门的检查机器即可。

当地交通

冲绳的交通系统以拥有轻轨的那霸市区最为发达。一旦出了那霸市区，交通方式就要靠公交、自驾或出租车与包车。通常公交车班次不多，也较容易误点，包车或打车会是游览冲绳最便捷的交通方式，特别是拖家带口的旅行者。

轻轨

轻轨（モノレール/Monoreru）是那霸市内主要交通工具。列车从那霸机场开出，

驶往终点站首里，中途会穿过国际通商业街区和那霸新都心，全程约30分钟，票价¥230~330。可使用支付宝的乘车码扫码进出站。当你拿到这本书的时候，轻轨线应该已经延长到了浦添市。

通票和折扣票

购买轻轨自由乘车券（フリー乗車券），可在限定时间内不限次数乘坐。在车票有效期内还能享受部分景点的门票八折优惠，包括首里城、冲绳县立博物馆等主要景点，于购票窗口出示乘车券即可。未满6岁幼儿与成人同乘时限2名幼童免费，第3名幼童适用儿童票价。无成人陪伴的幼儿乘车需购儿童票，未满1岁的婴儿免费搭乘。

时间	成人/12岁以下儿童
1日	¥800/400
2日	¥1400/700

公共汽车

在冲绳乘坐公交车，如果有价格分段，则需要在上车时从一个小出票口取一张整理券（Seiriken），票上会记录你的上车地点（标为数字），之后只需留意车前显示屏上这个数字下方对应的金额，到下车时支付同样的数额即可。此时将整理券和票款同时投入票箱。车厢前部通常都有零钱兑换机，可以将1000日元面额的纸币兑成硬币。

那霸巴士总站（那覇バスターミナル）是公交枢纽站。公交车分为本地和长途两种：本地统一¥230，公交线路编号小于20的基本都属于本地公交。公交车班次可在网站（www.kotsu-okinawa.org，www.busnavi-okinawa.com/top）查询，或下载App“バスなび沖縄”（日文罗马音为：Basunabi Okinawa）。

通票和票卡

持节假日限定的公交一日券（土日祝1日限定フリー乗車券，¥2000），可以当日任意乘坐本岛公交（除111、117路），适合一天之中远距离、多景点的移动。搭乘时只需在需要付费时（有的是下车时，有些则在上车时）时出示给司机即可。

购买一张冲绳交通IC卡OKICA（第一次购买¥2000，含卡费¥500，退卡时可退¥300），能够避免准备零钱的麻烦。本地公交上车刷卡付费，长途公交上下车各刷一次。最方便的购买点是轻轨站的自动售票机和服务窗口。充值（チャージ/Cha-ji/Charge）仅需到自动售票机或大部分公交车上请工作人员帮忙即可。

出租车

本岛与离岛的出租车起步价略有不同，本岛起步价为¥550；宫古岛、久米岛内出租车起步价为¥460，八重山列岛则为¥430。欲拦车时，先确认风挡玻璃右下侧的红灯亮起意味着可以上客（日文里是“空”字）。在车上（后座）不用自己打开车门，司机会遥控操作，乘客下车之后司机也会自己关门。

不要太期待司机能与你用英语沟通，将写清楚的地址给司机看是最稳妥的做法。

不需要给司机小费。23:00以后，或者通过电台调度叫的车会增加20%车费。出租车一般可以搭载4位成人，如果多一两个小孩子，司机有时候也可以接受。

船

那霸主要港口如下：

泊港（泊ふ頭旅客ターミナルビル）是跳游离岛的旅行者最常利用的港口，有船次去距离较近的离岛（渡嘉敷岛、座间味岛和阿嘉岛、久米岛和渡名喜岛等）。

那霸港 为前往奄美大岛、鹿儿岛、与论岛方向的船服务，Aline Ferry和Marix Line都有船只在这里停靠。

那霸新港 也称“安谢港”，通常用于停靠豪华邮轮。Aline Ferry去东京、大阪、神户的航线由此出发。

那霸邮轮客运码头（那覇クルーズターミナル）是国际邮轮专用，也称“若狭码头”。

庆良间列岛

三座大离岛的港口分别为：座间味港（最主要）、阿嘉港和渡嘉敷港，船次时间随季节会有变动，只要有

风浪超过4米的情形便会停航，班次网站每天8:00会公告当日出航情形。目前有**座间味渡轮**（フェリーざまみ；☎098 868 4567），以及高速船**Queen座间味**（クイーンざまみ）可搭乘，在出发日前23天便可于网上（yoyaku.vill.zamami.okinawa.jp/zamami_web/enlog0101.action）预约。

船型	航程	成人来回/儿童来回
座间味渡轮	120分钟	¥4030/2020
Queen座间味	50~70分钟	¥5970/2990

久米岛

除了搭乘飞机前往久米岛，也可以在那霸泊港乘坐**久米商船**（成人单程/来回¥3390/6450，儿童单程/来回 ¥1700/3060）抵达久米岛的兼城港。然而于淡季时飞机与船票价差并不太大，更建议搭飞机前往。

八重山列岛

那霸并没有直达八重山列岛的船次。若是要在八重山列岛之中跳岛旅行，就要利用石垣岛离岛码头（石垣港離島ターミナル）这个交通枢纽。码头中心最大的两家船公司服务柜台为**八重山观光渡轮**（八重山観光フェリー；☎0980 82 5010）和**安荣观光**（安栄観光；☎0980 83 0055），两者船票价格相同、出发时间经常写在一起，同一航段的船票能够互通使用。你也可以购买它们的共同通票——Kariyushi周游券，在限定天数内无限次搭乘主要航线。

时间	成人/儿童
3日	¥5800/2900
4日	¥6800/3400

自行车

冲绳人习惯自驾车出行，非机动车道不够宽敞，加上海岛上晴雨不定的气候与起伏不平的街道，选择骑车观光的人并不多。然而若没有机动车，又希望自由掌控行程，对于短途行程或轻松闲逛的区域，骑自行车仍可谓便利。在租车时，选择变速甚至是电动自行车能让自己更轻松一点。

在市区骑车要注意停车问题，不要停在明确写有“驻轮禁止”的地方（虽然在冲绳本岛你几乎看不到这个标志），不然有可能遭到罚款或车被拉走。停放自行车可以考虑在公园附近，或者大部分轻轨站附近也有画着白线的自行车停放区。市区繁华地带，不妨问问店家门口是否能停放自行车。至于离岛地区虽然机动车少，但田野道路多、交通标志也少，虽然骑车舒适，却也更需注意安全。

租赁

大多数热门观光区的港口及城镇内都能找到自行车租赁行，观光问讯处也提供自行车租借服务。普通自行车和变速车都可以租到，部分还有便利的电动自行车。部分酒店、民宿和青年旅舍会提供房客租车优惠，比通常费用低一些。

你也可以利用冲绳的公共自行车**Okinawa Bike Share**（docomo-cycle.jp/okinawa/zh-tw.html），站点不算多，在那霸市内目前有6个租借点。用信用卡至网站注册，通过邮件获得的密码取用车辆，或在有工作人员的租借点购买一日卡（¥2000/天）开锁。

自驾和包车

在冲绳旅游，自驾车和包车是最便利的旅游方式。本岛主流的出租车公司：冲东交通、三和交通、冲绳交通，都有包车方案，以4人乘坐的小车为例，8小时费用通常在¥22,000~26,000，多人出行的话颇为划算。**冲东交通**（cn.okito.or.jp/taxi）有专门的中文预约网站（但司机基本只能说日语）。最简单直接的方式就是请入住酒店的工作人员帮忙联系，通常价格不会和网上预订差太多。

预订时不妨留意是否有通过“美丽岛冲绳观光出租车”（ちゅら島沖縄観光タクシー）制度认定的优秀驾驶员，即使语言不通，在驾驶安全、效率和服务上也更有保障。

至于离岛的包车价格，

久米岛为2小时 ¥7600起，往后算每加30分钟多加¥1900。宫古岛内观光包车四人座 ¥3800/小时、九人座¥6620/小时。八重山列岛的岛上许多出租车公司也提供观光包车服务，像是石垣岛绕岛之旅（5小时/¥19,000起，最多5人/车）、川平湾观光之旅（2小时/¥7600起，最多4人/车）等。

自驾方面，日本承认国际驾照，如果你只持有中国大陆的驾照，是无法在日本租到车的。注意，日本靠左行驶，驾驶习惯不同的话要格外谨慎。若不能租车，除了包当地的出租车之外，还可以考虑如“皇包车”等应用，日本主要旅行社（如JTB）也提供类似服务。

幕后

作者致谢

刘子瑄

首先要谢谢同书作者盛洋，一起努力完成这本书，谢谢Vega总是给予建议、协助与耐心的沟通。谢谢景东同学接受采访之余，还大力分享许多实用的旅游信息，感谢怡桦学姐的旅行小tips。谢谢路上遇到的热心人（虽然你们未必看得懂这段中文），你们的热情与友善让我对冲绳离岛充满温暖的印象。最后要谢谢陪在我身边的家人与朋友，愿凡事对我们都有最好的安排，也希望大家常保安康。

盛洋

非常感谢富山义则老师在百忙之中接受我的访问，感谢羽玲的经验之谈和实用建议。谢谢带我在那霸走街串巷、探访大众食堂的比嘉先生，以及一路上给予热情招待的民宿主人，尤其是在只有我一位听众的情况下，仍弹起三线连唱了三首民谣的Hide桑。还有许多可爱的冲绳人，都让我这一次的旅行倍感温暖。最后，特别感谢CE的大力支持，感谢子瑄的默契配合。衷心谢谢为本书耗费心力的所有人，也谢谢你的使用与对瑕疵的包容。

声明

气候图表数据引用自Peel MC, Finlayson BL & McMahon TA（2007）'Updated World Map of the Köppen-Geiger Climate Classification', *Hydrology and Earth System Sciences*, 11, 1633-44。

封面图片：冲绳传统民居前的三线演奏者。@视觉中国

本书部分地图由中国地图出版社提供，其他为原书地图，审图号GS（2019）1942号。

关于本书

这是Lonely Planet IN指南系列《冲绳》的第1版。本书的作者为刘子瑄和盛洋。

本书由以下人员制作完成：

项目负责 关媛媛
项目执行 丁立松
内容策划 刘维佳
视觉设计 刘乐怡
协调调度 沈竹颖
责任编辑 于佳宁
特约编辑 王　歆
地图编辑 田　越
制　　图 张晓棠
流　　程 孙经纬
终　　审 杨　帆
排　　版 北京梧桐影电脑科技有限公司

感谢洪良对本书的帮助。

说出你的想法

➡ 我们很重视旅行者的反馈——你的评价将鼓励我们前行，把书做得更好。我们同样热爱旅行的团队会认真阅读你的来信，无论表扬还是批评都很欢迎。虽然很难一一回复，但我们保证会将你的反馈信息及时交到相关作者手中，使下一版更完美。我们也会在下一版中特别鸣谢来信读者。

➡ 请把你的想法发送到**china@lonelyplanet.com.au**，谢谢！

➡ 请注意：我们可能会将你的意见编辑、复制并整合到Lonely Planet的系列产品中，例如旅行指南、网站和数字产品。如果不希望书中出现自己的意见或不希望提及自己的名字，请提前告知。请访问lonelyplanet.com/privacy了解我们的隐私政策。

索引

地图页码 **000**

地图页码 **000**

如何使用本书

以下符号能够帮助你找到所需内容：

- 景点
- 活动
- 课程
- 团队游
- 节日和活动
- 住宿
- 就餐
- 饮品
- 娱乐
- 购物
- 实用信息和交通

这些图标代表了我们的推荐和特别策划，帮助你获得最佳体验：

- 当地人推荐
- 另辟蹊径
- 深度了解
- 实用信息
- 不要错过
- 值得一游
- 步行游览

下列符号所代表的都是重要信息：

- ★ 作者的大力推荐
- 绿色或环保选择
- 免费 不需要任何费用

- 电话号码
- 营业时间
- 停车场
- 禁止抽烟
- 空调
- 上网
- 无线网络
- 游泳池
- 素食菜品
- 英语菜单
- 适合家庭
- 允许携带宠物
- 巴士
- 轮渡
- 轻轨
- 火车

景点
海滩
佛教场所
城堡
基督教场所
印度教场所
伊斯兰教场所
犹太教场所
纪念碑
博物馆/美术馆
历史遗址
酒庄/葡萄园
动物园
其他景点

活动、课程和团队游
潜水/浮潜
划艇
滑雪
冲浪
游泳/游泳池
徒步
帆板
其他活动/课程/团队游

住宿
住宿场所
露营地

就餐
餐馆

饮品
酒吧
咖啡馆

娱乐
娱乐场所

购物
购物场所

实用信息
银行
使领馆
医院/医疗机构
网吧
警察局
邮局
电话
公厕
旅游信息
其他信息

交通
机场
过境处
公共汽车
缆车/索道
自行车路线
轮渡
地铁
单轨铁路
停车场
加油站
出租车
铁路/火车站
有轨电车
其他交通方式

路线
收费公路
高速公路
一级公路
二级公路
三级公路
小路
未封闭道路
购物中心/商业街
台阶
隧道
步行天桥
步行游览路
步行游览支路
小路

地理
棚屋/栖身所
灯塔
瞭望台
山峰/火山
绿洲
公园
关隘
野餐区
瀑布

人口
首都、首府
一级行政中心
城市/大型城镇
镇/村

境界
国界
一级政区界
未定国界
地区界
+++ 军事分界线
海洋公园
悬崖
墙

水文
河流、小溪
间歇河
沼泽/红树林
暗礁
运河
水域
干/盐/间歇湖
冰川
珊瑚礁

地区特征
海滩/沙漠
基督教墓地
其他墓地
公园/森林
运动场
一般景点(建筑物)
重要景点(建筑物)

注：并非所有图例都在此显示。

我们的作者

刘维佳

内容策划 在座间味岛上的居酒屋之夜，刘维佳和当地人用手势和手写汉字大聊中国的三国和日本的战国，是夜被老板珍藏的泡盛灌醉。之后五年间又有十余次日本之旅，他每次都会尝试走进当地人的生活，或许这一缕机缘就是从座间味岛而起。刘维佳曾参与《北海道》《东京到京都》《日本美食之旅》等超过60本Lonely Planet旅行指南和读物的制作。

刘子瑄

离岛 从求学时期开始就与日本这个国家“恋情长跑”多年，写过几年杂志几年旅游文章，度过一年澳大利亚一年京都的旅外生活，现在年年跑日本已经成为一种戒不掉的瘾。继Lonely Planet的《东京到京都》后，再一次参与日本主题指南，陪你一起深入探索冲绳海岛的蔚蓝魅力。刘子瑄也为本书撰写了“和当地人吃喝”“生存指南”等章节、本岛中北部的宇流麻市部分，以及了解方框“琉球染织工艺”。

盛洋

那霸及周边 本岛中北部 步履不停的人类学学徒，日文图书译者。从二次元文化到现代建筑设计，对日本的方方面面充满兴趣，每一次踏上霓虹国，都会有奇妙的新发现。冲绳作为最不像日本的日本地区，这次同样给了她许多惊喜。目前已参与调研撰写Lonely Planet《东京到京都》《海南》《山西》《内蒙古》等指南。盛洋也为本书撰写了“你好，冲绳”“带孩子旅行”等章节，以及“冲绳的美军基地”等了解方框。

冲绳

中文第一版

© Lonely Planet 2019
本中文版由中国地图出版社出版

© 书中图片由图片提供者持有版权，2019

版权所有。未经出版方许可，不得擅自以任何方式，如电子、机械、录制等手段复制，在检索系统中储存或传播本书中的任何章节，除非出于评论目的的简短摘录，也不得擅自将本书用于商业目的。

图书在版编目（CIP）数据

冲绳 / 澳大利亚Lonely Planet公司编；盛洋，刘子瑄著. -- 北京：中国地图出版社，2019.9
（IN）
书名原文：Okinawa(IN)
ISBN 978-7-5204-1138-7

Ⅰ. ①冲… Ⅱ. ①澳… ②盛… ③刘… Ⅲ. ①旅游指南－冲绳 Ⅳ. ①K931.39

中国版本图书馆CIP数据核字(2019)第110884号

出版发行	中国地图出版社
社　　址	北京市白纸坊西街3号
邮政编码	100054
网　　址	www.sinomaps.com
印　　刷	北京华联印刷有限公司
经　　销	新华书店
成品规格	197mm×128mm
印　　张	7
字　　数	381千字
版　　次	2019年9月第1版
印　　次	2019年9月北京第1次印刷
定　　价	69.00元
书　　号	ISBN 978-7-5204-1138-7
审 图 号	GS（2019）1942号
图　　字	01-2019-4663

*如有印装质量问题，请与我社发行部（010-83543956）联系

虽然本书作者、信息提供者以及出版者在写作和储备过程中全力保证本书质量，但是作者、信息提供者以及出版者不能完全对本书内容之准确性、完整性做出任何明示或暗示之声明或保证，并只在法律规定范围内承担责任。

Lonely Planet 与其标志系Lonely Planet之商标，已在美国专利商标局和其他国家进行登记。
不允许如零售商、餐厅或酒店等商业机构使用Lonely Planet之名称或商标。如有发现，急请告知：lonelyplanet.com/ip。